KB059584

학벌주의와
부동산 신화가 만나는 곳

대
치
동

학벌주의와 부동산 신화가 만나는 곳

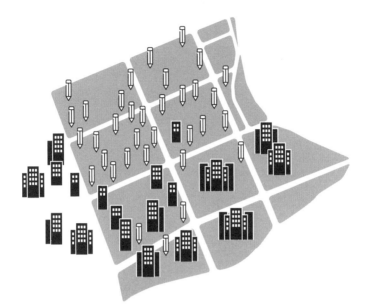

대
치
동

조장훈 지음

사□계절

이 책은 무언가를 폭로하는 책이 아니다. 냉소적이지도 관조적이지도 않다. 자신이 분석하는 욕망과 일체가 되어 살았던 사람으로서, 그 욕망을 가볍게 비난해버리는 쉬운 방식을 택하지 않으려는 저자의 분투가 이 책에 녹아 있다. 저자는 쉽게 행복을 이야기하거나, 무언가의 폐지와 철폐로 문제가 해결된다고 선언하지도 않는다. 병폐 그리고 사람들의 욕망을 뭉뚱그려 바라보고 때로는 비난하고 때로는 선망하는 한, 악순환은 계속될 것이기 때문이다.

그래서 저자는 기록을 택했다. 대학 입시 제도가 한국 사회의 계급 간 힘겨루기 속에서 계속 왜곡될 수밖에 없는 과정을 기록하고, 학벌과 부동산, 들쭉날쭉한 입시 제도가 맞물리며 어떻게 대치동이 사교육 1번지로 부상했는지를 기록한다. 그리고 대치동을 만들어내는 사람들의 욕망과 실존의 무게를 기록한다. 불행을 만들어낸 조건과 역사를 알아야 어떻게 다르게 꿈꾸는 게 가능한지 토론할 수 있기 때문이다. 이 책은 제도와 공간과 사람들에 대한 충실한 문화인류학적 보고서다.

사교육에 대한 책에 어울리지 않는 듯 보이는 구절이 이 책에는 많이 나온다. 대학 입시를 쉽게 통과의례라 부르는 이들을 향해 '불평등과 차별을 만들어내는 것을 통과의례라 불러선 안 된다'라고 일갈하고, 학생들에게는 타인의 칭찬을 넘어서는 삶을 살아가길 바란다고 말한다. 한국 사회는 학벌에 미친 듯이 매달리지만 놀랍게도 결코 지성을 존중하지 않고 노동의 가치를 믿지 않는다면서 "노동의 가치와 지성에 대한 신뢰를 상실하고도 우리는 존귀해질 수 있을까"라고 묻는다.

저자는 사교육을 죄악시한다고 해서 문제가 쉽게 해결되지 않는 현실을 짚으며, 사교육의 '시스템'을 공교육에 도입하는 노력을 함께하자고 제시한다. 공교육의 인적 자원을 늘리고, 교사들의 목소리를 더 반영해야 한다는 것이다. 이 책이 제시하는 방안에 대해서는 저마다 의견이 다를 수 있다. 그러나 우리 사회의 욕망에 대한 이 기록은 남겨져야 한다. 그리고 우리는 쉽게 해법을 이야기하기 전에 이 책을 함께 읽으며 다시 고민하고 토론해야 한다.

— 장정아(인천대 중어중국학과 교수, 문화인류학자)

취재 과정에서 들었던 그의 경험과 생각이 책으로 나온다니 반갑다. 타고난 이야기꾼인 저자가 들려주는 대치동 사교육 시장과 부동산 문제, 대학 입시의 변천사, 그리고 그 안에서 만난 사람들 이야기는 흥미롭고 놀랍고 안타깝고 또 화가 나기도 했다. 누구나 교육에 대해서는 할 말이 많다지만, 흔히 자기 경험에만 의존하여 피상적으로 보고 쉽게 이상을 말하는 경향이 있다. 교육 문제를 둘러싸고 벌어지는 일들에는 통합될 수 없는 저마다의 욕망이 가득하다. 이런 욕망을 인정하지 않으면 교육 문제를 제대로 바라볼 수 없다. 이 책에서 저자는 사교육 시장의 가장 깊숙한 곳에서 사람들의 욕망을 직시하되 거리를 두고 바라보고 있다. 그러면서도 '사람을 길러내는' 교육 본연의 목표를 거듭 되새긴다. 이런 점에서 그의 시선은 교육의 공적 가치라는 지점에 닿아 있다. 이는 전혀 다른 방향에서 출발한 그와 내가 맞닿아 논할 수 있었던 이유였다. 교육도 결국 사람에서 출발하고 사람으로 완성된다. 우리 사회의 대학 입시, 사교육 시장을 바로 알고 교육의 미래에 대해 생각해보려는 이들에게 이 책을 권한다.

— 민정홍(EBS 〈당신의 문해력〉, 〈다큐프라임-다시, 학교〉 PD)

추천의 글

대학 입시와 대치동,
그 아수라장의 기록

 나는 지난 20여 년간 학원 판에 발을 담그고 있었다. 특히 대한민국 입시와 사교육 1번지로 불리는 대치동 복판에서 상당한 시간을 보냈다. 처음부터 학원 강사를 꿈꾸는 학원 강사는 없다. 지방 출신 고학생 신세를 면치 못했던 20대 중반의 나에게 학원 강의는 생계 수단이었다. 모든 조직 문화에 대한 태생적 거부감 때문에 대학 시절 학생운동에도 그다지 깊게 빠져들지 않았지만, 그 시절의 나는 여러 세미나와 공부를 통해서 자본주의 질서에 편입되고 싶지 않다는 설익은 개똥철학을 신조인 양 지녔던 것 같다. 무슨 객기였는지 단 한 번도 기업 입사를 위한 이력서를 쓰지 않았다. 알음알이와 인연으로 문화 판에서 글을 끄적이며 이런저런 뒤치다꺼리를 하며 지냈지만, 생계의 어려움은 대부분 학원 강의를 통해서 해결했다.
 나는 글쓰기를 가르치는 논술 강사였다. 1997년부터 논술이 대학 입시에서 가장 중요한 시험으로 부상하면서 논술 강의에 대한 수요가 폭발적으로 증가했다. 그러나 인문사회과학 전반에 걸친 폭넓은 소양을 요구하는 이 시험의 대비를 도울 강사는 현저히 부족했다. 당시 내가 우연히 몸담게 되었던 한 교육문화운동 단체로 강의 문의가 빗발쳤다. 주입식 교육 풍토에서 암기한 지식을 평가하던 학력고사가 끝난 지 채 3년도 되지 않은 시점이라 토론식 글쓰기 수업을 진행할 수 있는 강사가 드물었기 때문이다.

오랫동안 대안적 교육을 모색하며 토론식 수업, 글쓰기 수업을 실험하던 이 단체의 구성원들은 몇 년에 걸친 논의 끝에 논술 사업에 본격적으로 뛰어들기로 했다. 대부분의 학생이 가혹한 입시 제도와 사교육에서 벗어날 수 없는 상황에서 공동체적 교육의 이상을 꿈꾸는 일의 허무함을 실감하고 있던 이들에게 새로 도입되는 논술 시험은 폭넓은 인문사회과학적 소양을 요구한다는 점에서 교육적 가치를 실현할 수 있는 기회로 보였다. 여러 차례의 치열한 논의 끝에 몇몇은 단체를 탈퇴했고, 몇몇은 남았다. '가치 질서와 시장 질서의 양립'이라는 1960년대 헝가리 개량주의자 같은 거창한 구호 속에서 1990년대 교육문화운동의 후신들은 사교육 판에 본격적으로 뛰어들었다.

이후 10년간 이 단체의 학원 사업은 나날이 번창했다. 강의 문의는 끊이지 않았고, 입시 성과는 기록적이었다. 매년 대치동에, 목동에, 중계동에 새로운 학원을 열었다. 논술의 전성

시대였다. 대학들은 앞다투어 입시에 논술을 도입했고, 일간지들은 논술 섹션을 만들겠다며 편집권 제공을 약속했다. 출판사는 물론 지상파 방송국에서까지 사업 제안이 쏟아졌다. 통합 교과형 교육, 글쓰기와 토론은 고등학교 교육만이 아니라 중학교, 초등학교 교육에도 근본적인 변화를 가져왔다. 곳곳에 독서논술학원이 우후죽순 생겨났고, 논술 관련 콘텐츠를 구하려는 문의와 요청이 끝없이 이어졌다. 협동조합으로 운영되던 단체는 이제 주식회사가 되었고, 거액의 투자를 받았다. 프랜차이즈 학원 사업도 시작했다. 그렇게 '가치'는 시장 논리에 편입되었다.

그렇게 10년이 지나도록 나는 입시 제도나 입시 상담에는 별다른 관심이 없었다. 그저 논술전형이 늘어나고 있으니 다양한 인문사회과학적 주제에 대해 강의하고, 글쓰기를 가르치는 일이 학생들에게 도움이 될 거라고 막연히 생각했다. 당시 문화 판의 언저리를 배회하고 있던 나에게 학원 운영은 나와 다른 목표를 지닌 사람들의 몫이라 여겨졌다. 나는 이 바닥에 오래 있지 않을 거라며 맡은 강의 이외에는 관심을 두지 않았고, 그저 시대의 모순에 기대어 '잠시' 밥이나 벌어먹는 중이라며 자위했다. 그 무책임하고 성찰이라곤 찾아볼 수 없는 오만함의 복판에서 시간은 흘렀다.

그러나 시장은 수요에 따라 움직이고, 교육 수요는 제도에 따라 결정된다. 2008년 이명박 정부는 출범하기도 전에

'정시 논술 폐지'를 선언했다. 당시 몇몇 보수 언론을 중심으로 논술전형에 대한 비판이 제기되고 있었다. 이른바 과거 진보 운동권 진영에서 논술 사교육 시장을 장악하여 학생들을 좌경화하고 있다는 논조의 모 신문 특집 기사를 시발점으로, 비판 담론이 점차 확산되며 나름의 논리를 갖추어갔다. 통합교과형 논술은 기존 교과 과정의 범위를 벗어나 일선 공교육에서 감당할 수 없으며, 이는 사교육을 부추길 뿐이라는 것이 주요 논조였다. 수능이 초래한 사교육비에 비하면 빙산의 일각도 되지 않았던 논술전형은 그렇게 공교육을 망친 주범으로 지목되었다.

정시 논술 폐지와 논술전형 축소는 학원 사업의 위기로 이어졌다. 위기는 책임 공방을 불러오고 분열을 가져온다. 그간의 학원 운영 방식에 대한 내부의 비판도 시작되었다. 결국 '가치'를 위해 모였던 사람들은 '돈' 때문에 흩어졌다. 잘나갈 때는 누구나 가치를 말하지만, 비극의 국면은 항상 유물론의 절대적 영향 아래 있다.

논술이 무너져 내리는 가운데서도 나는 여전히 속칭 '잘나가는' 강사였다. 온라인 교육 업체들과 계약하여 인터넷 강의를 찍었고, 대형 학원에서 고액 연봉의 스카우트 제의도 받았다. 지방 주요 도시에서 강의 요청이 이어졌고 EBS에도 진출했다. 일이 많아지니 나눠야 했고, 그러다 보니 어느덧 나의 일에 생계가 걸려 있는 사람도 많아졌다. 마음대로 일을 그만둘

들어가며

처지가 아니었다. 어느 순간 정신 차려보니 점점 어려워지던 학원 운영에도 자의 반 타의 반 본격적으로 관여하고 있었다.

학원 수강생은 점점 줄어들고 있었다. 교육 제도 탓만 하고 있을 순 없었다. 원인을 찾아 경쟁력을 갖추어야 했다. 정시 논술 폐지 이후 수강생의 합격률은 현저하게 낮아졌다. 수시 논술전형의 경쟁률은 수십 대 일이 기본이었고, 전체 수강생의 합격률은 5퍼센트 미만이었다. 나는 부끄러웠다. 내 강의를 듣는 학생 대부분이 대학에 떨어지고 있었다. 무책임한 정도를 넘어 사기꾼이 된 기분이었다. 물론 정시 논술과 달리, 경쟁률이 30 대 1을 상회하는 수시 논술에서 5퍼센트 정도의 합격률은 정상 범위에 있기는 했다. 그러나 참담함은 가시지 않았다. 이렇게 된 이유를 알아야 했다. 많은 학생이 수능 최저 점수나 전형 조건을 무시한 채 낙관적 기대 속에서 합리적이지 못한 원서 지원을 하고 있었다. 그리고 잘나가던 시절에 규모를 확장했다가 심각한 운영난에 처한 논술학원들은 그런 현실에 눈감은 채 수강생 늘리기에만 골몰하고 있었다.

문제는 그뿐이 아니었다. 새롭게 등장한 입학사정관제전형은 너무나 복잡해서 발 빠른 사교육 현장에서조차 정확하게 파악하고 입시 지도를 하는 시스템이 갖춰지지 않은 상황이었다. 입시 제도는 복잡하고 정교해졌지만 교육 수요자들은 이를 총체적으로 이해하지 못한 채 입시를 치르고 있었다.

입시 제도에 관심을 기울이게 된 것은 그때부터였다. 아무리 시대의 모순에 기대어 밥을 벌어먹더라도 사기꾼은 되지 말아야겠다는 생각이 들었다. 학생들이 나를 찾은 목적이 있다면, 적어도 그 목적을 실현하는 데 도움을 줄 수 있어야 부끄럽지 않은 밥벌이일 것이다. 무엇보다 밥벌이의 대부분을 사교육에서 해결하고 있으면서도 이 자리를 잠시 머무르는 휴게소인 양 치부해온 내 비겁함이 스스로를 사기꾼으로 만들었다는 자책이 컸다. 이후 나는 일정 기간 동안 학원장으로, 학원쟁이로 살기로 했다. 내 밥벌이를 조금이나마 떳떳하게 만들고 싶었다.

이후 몇 차례 합병과 분리 등 경영 구조의 변화를 겪으며 나는 대치동에서 한 학원의 원장으로 근무했다. 그러면서 논술 강의와 이른바 입시 컨설팅을 통해 많은 학생과 학부모를 만났다. 그들이 입시 제도를 정확하게 이해하고, 이를 바탕으로 합리적인 입시 전략을 수립할 수 있도록 돕는 일을 해왔다. 그렇게 10년 가까이 대형 업체들도 흉내 내기 어려운 수준의 대입 전략 수립 시스템과 프로그램을 구축해왔다고 자부한다. 또한 입시를 제대로 이해하고 합리적인 원서 지원을 하는 사람이 많아질수록 입시의 예측 가능성이 높아진다는 생각으로 지난 5년간 팟캐스트를 통해 교육 당사자들에게 정확한 입시 정보를 전달하기 위해 노력해왔다(물론 이는 학원을 홍보하기 위한 수단이기도 했다).

그러는 사이 대한민국은 IMF를 졸업했고, 월드컵을 치렀으며, 한미 FTA가 체결되었고, 두 차례의 세계 금융 위기를 겪었다. 급속한 세계화의 흐름 가운데서 신자유주의적 경제 체제의 경쟁 논리가 우리의 일상으로 급속하게 파고들었다. 비정규직이 급증했고, 양극화가 심화되었으며, 금수저와 흙수저로 상징되는 사회적 불평등의 세습이 상식으로 자리 잡았다.

불평등이 상식이 되고 경쟁이 당위가 되어버린 21세기 초입, 학벌은 여전히 모두가 얻고자 하는 사회적 자원의 지위를 유지하고 있다. 누구나 좋은 학교에 가기를, 이른바 '스카이 캐슬'에 속하기를 원한다. 학벌은 가난한 이들에게는 계급 상승을 위한 마지막 가능성이고, 부자들에게는 안정적인 계급 세습에 연착륙하기 위한 첫 번째 관문이다. 그리하여 더 나은 학벌을 둘러싼 경쟁, 대학 입시의 열기는 과거 어느 때보다 더 치열하다.

교육, 특히 대학 입시는 부동산과 함께 한국 사회의 가장 뜨거운 감자이며, 모든 이슈와 욕망의 '깔때기'다. 교육 정책이 하나 발표되면 '강남 8학군'의 집값이 들썩거린다. 명문대의대에 진학하기 위한 이른바 상류층 사회의 고군분투를 극단적인 우화로 그려낸 드라마가 일약 사회 현상으로 비약하고, 장관 딸의 학교생활기록부와 표창장으로 1년 넘게 온 정치판이 요동치는 나라에서 대학 입시는 한 개인의 생애사적 통과의례라는 의미에 한정될 수 없다. 사상 초유의 코로나19 팬데믹 상황에서도 국가 정책의 최우선 목표는 하루빨리 상황을 안정시켜 학사 일정과 대입 일정을 정상화하는 것이었다. 다른 나라에서는 선택 가능한 학교 폐쇄와 무기한 휴업이 이 나라에서는 정책적 선택지가 될 수 없었다. 정치적 후폭풍을 감당할 수 없기 때문이다.

이쯤 되면 한국의 대학 입시란 사회과학적 탐구의 대상이어야 한다. 어쩌다 보니 나는 생애의 상당한 시간을 대학 입시의 최전선에서 보냈다. 학부 시절 전공인 인류학적 관점에서 보면 의도치 않게 꽤 오랜 기간 현지 조사fieldwork를 수행한 셈이다. 탐구자의 견지에서 볼 때, 대한민국 사교육 현장을 대표하는 공간인 대치동은 한국인의 내밀한 욕망의 한 단면을 적나라하게 드러내는 만화경 같은 곳이다. 내가 이곳에서 만난 학부모와 학생, 관련 업계 종사자들은 모두 절실하게 자신의 욕망을 좇고 있었다. 때로는 도박판의 플레이어처럼 성적과 정보를 거짓으로 부풀리고, 때로는 무모하게 원서를 베팅하며 합격을 장담했다. 때로는 구세주를 찾는 맹신도처럼 울며불며 매달렸고, 때로는 피도 눈물도 없는 사기꾼처럼 인간을 수단으로 취급했으며, 때로는 구도자처럼 모든 정신력을 긁어모아 자신이 목적하는 바에 쏟아부었다. 한국 사회에서 관혼상제의 생애사적 통과의례를 차례로 지나온 사람이라면 적어도 생애에 두 번은 이 끔찍하고 적나라한 아수라의 시간과 대면해야 한다. 수험생의 시간과 학부모의 시간. 나는 대치동에서 이 두 시간을 통과하는 무수한 인간 군상과 대면했다.

대입 시기를 마주하고 있는 당사자들을 지근거리에서 지켜보는 일은 만만치 않은 스트레스를 동반한다. 이들은 일종의 한계 상황을 경험하고 있기 때문이다. 내 도약을 위한 발판을 열망하고, 내 유전자의 반쪽을 가진 존재의 무한한 비상을 꿈꾸는 이 절실하고 적나라한 욕망 주체들의 실존은 결코 가볍지 않다. 그래서 시건방지게 그들에게서 읽을 수 있는 우리 사회의 애처로운 무의식을 쓰다듬는 일 따위는 하지 않으려 한다. 다만 전문 연구자는 아니지만 내가 이 문제적 공간에서 접하고 보고 생각했던 것들을 기록으로 남겨둘 필요가 있다고 생각했다.

나는 더 늦기 전에, 조금 덜 부끄러울 때 이 바닥을 떠나기로 마음먹고 있다. 별다른 이유가 있는 것은 아니다. 내 노동의 정당성을 획득하는 일에 개인적으로 부여했던 가치나 학생을 가르치면서 느낀 순간순간의 보람과는 별개로 학원 현장에서, 대치동에서 보낸 시간을 돌아볼 때 스스로 행복한 날들이었다고 여겨지지는 않기 때문이다. 떠나기 전, 20여 년간 내가 대학 입시 현장에서 목격한 대한민국 사회상의 일면과 우리의 무의식적 욕망의 단편들을 정리해두고 싶었다.

이 책은 대학 입시를 위한 안내서는 아니다. 입시 전략 수립을 위한 실용서는 더더욱 아니다. 나는 이 책이 지난 20여 년간 자의 반 타의 반 학원쟁이로 살아온 사람이 아마추어 연구자로서 쓴 인류학적 보고서ethnography, 아니 참여관찰 기록지 field note 정도의 글이 되기를 바란다. 그러나 어떤 형식에 매이기보다는 그저 내 지난 경험을 바탕으로 자유롭게 생각했던 바를 풀어놓고 싶다. 여물지 않은 단상일지라도 우리가 조금 더 나은 세상으로 가는 데 도움이 될 수 있을지도 모른다는 기원의 마음을 담아 이 책을 쓰고자 한다.

2020년 7월[1]
코로나19로 예년보다 한산한
대치동 한복판에서

---

1 책의 출간 시점과 다소 거리가 있지만 저자가 이 글을 쓴 당시의 생각과 상황을 좀 더 분명하게 드러내고자 초고의 날짜를 그대로 살렸다.

차례

불행의
계보학

1장

대학 입시,
벼랑 끝에 선 통과의례

인간은 태어나서 한 살 한 살 나이를 먹으며 자란다. 성장은 신체적, 정신적 변화를 통해 스스로 정체성을 획득하는 과정이며, 여기에는 사회적으로 자신의 정체성을 승인받는 과정도 포함된다. 부모는 아이가 초등학교에 입학할 때, 중학교와 고등학교에 들어갈 때 새로운 정체성을 획득하며 자랑스러워하는 모습을 지켜볼 것이다. 나도 이제 학교에 간다며, 더 이상 어린이가 아니라며, 혹은 이제 중학생 동생과는 유치해서 못 놀겠다며 새로운 정체성으로 옮겨 가는 것에 우쭐대는 아이를 바라보는 일은 부모의 보람이고 행복일 것이다.

그러나 일정한 나이에 이르렀다고 해서 새로운 정체성을 거저 얻는 것은 아니다. 여기에는 의무와 책임이 뒤따른다. 세상에 공짜는 없고, 그냥 얻어지는 권리도 없다. 재미 삼아 하는 RPG 게임에서조차 캐릭터의 레벨 업을 위해서는 많은 시간을 들이거나 '현질(현금으로 아이템 등을 구매하는 일)'을 해야 한다. 특히 사회의 온전한 구성원으로서, 더 많은 권리가 허용되는 성인으로서 정체성을 획득하기 위해서는 그만한 비용과 대가를 치러야 한다. 하여 세계 각 문화권의 성인식 통과의례는 대체로 상당한 고통이나 사회적 비용을 요구한다.

그중에서도 남태평양의 작은 나라 바누아투 북동부 지역 펜테코스트섬의 성인식은 번지점프의 기원으로 잘 알려져 있다. 이 의식은 매년 고구마 수확이 끝나는 시기인 4월 말에서 5월 초에 거행되는데, 마을 남자들은 다이빙대가 될 30미터 높이의 대나무 탑을 세우고 낙하에 참가하는 청소년들은 자신이 사용할 줄의 재료가 될 나무줄기를 직접 구하기 위해 숲을 헤맨다. 다이빙대에서 떨어지는 순간 이들은 추수 행위를 상징하는 동작을 취한다. 특이한 것은 몸이 전혀 닿지 않으면 흉작이 든다고 여기는 믿음이다. 때문에 이들은 몸의 일부, 주로 어깨가 땅에 닿도록 하면서도 다치지 않는 선에서 최대한 멋진 포즈로 낙하하기 위해 즐거운(?) 도전을 계속한다. 낙하 지점에 푹신한 흙을 깔아둔다지만, 땅에 닿아야만 성공한 것으로 인정하다 보니 머리에 심각한 상처를 입는 등 크고 작은 사고가 그치지 않는다.

인도네시아 수마트라 서부 믄타와이 제도에 사는 믄타와이족은 열두 살부터 성인이 되는 열여덟 살까지 얼굴, 가슴, 손, 허벅지, 발, 배, 허리 등의 순서로 전신에 문신을 새긴다. 날카로운 화살과 자연 염료를 이용한 문신은 상당한 고통을 수반하지만, 고난은 여기서 그치지 않는다. 뜨거운 바나나를 치아로 물어 얼얼해진 상태에서 앞니를 뾰족하게 연마하는 고통을 견뎌내야만 성인으로 인정받는다. 이 외에도 맹독을 이용해 사냥하는 브라질 아마존의 마티스족은 성인이 되는 소년들에게 재규어 문양을 문신한 뒤 검은 염료를 온몸에 바르게 하고, 눈에는 독성 식물의 즙을 떨어뜨린 후 회초리로 사정없이 내리치는 성인식을 거친다. 에티오피아의 하마르족도 채찍 의식과 소의 등 타기와 같은 위험한 이벤트를 통과해야만 성인

       1부 불행의 계보학

이 될 수 있다.

　현대 문명사회의 인권 개념에서 보자면 이는 고통을 강요하는 반인권적인 행위이지만, 각각의 문화마다 이러한 관습이 자리 잡은 나름의 이유와 환경 및 역사적 배경이 있을 것이다. 분명한 사실은 성인이 되는 비용으로 고통을 요구하는 문화권이 헤아릴 수 없이 많다는 것이다. 종교나 주술의 영역이 줄어들고 합리화와 세속화가 진행된 현대 문명사회에서는 이처럼 노골적으로 신체적·정신적 고통을 요구하는 통과의례는 더 이상 찾아보기 어려울 것 같지만…… 실제로 그렇지는 않다.

'아에로크'라는 나라의 성인식

　유라시아 대륙 극동부의 작은 반도에 위치한 국가 '아에로크 Aerok'에서는 21세기인 오늘에도 만 18세가 된 청소년들이 대학 입시라는 극단적인 고통의 성인식을 강요받고 있다. 많은 문명사회에서 중산층 이상의 계층은 대학 입학을 성인이 되는 통과의례처럼 인식하는 게 사실이지만, 이 나라의 대학 입시는 좀 심각하다.

　아에로크의 학생들은 사생결단의 'suneung' 시험을 치른다. 이들은 자신의 남은 인생을 결정할지도 모를 시험을 잘 치르라는 기원의 의미를 담아, 서로 'tteok'이나 'yeot' 등 쌀로 만든 끈끈

한 음식물을 선물하는데 이는 끈적끈적한 속성을 따와 시험에 '붙기'를 기원하거나 잘 '찍기'를 기원하는 주술적 의미를 담고 있다. 수험생의 어머니들은 깊은 산속의 불교사원이나 기독교의 회당에서 합격을 위한 기도 모임을 갖는다. 시험일에는 거대한 침묵이 아에로크에 내려앉는다. 놀랍게도 아에로크 정부는 수험생의 교통 편의를 위해 직장인의 출근 시간을 1시간가량 늦추는 행정 명령을 시행한다. 상점들은 문을 닫고, 은행과 주식시장의 개장 시간도 늦춰진다. 듣기 시험이 있는 특정 시간에는 대부분의 건설 현장에서 작업이 중단되고, 비행기의 이착륙이 전면 통제된다. 시험장 입구에서는 금속 탐지기로 디지털시계, 휴대전화 등 공정한 시험을 방해할 가능성이 있는 모든 물건을 압수한다. 감독관은 소음을 만들지 않도록 운동화를 신는다. 시험의 출제 과정도 미스터리로 가득하다. 아에로크 전역에서 온 500여 명의 교사들이 산악 지역의 비밀 장소에서 한 달간 외부 세계와의 접촉은 물론 가족과의 연락도 금지된 채 시험 문제를 출제한다.

지난 20년간 매년 고등학교 졸업자의 70퍼센트 이상이 대학에 진학해온 이 나라에서 대학 진학에 실패한 사람은 대체로 낙오자로 간주된다. OECD 가입국의 평균 대학 진학률이 44퍼센트에 그치는 현실에 비추어볼 때 아에로크의 대학 진학률은 기록적이다. 그러나 대학 진학이 안정된 삶을 보장하진 않는다. 실제로 아에로크 실업자의 3분의 1은 대학 학위를 가지고 있다.

1부 불행의 계보학

그럼에도 아에로크 사람들은 이른바 일류 대학에 들어가는 것을 성공의 첩경으로 믿고 있으며, '좋은 대학'에 들어가면 좋은 직업을, '좋지 않은 대학'에 들어가면 좋지 않은 직업을 갖게 된다고 확신한다. 그러다 보니 대다수의 청소년이 명문 대학 진학을 바라고, 조금이라도 가능성이 있다면 'SKY'를 목표로 삼는다. 아에로크의 옥스퍼드, 케임브리지로 여겨지는 세 대학의 이니셜을 딴 'SKY'는 모든 청소년이 선망하는 곳이지만, 대학 진학자 중에서 단 2퍼센트만이 진학할 수 있다. 'SKY'에 진학하는 것은 'chaebol'로 알려진 영향력 있는 가문이 운영하는 대기업에서 일할 수 있는 가장 확실한 방법이다. 매년 모든 신문에서는 변호사, 판사, 대기업 임원 및 최고 경영자들 중에서 얼마나 많은 사람이 'SKY'를 졸업했는지를 보도한다.

2000년대 초까지만 해도 이 나라의 청소년은 대부분 아침 7시 30분경에 등교하여 저녁 10시에 하교하는 학교 제도 속에서 생활했다. 정규 수업 이외에도 보충 수업과 야간 자율학습이라는 이름의 학습이 강요되었으며, 이에 대한 자율적 선택권은 전혀 보장되지 않았다. 교사의 지시나 권유에 불응하는 학생에게는 체벌이 이루어지는 등 심각한 인권 침해가 자행되었다. 뿐만 아니라 학습에 방해가 된다는 이유로 학생들은 외모를 가꿀 수 없었다. 모두가 교복을 입어야 했고 머리카락은 일정한 길이 이상으로 기를 수 없는 등 학생의 기본적 인권조차 보장되지 않았다. 다행히 2000년대 중반 이후 민주 정부의 노력으로 두발 단속,

체벌, 강제적 자율(?)학습 등 반인권적 교육 문화는 상당 부분 개선되거나 완화되었다. 그러나 여전히 대학 입시는 학생들의 삶을 심각하게 억압하고 있다. 학생들은 이제 7시 30분에 등교해 저녁 5시경에 하교하지만, 방과 후에는 저녁을 먹고 'hakwon'이나 'doksusil'로 향했다가 자정 무렵 집으로 돌아온다.

'doksusil'은 사설 도서관을 연상케 하는 이름이지만, 이곳에는 책이 가득 꽂힌 책장이나 빛이 들어오는 창문이 없다. 암막 커튼으로 가려진 어두운 공간에는 칸막이 책상들이 다닥다닥 이어져 있고, 형광등 스탠드 불빛만이 머무는 고립된 책상에서 학생들은 각자 가져온 수험서를 붙들고 공부에 열중한다. 더 집중된 환경에서 공부하기 위해 정기적으로 비용을 지불하고 이 감옥 같은 공간에 스스로를 감금한다.

아에로크에는 10만 개가 넘는 사교육 업체인 'hakwon'이 존재한다. 8세부터 18세까지의 아동·청소년 중 80퍼센트 이상이 이용하는 'hakwon' 산업은 200억 달러 규모의 시장을 형성하고 있다. 아에로크의 대학 입시는 한때 가난한 학생들의 사회적 계층 이동의 유일한 수단으로 여겨졌지만, 'hakwon' 산업이 발전하면서 가난한 부모 아래에서 성장한 학생이 대학 입시에서 성공하는 것은 거의 불가능해졌다.

대학 입시에서 경험하는 이러한 불평등과 어려움은 아에로크의 출생률이 세계에서 가장 낮아진 원인이며, 동시에 자살이 아에로크의 청소년 사망 원인 1위가 된 이유이기도 하다. OECD

에 따르면 세계의 다른 선진국에 비해 아에로크의 11세에서 15세 청소년은 가장 높은 스트레스를 경험하고 있으며, 이는 심각한 고립감과 우울증, 자살 충동으로 이어지고 있다. 2011년 이후 단 한 해의 예외도 없이 아에로크의 청소년 사망 원인 1위는 고의적 자해(자살)였다.

아에로크의 정부는 대학 입시라는 통과의례가 초래하는 이러한 스트레스를 완화하기 위해 멘토링이나 자원봉사, 과외 활동과 자기 주도적 학습 성과 등으로 'suneung'을 보완하거나 대체하는 방안을 마련하려 하지만, 청소년들은 이를 더 큰 스트레스로 여기고 있다. 'SKY' 진학을 향한 과도한 경쟁이 사라지지 않는 한 아에로크 청소년들의 고통은 줄어들기 어려울 것이다. 매년 6만 명에 달하는 학생이 이러한 교육 시스템과 대학 입시에 적응하지 못해 학교 교육을 포기하며, 교육 문제로 인한 이민도 증가하고 있다.[1]

한국 사회에서 성장하고 교육받은 사람이라면, 이 가상의

1　아에로크의 대입 제도에 대한 가상의 민속지적 서술은 아래 기사의 내용을 중심으로 각색한 것이다. 독자들이 외부인의 관점에서 대한민국의 대학 입시를 바라볼 수 있도록 기사에서 쓰인 표현을 되도록 직역하여 사용했다.
Caroline Gluck, "S Korean students face do-or-die exam", *BBC News*, Nov 6, 2001.
Hossein Sharif, "Suneung: The day silence falls over South Korea", *BBC News*, Nov 26, 2018.

민속지적 서술에 등장하는 '아에로크Aerok'라는 나라의 이름
이 '코리아Korea'의 철자를 거꾸로 쓴 것임을 눈치채는 데 그
리 오랜 시간이 필요하지 않을 것이다.

대학 입시라는 통과의례

독일 태생으로 네덜란드 혈통이었지만 프랑스에서 공부
했고, 주로 스위스와 미국에서 활동했던 민속학자 아르놀드 방
주네프Arnold Van Gennep는 1909년 『통과의례The Rites of Passage』
라는 책을 발표했다. 그는 인간이 살아가는 동안 특정한 시기
에 요구되는 신분이나 정체성을 획득하기 위해 거치는 문화적,
종교적 의식을 통틀어 '통과의례'라고 불렀다. 성장 과정에서
신분이나 정체성을 인정받는 일은 정착민에게는 당연한 일생
의 경과이기에 특별한 분석 대상으로 여겨지지 않는다. 그러나
유랑민과 같이 평생을 한곳에 머물지 못했던 방주네프에게는
한 인간이 문화적 정체성을 획득하고 승인받는 일이 결코 간
단치 않게 느껴졌을 것이다. 그는 특유의 디아스포라적 통찰력
으로 통과의례의 일반적인 과정을 상세하게 분석했다.

방주네프는 인간 사회가 다양한 그룹으로 나뉘어 있다고
보았는데, 세속적인 의미에서든 성스러운 의미에서든 새로운
그룹으로 이행하여 그곳의 일원으로서 자신의 정체성을 인정

받기 위해서는 일정한 의식, 의례를 요구받는다고 했다. 그리고 그 의식을 기존 집단으로부터의 분리separation, 새로운 집단으로 이행하기 이전의 경계적 상태transition, 새로운 정체성을 획득하고 새로운 그룹에 편입되는 통합incorporation의 단계로 나누었다. 이러한 관점에서 볼 때 대학 입시를 치르는 수험생의 시간은 정확히 통과의례의 단계에 대응한다.

수험생의 시간을 맞이한 이들은 이전의 정체성으로부터 분리될 것을 요구받는다. 가족을 비롯한 사회 구성원들은 그에게 어떤 결심과 결단을 요구한다. 휴대전화, PC 게임, TV 시청, 몸치장 혹은 축구와의 단절을 선언하지 않는다면 어른들의 잔소리는 사라지지 않을 것이다. 단절과 분리를 선언하는 것만으로도 주위 사람들은 수험생이 되더니 철이 들었다며, 마음잡고 공부하겠다는 의지가 기특하다며 칭찬을 쏟아낼 것이다. 사회적 상벌 체계의 압박 속에서 그는 더 이상 이전의 그 아이가 아니다.

그러나 이전의 정체성이 한 번의 선언으로 갑자기 자취를 감출 리 없다. 이제 그는 청소년과 성인, 고등학생과 대학생 사이 어딘가에서 애매하기 그지없는 정체성의 이행을 경험한다. 그는 문지방threshold(라틴어로 리멘limen) 위에 있다. 이 세계에도 저 세계에도 속해 있지 않으며, 이 집단에서는 곧 떠나야 할 존재이고 저 집단에서는 아직 받아들여지지 않은 존재다. 그는 경계liminality 위에 서 있다. 이 경계의 시간에 놓인 모든 인간은 불안하다. 수험생도 그렇다. 아직 어른이 아니지만 어른 같은 절제와 책임감을 요구받는다. 무분별하고 무책임한 모습을 보인다면 부모와 주위 사람들이 실망할 것이다. 그래서 두렵고 힘겹지만 자신에게 주어진 학습 의무를 수행하고자 노력한다. 자신에게 주어진 이 고통의 의례와 의무를 잘 견뎌낸다면 성인으로서 누릴 수 있는 권리와 자유를 보장받을 것이다.

문지방 위의 시간은 규범이 없는 해방의 시간이기도 하다. 스코틀랜드 글래스고 출신의 인류학자 빅터 터너Victor W. Turner는 통과의례와 축제의 시간에서 나타나는 경계적 상태의 해방성과 역동성에 주목했다. 경계의 시간 속에서 인간은 무질서와 무규범의 해방감 가운데 새로운 세계의 의미를 창조하거나 다시 규범적 일상을 지속할 삶의 에너지를 획득한다는 것이다. 수험생은 더 이상 이 세계에도 저 세계에도 속해 있지 않다. 그는 더 이상 통제받아야 하는 청소년이 아니며, 그렇다고 자신의 행동을 모두 책임져야 하는 성인도 아니다. 그는 그 사이 어딘가에 위치한 애매한 존재이며, 무엇이라고 아직 명명할 수 없는 테라스teras[2] 같은 존재다. 그는 성장하며 변태해 가는 중이기에 아직 정해진 정체성을 지니지 못한, 규정할 수 없는 존재다.

---

2 헬라어(고대 그리스어)로 괴물 또는 징후를 의미하는 이 단어는 그리스 신화에서 프시케를 만나 사랑에 빠진 후 아기의 모습에서 청년의 모습으로 성장하는 에로스를 지칭하는 데에도 쓰인다. 에로스는 피테스산의 괴물로 묘사된다.

그리하여 위태로운 경계의 시간을 지나는 이의 가능성은 무한하다. 이 고통의 시간을 지나면서 그는 새로운 세계의 정체성을 열어젖혀 스스로 해방자가 될 것이다. 설령 위태롭고 고통스러운 이 문지방에서 잠시 떨어지더라도 아직 부모와 사회의 보호를 받을 수 있으며, 다시 기회를 부여받을 수 있다. 아니, 그래야 한다. 그래야만 사회의 구성원들은 자발적으로 이 통과의례에 도전할 수 있고, 그래야만 통과의례는 새로운 사회 구성원을 생산하는 축제로서 기념될 수 있다.

차별을 생산하는 통과의례는 없다

그러나 대한민국의 대학 입시는 축제가 아니다. 대학 입시를 자발적 도전이나 놀이 또는 축제로 받아들이는 수험생은 없다. '피할 수 없으면 즐겨라'라는 강권에 세뇌되거나, 공부와 앎이 주는 근원적인 즐거움으로 입시의 부담을 견디는 지혜를 터득한 소수를 제외한다면, 대다수의 학생에게 대학 입시는 결코 다시 짊어지고 싶지 않은 거대한 짐이다. 누구도 자발적으로 참여하고 싶지 않은, 가능하면 피하고 싶은 이 전국적 행사를 우리는 통과의례라고 부를 수 있는가.

물론 경계의 시간에 선 수험생이 극단적인 일탈의 시간을 보낸다 하더라도 그는 나이를 먹을 것이고, 사회가 성인에게 부여하는 최소한의 권리는 보장받을 것이다. 술을 먹고, 연애를 하고, 부모 눈치를 덜 보며 밤에 쏘다닐 자유 정도는 주어질 것이다. 그러나 경계의 시간을 일탈로 채운 이들은 성공한 미래, 장밋빛 인생을 보장받을 수 없다. 그들은 세계의 낙오자로 전락할지도 모른다. 이 사회는 좋은 학벌을 가진 자들에게 성공 기회의 대부분을 제공하며, 학벌은 수능 성적과 내신 등급, 선천적이고 사회적인 행운의 영향력 아래 있는 학교생활기록부(약칭 학생부) 비非교과의 영향력에 좌우되기 때문이다.

만일 수험생이 고통스럽기 그지없는 공부의 의무를 성실히 이행하여 성적 경쟁에서 상위권에 오른다면, 혹은 자신에게 주어진 선천적, 사회적 행운을 충분히 활용하여 충실한 학생부를 만드는 데 성공한다면 상황은 달라진다. 그는 더 높은 사회적 지위에 도달할 가능성을 약속받을 것이다. 그가 SKY(서울대, 고려대, 연세대)에라도 진학한다면, 시골 동네에서는 플래카드가 걸리고 동네잔치가 열릴지도 모른다. 그는 이제 그냥 성인이 아니다. 사회적 성공의 가능성을 일정 정도 보장받은 특권적 성인의 지위를 획득한 것이다.

다시 말해 우리 사회 구성원들은 대학 입시라는 통과의례가 인생의 성패를 상당 부분 결정한다는 믿음을 공유하고 있다. 이건 맹목적인 믿음이 아니다. 이 집단적 믿음은 명백한 실체적 증거를 동반한다. 2012년부터 2021년까지 10년간 신규 임용 검사의 63퍼센트(534명 가운데 337명)가 SKY 학부 출신이며, 그중 두 해는 서울대 출신만 50퍼센트 이상이었다.[3] 헌법재판소 재판관 9명 가운데 7명이 서울대 출신이며, 대법관 14명 가운데 8명이 서울대 출신이다.[4] 2021년 신규 임용 법관 156명 가운데 102명(65.4퍼센트)이 SKY 학부 출신이다.[5] 20대 국회의원 300명 가운데 142명(47.3퍼센트)이 SKY 학부 출신이었고, 21대 국회의원 가운데는 112명(37.3퍼센트)이 SKY 학부 출신이며, 대학원을 포함하면 131명(43.7퍼센트)으로 늘어난다. 지방대 출신은 62명에 불과하다. 문재인 정부 2기(2018년 기준) 행정부 차관급 이상 공직자의 59퍼센트가 SKY 학부 출신이었다.[6] 이는 권력기관에 국한된 현상이 아니다. 2021년 100대 기업 CEO의 25.2퍼센트는 서울대 출신이며, SKY 출신은 55.6퍼센트에 달한다.[7] 그나마 국내 1000대 기업으로 가면 상황이 좀 낫다. 2020년에 1000대 기업 CEO 1633명 가운데 SKY 출신

3　「올해 검사 임용 'SKY 학부' 출신 38명… 9년 누적 295명(64%)」, 『베리타스 알파』, 2020년 6월 22일자; 「올 로스쿨 출신 신임 검사… 출신 대학·로스쿨 분석해보니…」, 『법률저널』, 2021년 5월 7일자.

4　헌법재판소, 대법원 홈페이지 참조.

5　「일반 법조 경력자 156명에 대한 대법관 회의 임명 동의 및 인사 발령」, 대법원 보도자료, 2021년 9월 30일자.

6　「제21대 국회의원 선거 결과에 대한 논평」, 사교육걱정없는세상 보도자료, 2020년 4월 27일자; 「특정 대학의 국가 권력 독식 분석 보도자료」, 사교육걱정없는세상 보도자료, 2019년 11월 4일자.

7　「2021년 제28회 100대 기업 CEO 프로필 전 조사」, 『월간현대경영』, 2021년 5월호.

은 478명(29.3퍼센트)으로 30퍼센트 이하를 기록했다.[8]

이 나라에서 대학 입시는 차별의 출발점이다. 만 18세 무렵에 치른 한 번의 대학 입시로 사회 구성원의 상당수가 사회적 이동 가능성을 차단당한다. 이 무시무시한 차별적 보상 때문에 대학 입시는 초미의 관심사가 된다. 학력과 학벌이 사회적 지위와 직결되는 사회에서 대학 입시라는 통과의례는 인생이 걸린 계급의 거름망이고 운명의 갈림길이다. 대학 입시를 통해 인간이 분류되고, 한 번 분류당한 인생은 쉽게 달라지지 않는다. 이제 대학에 따라 인생길이 갈리고, 계급이 나뉜다.

몇 년 전, 겨울 방학 강의를 시작하면서 나는 2학년 2학기를 마친 한 예비 고3 학생에게 수험생이 된 기분이 어떠냐고 물어본 적이 있다. 이제 정신 차리고 공부 열심히 하라는 충고를 조금 덜 꼰대스럽게 하고 싶어서 시작한 질문이었다. 그 학생은 날 보고 웃으며 이렇게 말했다.

"떨어지면 천국도 갈 수 있고, 지옥도 갈 수 있는 벼랑 앞에 선 기분이에요."

나는 준비했던 충고를 입 밖에 내지 못했다. 떨어지면 계급이 분류되는 거대한 벼랑 앞에 선 그 마음이 어떠할까? 대학 입시는 더 이상 생애사에서 낭만적인 추억의 한 조각으로 남을 성인식이 아니다. 수험생이 자신의 인생 전체를 놓고 벌이

---

8   「SKY 출신 CEO 비율 뚝 떨어졌다」, 『조선일보』, 2020년 12월 2일자.

는 건곤일척의 승부처이며, 10대 후반과 20대 초반의 삶을 통째로 걸어야 하는 운명의 도박판이다. 벼랑 앞에 선 듯한 그 아득한 마음 앞에서 나의 훈계는 부질없었다. 그 학생은 이미 PC방을 같이 다니던 친구들에게 이별을 고했고, 함께 축구를 하던 친구들과 당분간 축구할 일이 없을 것임을 알았다. 친구들과 자신을 이어주고 더 넓은 세상을 엿보게 해주던 스마트폰을 2G폰으로 바꿀 마음의 준비도 하고 있었다.

참가자 스스로 절벽에 선 듯한 느낌을 받을 정도로 불평등과 차별의 세계를 만들어내는 거대한 카지노. 이런 대학 입시를 통과의례라 부르는 것은 허망한 일이다. 한국의 대학 입시는 방주네프가 언급했던 통합의 단계를 상실했다. 대학 입시를 거치며 사회 구성원들은 승자와 패자로, 상층과 하층으로, 가능한 자와 불가능한 자로 양분된다. 대학 입시는 사회를 뚜렷하게 경계 짓고 있다. 분리와 차별이 시작되는 지점은 사회가 해체되는 지점일 수는 있어도 (재)구성되는 곳일 수는 없다. 우리 아이들이 선 벼랑 앞에 그간 성인식으로 여겨졌던 대학 입시라는 통과의례가 위태롭게 매달려 있다.

2장

대학수학능력시험,
가장 오래된 시험의 황혼

2018년 11월 15일에 치른 2019학년도 대학수학능력시험 국어영역 31번 문제는 전국적 화제를 낳았다. 뉴턴의 만유인력 법칙의 개념을 지문으로 제시하고 잘못 이해한 선택지를 고르라는 문항이었다. 시험이 끝나고 학생들은 이 문제에서 심리적 타격을 입는 바람에 시험을 망쳤다며 탄식했다.

언론을 통해 지문과 5개의 선택지가 공개되었다. 이 문제는 온라인 세계로 빠르게 전파되며 공분을 샀다. 많은 사람들이 첫 문장부터 무슨 말인지 모르겠다며 이렇게 어려운 과학 문제가 어떻게 국어 문제일 수 있느냐고 혀를 내둘렀다. 여기에 물리학자들이 불을 질렀다. 몇몇 대학의 물리학과 교수는 기자들과 만난 자리에서 "지문과 무관하게 만유인력이 무엇인지 알고 있다면 2번이 잘못된 선택지임을 알 수 있다"면서 이건 "국어 문제가 아니라고 생각한다", "이런 문제는 수능 국어에서 본래 의도했던 목적을 전혀 달성할 수 없다", "쉬운 물리 문제일 뿐 독해력과 무관하다" 등의 의견을 밝혀 수험생의 좌절을 위로했다.

결론부터 말하면, 나는 이러한 논의가 그리 타당해 보이지 않았다. 이 문제의 난이도가 다소 높긴 했지만, 이렇게 사회적으로 비난받을 만큼 잘못 낸 문제는 아니었다. 오히려 출제 원리에 부합하게 제대로 낸 문제라고 생각했다. 요사이 많은 사회적 논란이 그렇듯 문제는 언론이었다. 대다수의 언론이 31번 문항의 '본 제시문의 [A]'를 빼고 보도하여 대중의 비난

2장 대학수학능력시험, 가장 오래된 시험의 황혼

[A] 17세기 후반에 뉴턴은 태양 중심설을 역학적으로 정당화하였다. 그는 만유인력 가설로부터 케플러의 행성 운동 법칙들을 성공적으로 연역했다. 이때 가정된 만유인력은 두 질점이 서로 당기는 힘으로, 그 크기는 두 질점의 질량의 곱에 비례하고 거리의 제곱에 반비례한다. 지구를 포함하는 천체들이 밀도가 균질하거나 구 대칭을 이루는 구라면 천체가 그 천체 밖 어떤 질점을 당기는 만유인력은, 그 천체를 잘게 나눈 부피 요소 각각이 그 천체 밖 어떤 질점을 당기는 만유인력을 모두 더하여 구할 수 있다. 또한 여기에서 지구보다 질량이 큰 태양과 지구가 서로 당기는 만유인력이 서로 같음을 증명할 수 있다. 뉴턴은 이 원리를 적용하여 달의 공전 궤도와 사과의 낙하 운동 등에 관한 실측값을 연역함으로써 만유인력의 실재를 입증하였다.

31. <보기>를 참고할 때, [A]에 대한 이해로 적절하지 <u>않은</u> 것은? [3점]

───── <보 기> ─────

구는 무한히 작은 부피 요소들로 이루어져 있다. 그 부피 요소들이 빈틈없이 한 점으로 배열되어 구 껍질을 이루고, 그런 구 껍질들이 구의 중심 O 주위에 반지름을 달리하며 양파처럼 겹겹이 싸여 구를 이룬다. 이때 부피 요소는 그것의 부피와 밀도를 곱한 값을 질량으로 갖는 질점으로 볼 수 있다.

(1) 같은 밀도의 부피 요소들이 하나의 구 껍질을 구성하면, 이 부피 요소들이 구 외부의 질점 P를 당기는 만유인력들의 총합은, 그 구 껍질과 동일한 질량을 갖는 질점이 그 구 껍질의 중심 O에서 P를 당기는 만유인력과 같다.

(2) (1)에서의 구 껍질들이 구를 구성할 때, 그 동심의 구 껍질들이 P를 당기는 만유인력들의 총합은, 그 구와 동일한 질량을 갖는 질점이 그 구의 중심 O에서 P를 당기는 만유인력과 같다.

(1), (2)에 의하면, 밀도가 균질하거나 구 대칭인 구를 구성하는 부피 요소들이 P를 당기는 만유인력들의 총합은, 그 구와 동일한 질량을 갖는 질점이 그 구의 중심 O에서 P를 당기는 만유인력과 같다.

① 밀도가 균질한 하나의 행성을 구성하는 동심의 구 껍질들이 같은 두께일 때, 하나의 구 껍질이 태양을 당기는 만유인력은 그 구 껍질의 반지름이 클수록 커지겠군.

② 태양의 중심에 있는 질량이 m인 질점이 지구 전체를 당기는 만유인력은, 지구의 중심에 있는 질량이 m인 질점이 태양 전체를 당기는 만유인력과 크기가 같겠군.

③ 질량이 M인 지구와 질량이 m인 달은, 둘의 중심 사이의 거리만큼 떨어져 있으면서 질량이 M, m인 두 질점 사이의 만유인력과 동일한 크기의 힘으로 서로 당기겠군.

④ 태양을 구성하는 하나의 부피 요소와 지구 사이에 작용하는 만유인력은, 지구를 구성하는 모든 부피 요소들과 태양의 그 부피 요소 사이에 작용하는 만유인력들을 모두 더하면 구해지겠군.

⑤ 반지름이 R, 질량이 M인 지구와 지구 표면에서 높이 h에 중심이 있는 질량이 m인 구슬 사이의 만유인력은, $R+h$의 거리만큼 떨어져 있으면서 질량이 M, m인 두 질점 사이의 만유인력과 크기가 같겠군.

2019학년도
대학수학능력시험
국어영역 31번 문제

1부 불행의 계보학

을 유도했다. 본 제시문에는 뉴턴의 만유인력 법칙에 대한 충분한 설명이 제시되어 있었다. 이를 보도하지 않아 문제를 풀기 위해 만유인력에 대한 사전지식이 필요하다는 억측을 낳은 것이다.

수능 국어의 독서(비문학) 파트에서 출제되는 열다섯 문항은 인문철학, 사회과학, 경제, 과학, 기술 분야 가운데 세 영역 정도가 선택되어 출제되기 때문에 학생마다 이수한 과목에 따라 유불리가 갈린다. 문과 학생은 대체로 과학과 기술 문제에 취약하고, 이과 학생은 인문철학이나 사회과학, 경제 파트가 생소한 경우가 많다. 이 문제는 당연히 일부 문과 학생에게는 낯설고 어려웠을 것이다. 그러나 본 제시문의 내용을 충실히 이해했다면, 자신의 독해력을 바탕으로 해결할 수 있는 수준이었다. 별일 아니었던 것이다. 그러나 별일 아닌 문제라 해도, 설령 왜곡된 보도였다 해도 많은 사람이 부화뇌동하는 데에는 이유가 있다. 사람들이 어떤 문제에 예민하게 반응하는 것은 일종의 사회적 징후다. 우리 사회의 구성원 가운데 상당수가 대입에, 특히 수능에 스트레스를 받고 있으며 이에 신경을 곤두세우고 있는 것이다. 이 예민함의 이유를 알기 위해서는 '불수능'의 역사를 살펴볼 필요가 있다.

과연 불수능이었을까

1997, 2002, 2009, 2011, 2015, 2017, 2018, 2019, 2020. 언론에서 불수능이라고 언급했던 학년도를 나열해보면 점점 그 빈도가 높아지고 있음을 확인할 수 있다. 경험과 경륜이 쌓이면 업무 역량은 느는 법인데, 한국교육과정평가원(약칭 평가원)의 난이도 조절 역량은 해마다 퇴행하기라도 하는 걸까? 그게 아니라면 SNS의 시대에 존재의 근원적 위기에 내몰린 언론이 특종 경쟁을 하느라 호들갑을 떨었던 걸까? 그도 아니라면, 학생들의 학력 수준이 점차 낮아지고 있는 걸까? 그렇다면 심각한 문제다.

그런데 사실 시험의 난이도란 주관적인 것이다. 그해 수험생들의 학력 수준이나 평균적 역량에 차이가 있다면 난이도에 대한 판단은 달라질 수밖에 없다. 수험생이 매년 같은 학생들로 구성되어 있지 않은 이상 한 해 단위로 시험 난이도를 평가하는 것은 객관적일 수 없고, 별로 타당하지도 않다. 수능의 역사를 돌아봐야 하는 이유다.

수능 초기, 그러니까 1995~1998학년도의 수능은 역대 수능 사상 가장 많은 과목과 넓은 출제 범위를 아우르는 시험이었다. 문과는 사회탐구 7과목에 과학탐구 4과목을, 이과는 과학탐구 6과목에 사회탐구 5과목을 공부해야 했다. 언어, 수리, 외국어까지 12~14과목이 필수였다. 게다가 이전의 학력고사

1부 불행의 계보학

문제와는 질적으로 달랐다. 암기형 지식을 묻는 문제는 사라졌고, 비판적 혹은 추론적 이해를 요구하는 문제가 많았다. 심지어 과목 간 통합, 예컨대 '물리와 생물', '물리, 화학, 지구과학', '국사, 세계사, 세계 지리'를 결합한 문제가 출제되었으며, 난이도는 살벌한 수준이었다.

역대 최고의 불수능으로 기록된 1997학년도 수능에서는 400점 만점에 373.3점을 얻은 수험생이 전국 수석이었다. 총점 기준으로 인문계 279점, 자연계 286점이 전국 4퍼센트였고, 서울대 법학부 커트라인이 330점이었으니 100점 만점 기준으로 환산하면 평균 82.5점으로 대한민국 최고 학부 진학이 가능했다. 심지어 수리탐구영역 I은 80점 만점에 22.92점(100점 만점 기준 28.65점)이 평균이었으니 난이도의 극악함이 가히 악마적이라 할 만했다.

그러나 사회적 충격은 그리 크지 않았다. 1997학년도 수능은 1994~1996학년도에 잠시 부활했던 본고사가 폐지된 직후의 수능이었기 때문이다. 어렵다고는 하지만 본고사 문제들에 비하면 난이도는 귀여운 수준이었다. 뿐만 아니라, 새롭게 바뀐 수능이 단순히 외워서는 풀 수 없는 문제들이기에 원래 어렵다는 인식이 저변에 깔려 있었다. 이 어려운 수능은 오히려 우리 사회가 단순 암기형 지식을 요구하는 주입식 교육에서 벗어나기 위해 필요한 변화로 여겨지기도 했다.

그러나 어려운 시험은 사교육 증가로 이어졌다. 실제로

수능의 시작과 함께 사교육이 폭발적으로 성장하기 시작했다. 1990년부터 1994년까지 가구당 소비 중 교육비 비중은 9퍼센트대 전후에 머물렀으나, 수능 실시 직후인 1995년부터 가파르게 상승하여 2009년에는 13.8퍼센트에 육박해 최고치를 기록했다. 그중 사교육비의 증가가 특히 두드러졌다. 가파르게 상승하던 사교육비는 2003년 이후 공교육비를 추월했으며, 1997년부터 10년간 사교육 시장은 연평균 17퍼센트라는 기록적인 성장률을 기록했다.[9]

1999학년도 이후 수능은 점수만 놓고 보면 점차 쉬워진 것으로 보인다. 그러나 수험생 평균 점수의 증가가 수능 난이도의 하락 때문이었는지는 알 수 없다. 어쩌면 사교육 업체들이 수능의 문제 유형을 간파해나가면서 야기한 성적 신장일 수도 있다. 확실한 것은 2001학년도 수능은 변별력을 상실했다는 점이다. 만점자 66명이라는 대기록과 함께 "2000년 수능은 언어만 어려웠고, 2001년 수능은 수학 한 문제만 어려웠다"는 우스갯소리가 떠돌았다. 수능 만점자가 내신 성적 부족으로 서울대 법대에서 떨어지기도 했다. 그러자 변별력 없는 수능에 대한 사회적 비난이 일었다. 그러니까 초기에 수능은 쉬워서는 안 되는 시험이었고, 쉽게 출제했다고 오히려 욕을

---

9 「국내 인구 구조 변화에 따른 소비 트렌드 변화」, 하나금융경영연구소, 2019; 「사교육, 노후 불안의 주된 원인 – 사교육 실태 조사 및 시장 규모 추정」, 현대경제연구원, 2007.

1부 불행의 계보학

먹던 시험이었다.

그에 대한 부담 때문이었을까? 이듬해에 평가원은 2002학년도 수능에서 난이도 조절에 실패했고, 이해의 수능은 역대급 불수능으로 기억된다. 그러나 객관적으로 보면 1997년의 불수능과 맞먹을 정도는 아니었다. 320점을 얻은 학생은 1997학년도 기준에서는 서울대에 지원할 수 있었지만, 2002학년도 기준으로는 전국 4퍼센트에도 미치지 못했다. 그러나 직전 해의 '물수능'에서 갑작스러운 난이도 변화가 가져온 심리적 충격은 컸다. 당시 김대중 정부의 교육부 장관이었던 이해찬은 1999년 교육 개혁의 성과 부진에 이어 2002학년도의 수능 난이도 조절 실패까지 겹치면서 이 시절 고등학생이었던 세대에게 공공의 적이 되었다. '이해찬 세대'라는 말까지 회자되면서 2002학년도의 불수능은 대권으로 향하던 이 전도유망했던 정치인의 발목을 잡았다.

7차 교육과정(2005~2016학년도)에 들어서면서 수능 선택과목이 세분되고, 탐구영역 필수 과목이 2과목으로 줄어 모두가 불수능으로 피해를 보는 일도 줄었다. 선택한 과목에 따라 난이도가 달라졌기 때문이다. 그런데도 2009학년도는 수학 가, 나형이 모두 어렵게 출제되어 체감 난이도가 높았다고 평가된다. 하지만 전 과목 만점자가 나오는 등 그 이전의 불수능과는 비교할 바가 아니었다. 2011학년도는 국어, 수학, 영어 모두 난이도가 다소 높기도 했지만, 불수능이라는 오명은 수능 샤프 탓이 컸다. 10년 넘게 수능 샤프를 공급해오던 업체가 입찰에서 탈락하고 새로운 업체가 선정되었는데, 규정을 어기고 중국산 재료를 사용하는 바람에 상당수의 학생이 계속 부러지는 샤프심 때문에 시험에 집중하지 못했다.

2018학년도 이후에는 영어가 절대평가로 전환되면서 변별력이 떨어졌다. 그 결과 평가원은 국어와 수학의 난이도를 다소 높였다. 이후 매해 불수능이라는 말이 따라다닌다. 그러니까 초기에 비하면 그리 어렵지도 않은 시험에 사회 전체가 매년 전전긍긍 호들갑을 떠는 형국이다.

대학수학능력시험, 그러니까 수능은 대한민국 대학 입시의 역사상 가장 오래된 시험이다. 2022학년도 수능이 스물아홉 해째이니 곧 서른 살을 바라보는 셈이다. 아무리 오래되었다 해도 매년 50만 명 이상이 치르는 전국 단위 시험의 난이도 조절이 쉬울 리 없다. 슈퍼 인공지능 컴퓨터가 나온다 해도 수험생의 정답률을 매년 일정하게 유지하기는 어려울 것이다.

사실 수치로만 보면 적어도 7차 교육과정에 들어선 2005학년도 이후 15년간 평가원은 꽤 성공적으로 난이도 조절을 해왔다고 보는 것이 맞다. 출제의 정확성에 있어서도 그렇다. 매년 300건을 훌쩍 넘기는 이의 신청에도 불구하고, 실제로 출제 오류나 복수 정답이 인정된 경우는 단 두 건에 불과하다. 사실상 수능은 꽤 믿을 만한 시험인 것이다. 그러나 이 오랫동안 잘 관리되어온 시험에서 우리 사회는 안정감이 아니라 근본적인 불안을 느끼고 있다.

　매년 불수능이라는 말이 지면을 장식하고, 대입 시험 문제의 난이도를 학부모와 지식인들이 모두 달려들어 물어뜯는 사회에서 출제 기관은 대중의 눈치를 보지 않을 도리가 없다. 한국교육평가원장은 2019학년도 수능 국어영역 31번 문제에 대해 고개를 숙이며 사과했다. 출제위원단의 예측과 실제 결과 사이에 분명한 차이가 있었다는 것이다. 2020학년도 수능이 시행된 2019년 11월 14일 심봉섭 출제위원장(서울대 불어교육과 교수)은 "지난해 국어영역 31번 같은 초고난도 문항은 당연히 없다"라고 강조했다. 그러나 수능 난이도에 대한 언론의 헤드라인은 달랐다. "올해 쉬웠다지만 중간 난이도 많아 중상위권엔 '불수능'."[10] 수능 난이도에 대한 우리 사회의 관심과 비판은 분명 도를 넘었다. 사람들은 이 시험을 불안하게 여긴다. 쉽사리 믿지 못하는 것이다. 도대체 왜 우리는 이토록 수능에 예민한가?

처음부터 잘못된 대입 제도는 없다

태생부터 낡은 제도는 없다. 제도는 이전 제도의 모순과

10　2019년 11월 16일자 『중앙일보』보도.

한계를 극복하기 위해 고안된다. 모든 것의 시작은 늘 웅대한 포부와 변혁의 의지로 충만하다. 그러나 인간은 완전무결할 수 없고, 시간과 함께 세계는 변화한다. 변화에 적응하지 못한 제도는 이제 낡은 것이 된다. 낡은 제도는 시대와 조응하지 못하여 모순을 낳는다. 모순과 폐단은 이제 낡은 것들을 개혁의 대상으로 만든다.

1962년에 처음 시도되었던 대입자격고사는 전국적 규모의 입시 부정이라는 홍역을 치르며 2년 만에 중단되었다. 이후 대학은 대학별 고사로만 신입생을 선발했다. 그 과정에서 명문 대학 진학을 위한 과잉 경쟁으로 명문 고교마다 우열반이 운영되는 등 고교 공교육의 폐단이 심화되었다.

박정희 정부는 1969학년도부터 대입예비고사를 대학별 본고사와 병행 실시하여 공교육을 정상화하고자 했다. 그러나 예비고사 실시 이후 대학별 본고사의 난이도는 도리어 높아졌다. 예비고사에서 암기형 지식을 평가하자, 대학들은 경쟁적으로 본고사에서 서술형 문제를 강화하며 점점 난이도를 높였다. 명문 사립 고교뿐만 아니라 공립 고교까지도 교육청의 단속을 피해 우열반을 운영하지 않으면 학부모들의 등쌀을 감당할 수 없었다. 사교육도 기승을 부렸다. 고액 과외와 입주 과외가 성행했다.

1980년 전두환 군부 정권은 쿠데타와 광주학살에 대한 분노로 들끓던 민심을 달래기 위해 과외 전면 금지를 내걸면

1부 불행의 계보학

서 대학별 고사를 폐지했다. 1981학년도 입시는 예비고사만으로 실시되었고, 1982학년도부터 학력고사와 내신만으로 대학 입시를 치렀다. 사실 학력고사는 군부 독재의 우민화 정책에 잘 부합했다. 그러나 단순 암기형 지식만으로 학생을 선발해야 하는 대학들은 고충이 컸다. 대학들의 요구로 1986학년도에 잠시 논술을 도입했지만, 문제 유형이 단순하게 제한되었고 반영 비율도 미미해 결국 실효성이 없다는 중론 속에 2년만에 중단되었다. 그리고 다시 학력고사의 시대가 되었다. 사지선다형 객관식 문제는 철저히 암기형 지식 위주로 출제되었다. 암기력만이 유일하게 요구되는 소양이었고, 분석력이나 비판적 사고력, 종합력, 창의력과 같은 다른 지적 능력은 철저하게 무시되었다.

학력고사만으로 학생의 능력을 평가하는 것은 공정하지 않다는 국민적 공감대가 형성되기 시작했다. 1989년에 개봉한 이미연과 김보성 주연의 영화 〈행복은 성적순이 아니잖아요〉는 과도한 학업 경쟁에서 성적 스트레스로 목숨을 끊은 중학생이 남긴 유서의 마지막 문구를 제목으로 삼아 서울에서만 15만 관객을 기록하며 흥행에 성공했다. 1991년에는 고3 막바지에 자살한 장하다 군의 유고 시집 『꿈꿀 수 없는 세상이 싫어요』가 베스트셀러가 되었고, 1992년 정태춘과 박은옥이 장하다 군의 시 「비둘기의 꿈」을 노래로 만들어 6집 〈92년, 장마 종로에서〉 앨범에 수록하면서 많은 이들의 공감을 얻었다.

2장 대학수학능력시험, 가장 오래된 시험의 황혼

수능은 이런 사회 전반의 문제의식 속에서 학력고사가 초래한 암기 위주의 주입식 교육과 획일적 서열화 등을 해결하기 위해 도입된 시험이었다. 미국 SAT 형태의 오지선다형 문제와 일부 주관식 문제의 틀을 유지하면서 단편적인 지식이 아닌 분석력과 비판적 사고력, 종합력을 평가하겠다는 취지로 만들어진 만큼 이 시험은 파격적이었다. 교과서에 없는 제시문을 읽고 논리적으로 답을 추론해내라거나 두세 과목을 결합해 통합적 사고를 요구하는 새로운 유형의 문제들은 학력고사에 익숙한 사람들에게 신선하게 다가왔다. 말 그대로 지식을 묻는 것이 아니라 공부를 통해 배움을 얻을 수 있는 능력, 즉 수학修學 능력을 요구하는 시험이었기 때문이다. 교육 전문가들과 현장의 교육자들도 이 시험의 취지에 동의했다. 1년에 두 차례 시행하려던 당초 계획이 1년 만에 좌초하는 등 일부 시행착오도 있었지만 13년 만의 대입 개혁은 나름 성공적으로 연착륙하는 듯 보였다.

대한민국 교육의 역사에서 모든 입시 개혁은 그 나름대로 타당한, 공감할 만한 취지를 가지고 있었다. 현재의 교육이 야기한 문제를 해결하기 위해 전문가와 교육 관료들이 심혈을 기울여 고안한 정책들이었다. 하지만 지금껏 대한민국에서 성공한 입시 제도는 없다. 수능도 마찬가지다.

수능이 믿지 못할 시험으로 전락한 이유

수능은 애초에 본고사의 부활을 전제로 만들어진 대입자격고사였다. 1994~1996학년도까지 3년간 대학별 본고사가 부활했다. 김영삼 정부는 대학의 자율성을 확대하고자 했고, 상위 대학들은 본고사를 통해 더 실력 있는 학생을 뽑기를 원했다. 네 문제에 2시간 30분 이상의 시간을 주는 수학 본고사와 한 단락을 통째로 영작해야 하는 영어 본고사를 치르기 위한 경쟁이 다시 시작되었다. 1981년 이후 사라졌던『성문종합영어』와『1200제』,『실력 수학의 정석』등의 판매량이 다시 급증했고, 명문 대학 진학을 원하는 학생들은『Vocabulary 22000』을 달달 외워야 했다. 고등학교에서는 다시 앞다투어 우열반을 편성했다. 단 3년의 본고사 실시로 군부 정권이 모래 위에 세운 평등 교육의 가치는 여지없이 무너져 내렸다. 대중은 수능에는 동의했지만 본고사에는 동의하지 않았다. 결국 본고사는 금지되었다.

수능이 불신의 대상이 된 첫 번째 이유는 애초의 취지와 달리 예비고사나 자격고사가 아니라 최종 고사가 되어버렸기 때문이다. 1997학년도부터 본고사가 금지되고 논술만 허용되자, 대학들은 실질적 최종 고사인 수능에 더 높은 변별력을 요구했다. 결국 1997학년도의 불수능 사태는 우연이 아니라 필연적 귀결이었다. 상대평가라는 과도기를 거쳐 절대평가 자격

시험으로 전환하려고 했던 수능의 장기 계획은 이때부터 무너지기 시작했다. 대학별 고사가 없는 상황에서 최종 고사로 치러지는 수능은 변별력을 갖춰야 했지만, 종합적이고 비판적인 사고력을 요하는 새로운 유형의 문제들은 정답률이 너무 낮아 변별력을 기대할 수 없었다. 이런저런 요구에 부응하려다 보니 난이도 조절이 용이치 않았다. 결국 변별력 확보를 위해 단순 암기를 요구하는 문제들이 다시 늘어났다. 본래의 취지가 무색해졌다.

급증을 거듭한 대학 진학률도 수능의 신뢰를 떨어뜨린 원인 중 하나다. 학벌 사회가 강화되면서 대학 진학률이 비정상적으로 증가하기 시작했다. 1980년 27.2퍼센트였던 대학 진학률은 1990년까지만 해도 33.2퍼센트로 크게 다르지 않았다. 마지막 학력고사 세대가 대학에 진학한 1993년에도 30퍼센트대에 머물렀던 대학 진학률은 수능 첫 실시 이듬해인 1995년 51.4퍼센트, 2000년 68퍼센트, 2005년 82퍼센트를 찍으며 수직 상승했다. 물론 이 자체가 수능 때문은 아니다. 3차 산업의 비중이 증가하고, 소비 사회로 전환하는 가운데 4년제 대학을 나와야 소득이 높고 편한 직업을 가질 수 있다는 사회적 인식이 확대된 것이다. 4년제 대학 진학 희망자가 증가하자 대학의 숫자도 늘어나기 시작했다. 1990년 241개였던 한국의 대학(전문대학 포함) 수는 1995년 304개, 2000년 349개로 급증했으며 2005년 360개로 정점을 찍었다. 그러나 진학률의 증가 속도를

1부 불행의 계보학

따라잡기는 역부족이었고, 더구나 명문 대학의 숫자는 한정되어 있었다. 경쟁은 나날이 심화되었고, 늘어난 모든 대학의 신입생 선발을 수능만으로 하려면 더 큰 변별력이 필요했다. 너무 어렵거나 너무 쉬운 문제는 변별력이 없었다. 적당한 변별력을 확보하기 위해서는 결국 지식 확인형 문제가 가장 좋았다. 수능은 학력고사와 다를 바 없는 시험으로 퇴행하고 있었다.[11]

또 한 가지 수능이 사회적 불신의 대상이 된 가장 중요하고 확실한 이유는 이 시험이 과거 어느 시험보다 많은 사교육비를 잡아먹었기 때문이다. 학교 교육은 인성 교육, 공동체 교육 등 다양한 비교과 영역을 포함하지만, 사교육은 철저하게 시험 성적을 높이는 데 집중하기 때문에 수능만 놓고 본다면 성과의 차이가 크다. 결국 수능 성적을 높이기 위해 수험생들은 사교육에 의존할 수밖에 없었다. 한국교육개발원이 2011년에 발표한 「사교육비 추이와 규모 예측」 연구 보고서를 보면, 1990년 1만 7652원이었던 가구당 월평균 사교육비는 2010년에 18만 7396원으로 10배 이상 증가했다. 물가 지수를 반영한 실질 사교육비로 계산하더라도 5만 2250원에서 15만 2346원으로 3배에 육박하는 증가치다.[12]

---

11 이 단락에 사용된 통계는 'e-나라지표(www.index.go.kr)'의 교육부 지표 가운데 '취학률 및 진학률' 자료를 참고했다.

2장 대학수학능력시험, 가장 오래된 시험의 황혼

대학 진학을 위해서는 누구나 치르는 시험이다 보니 다들 애써 눈감고 있지만, 사교육 양산의 주범은 학생부종합전형(약칭 학종)도 논술도 아닌 수능이다. 진학사에서 2018학년도 수험생 1217명을 대상으로 실시한 '수험생의 사교육 이용 실태' 조사에서는 3등급 이상의 성적을 얻은 수험생의 75퍼센트 이상이 고3 시기에 사교육을 받은 반면, 4등급 이하에서는 58.1퍼센트만이 고3 시기에 사교육을 이용했다. 사교육의 영향력은 절대적이다. 성적이 낮을수록 내신을 위해, 성적이 높을수록 수능을 위해 사교육을 이용하는 경향이 두드러졌다.[13]

이 나라의 사교육은 지난 20년간 정부의 억압과 사회의 편견 속에서 오직 경쟁력 하나로 20조 원(고등학교 사교육 5조 7000억 원대) 이상의 시장을 유지하고 있다. 정해진 유형의 문제를 해결하는 시험에서 대한민국 사교육의 마법 같은 성과는 전 세계적으로 정평이 나 있다. 십수 년 전 칼리지보드College Board(SAT 관장 기관)에서 전체 SAT II 만점자 9명 중 8명이 한국계라고 밝힌 이후, 한국의 SAT 전문학원은 미국 전역에서 지금까지도 폭발적인 인기를 누린다. 국내에도 SAT 대비 학원들이 대거 들어서면서 몇 년 전에는 한국의 한 학교에서만

---

12   김양분·양수경, 「사교육비 추이와 규모 예측」, 한국교육개발원, 2011.

13   「고3 상위권 학생 중 80% "사교육 받는다"」, 『매일경제』, 2018년 3월 5일자.

SAT 만점자가 20명이 나오는 바람에 세계적인 관심을 받기도 했다. 그에 따른 폐단도 만만치 않다. 한국은 SAT 문제 유출과 부정 시험이 만연한 곳으로 주목받고 있으며, 2010년에는 대규모 수사가, 2013년에는 다수의 시험 자격 취소가 발생하기도 했다. 심지어 최근에는 하버드와 MIT 등 일부 아이비 명문 학교의 입학사정관들이 SAT가 높은 한국계 미국인을 '개성 없는 수학 문제 풀이 기계'라 부르며 입학에 불이익을 주고 있다는 볼멘 뉴스가 떠돌기도 한다.

사교육 업체들은 경쟁에서 이기기 위해 수단과 방법을 가리지 않는다. 새로운 유형의 문제를 실시간으로 수집, 분석하여 수많은 유사 문제를 만들어낸다. 평가원의 출제 역량은 사교육의 손바닥을 벗어나기 어렵다. 평가원의 입장에서는 변별력 있는 새로운 문제를 계속 출제해야 하니 문제는 점점 지식 확인형으로 변해가고 난이도는 비정상적인 방법으로 높아진다. 이렇게 수능은 점차 본래의 취지를 상실하고 무의미한 방향으로 변해가고 있다. 이제 더는 새로운 문제 유형을 기대하기 어렵다. 수능은 이미 사교육에 분석당하고 점령당한 시험이다.

이런 상황에서 사교육 의존도가 수능 점수를 좌우하는 것은 당연하다. 재수생이 수능 중심으로 선발하는 정시에서 유리한 이유는 공교육에 시간을 낭비하지 않고 사교육에만 집중할 수 있기 때문이다. 마찬가지로 사교육 인프라가 잘 갖추어진 대치동과 서울 일부 지역, 그리고 대구 수성구 같은 교육 특구 인근에 사는 학생들이 수능 성적이 높을 수밖에 없다.

그런데도 2018년 대입 제도 개편을 위한 공론화위원회는 학종과 논술이 사교육 확대의 주범이라는 왜곡된 현실 인식을 바탕으로 수능 위주의 정시모집 인원을 늘리는 방향을 제안했다. 그리고 문재인 정부는 설령 잘못된 길이라 하더라도 국민의 의사를 반영하는 것이 민주 정부의 사명이라며 2019년 10월 정시 확대 기조를 천명했다. 나는 이 왜곡된 현실 인식과 시대착오적인 대입 정책 방향에 이 나라 대형 사교육 업체들의 입김과 영향력이 작용하고 있다고 확신한다.

가장 낡은 시험의 불안한 황혼

낡은 것은 이해관계를 벗어나 관조할 때는 아름답다. 돌아보는 사람들에게 추억을 떠올리게 하기 때문이다. 그러나 냉정한 현실의 견지에서 보면 낡은 것은 사고事故를 불러오고, 안정감을 훼손한다. 낡은 것이 주는 익숙함과 아름다움의 이면에는 과거의 모순과 불편함에 대한 인내가, 새로운 것에 대한 두려움이 깔려 있다. 우리는 익숙하다는 이유로 낡은 것을 아름답다 말하고, 그 모순에 안주하며, 변화를 거부하기도 한다. 낡은 제도 안에 켜켜이 쌓인 적폐와 모순에 길든 사람은 새로움에 대한 상상력을 잃어버린다.

첫 수능(1994학년도)이 시행되던 1993년은 인터넷 상용 서비스가 민간에 제공되지 않았던 해이고, WTO도 출범하기 전이라 세계화라는 말도 낯설던 시절이다. 그 시절 '순수했던' 수능은 사람들의 욕망과 현실의 벽에 부딪치며 본래의 교육적 취지를 상실한 채 학력고사와 다름없는 도구적 시험으로 전락했다. 30년 가까운 세월 동안 우리의 삶과 지식과 학문은 근본적인 변화를 겪었다. 한 나라의 기초 학문과 수학 능력을 평가하는 시험이라면 응당 이런 변화에 맞게 그 성격을 바꿔왔어야 한다. 물론 수능도 교육과정의 변화에 맞추어 그 출제 원리, 주제 범위, 제시문과 문제의 분량 등을 여러 차례 바꿔왔다. 그러나 그 수선의 과정은 교육열에 휩싸인 학부모들의 통합될 수 없는 욕망으로 인해 눈치 보기의 연속이었고, 사교육의 막대한 영향력에 짓눌려 새로운 교육에 대한 상상력을 잃어버린 퇴행의 시간이었다. 눈칫밥으로 얼기설기 꿰어놓은 누더기 수능은 우리의 대입 제도와 교육 현실의 거울이자 부산물이다. 사람들은 곧 서른을 맞는 이 거적때기 같은 수능에 불안을 느낀다. 이제 수능은 변화를 요구받는 낡은 시험이 되었다.

3장

논술의 전성시대와
그 수상한 몰락

1997학년도 이후 수능이 자격고사라는 본래의 취지를 상실하고 최종 고사가 되어버리자 대학들은 고민에 빠졌다. 학력고사와 별다를 바 없는 수능이라면, 다시 또 주입식 교육에 길들여진 학생을 선발할 수밖에 없기 때문이다. 대학은 다양한 잠재력을 가진 학생들을 뽑고 싶어 했지만, 2000년대 초만 해도 대부분의 입학생을 정시로 선발하는 입시 제도 아래서 방법은 많지 않았다. 1997학년도 이후 이른바 특차전형과 수시모집 전형이라는 이름으로 다양한 학생을 선발하려는 시도가 일부 있었지만, 모집 인원은 극소수였고 교수들도 자신이 통과해온 학력 중심의 인재 선발 방식에서 벗어날 상상력을 별로 갖고 있지 못했다. 상위권 대학들은 오로지 뛰어난 지적 능력을 가진 학생을 선발하기를 원했다. 그러나 본고사는 금지되었고, 실시할 수 있는 대학별 고사는 논술밖에 없었으니 다른 선택지가 없었다. 1997년부터 2007년까지 입시에서 논술고사를 실시하는 대학이 점차 늘어났다.

3불 정책과 논술의 전성시대

노무현 정부의 교육 당국은 '3불 정책'을 강조했다. 이른바 교육 불평등을 부추기는 '고교 등급제, 대학별 본고사, 기여 입학제' 이 세 가지를 허용하지 않겠다는 것이었다.

기여 입학제는 지금도 병역 기피와 함께 국민 정서를 건드리는 역린逆鱗이다. 불평등이 나날이 확대되어 급기야는 금수저, 흙수저라는 말이 상식이 된 이 나라에서 거의 유일하게 형식적이고 기계적인 평등이 실현되는 두 곳이 바로 군대와 대학이다. 돈 많은 부자가 학생들을 위해 드넓은 잔디밭을 깔아주거나 으리으리한 건물을 올려준다고 해도 그 자녀에게 대학 입학 기회를 주어서는 안 된다는 이 독특한 생각은 전 세계적으로 유례를 찾을 수 없다. 유럽과 미국의 사립대학들은 대개 부자의 이런 호의를 거절하지 않는다. 이들의 호의로 학생들이 더 쾌적한 교육 환경을 누릴 수 있을 뿐 아니라, 정원 외 입학을 허용하더라도 그렇게 들어온 사람이 실력을 갖추지 못하면 졸업이 불가능하기 때문이다. 그러니까 기여 입학제에 대한 국민 대다수의 반감은 입학해서 등록금만 밀리지 않고 내면 대부분 졸업이 가능한 우리나라 대학의 부실 운영이 초래한 결과이며, 출신 대학이 모든 사회적 기회의 분배를 좌우하는 학벌주의의 폐해라고 할 수 있다.

김대중, 노무현 정부의 입장에서 고교 등급제 금지는 1974년부터 실시된 고교 평준화를 유지하고, 입시 열기를 초중등 교육까지 확산하지 않기 위해 지켜야 할 마지노선이었다. 이미 1987년 이후 과학고, 1992년 이후 외국어고가 특수목적고로 인정되면서 점차 아래로 확대되던 입시 전선의 하방 압력을 막아내고 공교육을 정상화하기 위해서는 고교 평준화를 유지하면서 학생부 교과 내신의 대입 반영 비율을 높여야 했다. 그러나 더 우수한 학생을 선발하고 싶은 대학들은 이를 받아들이기 어려웠다. 현실적으로 도농 간, 지역 간 학력 격차가 심화되고, 지방 소도시나 읍면군 지역 고등학교의 전교 1등이 수능 평균 3등급을 넘지 못하는 상황에서 교과 내신의 반영 비율을 지나치게 높이면 학업 성과가 뛰어난 학생을 선발할 수 없을 것이 분명했기 때문이다. 각 고등학교에 등급을 매겨 차등을 둘 수 없는 이상, 내신 반영 비율을 높이라는 교육부의 요구에 대학은 형식적으로 높이는 시늉만 할 뿐이었다. 그리하여 2007년 정시모집 2단계 평가에서 교과 내신의 반영 비율은 40~50퍼센트에 달했지만, 대학들의 내신 반영 점수표를 바탕으로 계산한 실질 내신 반영 비율은 서울대 2.28퍼센트를 비롯하여 2~12퍼센트에 그쳤다. 교육 불평등 해소와 고교 교육 정상화라는 교육 당국의 목표는 실현되기 어려웠고, 대학들도 학생을 선발할 다른 기준이 필요했다.

본고사가 금지된 상황에서 대학이 선택할 수 있는 방법은 얼마 없었다. 1994학년도부터 3년간 부활했던 대학별 본고사는 순식간에 학력고사 이전 극악한 난이도의 본고사가 야기했던 문제를 다시금 낳았다. 고등학교 교과서 범위를 벗어난 어려운 문제들은 과외 열풍을 불러왔으며, 이는 대다수 서민들에게 박탈감을 안겼다. 사람들은 전두환이 교육 정책은 잘했다며 앞다투어 학력고사 시절을 찬양했다. 교육 불평등을 조장하고, 정부의 무능을 비판하며 군부 정권을 찬양하는 사회 분위기를 조성하고 만 본고사는 이후 모든 민주 정부에서 금기가 되었다.

그렇게 3불 정책은 교육 불평등 해소라는 목표, 시민들의 정서와 사회 분위기를 고려한 결과였다. 결국 대학이 자율적으로 선택할 수 있는 선발 방식은 논술밖에 없었다. 주요 대학들은 정시모집에서는 물론 수시모집에서도 논술고사를 실시했고, 다양한 과목을 결합해 그 난이도를 높이려 애썼다. 특히 수시 논술고사에서는 수능 성적이 없는 상태에서 학생을 선발해야 했기 때문에 기본적인 수학 능력을 측정하기 위해 영어 제시문을 내거나 수학, 과학 문제를 함께 출제하기 시작했다. 그러나 이러한 시도에는 곧바로 제동이 걸렸다. 이런 방식이 대학별 본고사와 논술고사의 경계를 모호하게 한다고 판단한 교육부는 논술과 논술이 아닌 것을 구분하기 위한 기준을 만드는 데 골몰했다. 결국 2005년 교육 당국이 논술 가이드라인을 발표하면서 논술을 본고사처럼 만들려던 대학들의 시도는 무력화되었다. 수시 논술에서 영어 제시문과 수학, 과학 문제를 낼 수 없게 된 것이다.

그러나 대학들의 집념도 만만치 않았다. 가이드라인 발표 이후에도 통합 교과 논술이라는 이름으로 다양한 평가 요소를 넣은 문제 유형을 개발하려는 시도가 계속되었다. 대학들의 노력 속에서 가히 세계적인 수준의 논술 문제들이 만들어지기 시작했다. 2007년 이후 논술 문제는 더 이상 나름의 개똥철학을 가지고 자신의 견해를 주장하거나, 몇 가지 거대 담론의 키워드를 달달 외워서 적는다고 통과할 수 있는 수준이 아니었다. 논술 문제는 점차 진화해나갔다. 다양한 교과를 통합적으로 아우르면서 독해와 요약 능력, 견해 개진 능력, 자료 분석과 도표 및 그래프 해석 능력, 수리적 사고력, 논리적 추론 능력, 창의적 문제 설정 및 해결 능력까지를 평가하는 갖가지 문제들이 학교별로 고안되었다. 가히 논술의 전성시대였다.

이전까지는 근대성에 관한 십수 가지의 인문학적, 철학적 담론 체계를 이해시키고 단기간 글쓰기 훈련을 해주는 것만으로도 학생들의 논술 문제 해결 능력이 월등히 향상되었다. 암기식 수업에 익숙하던 학생들에게는 그 정도로도 긍정적인 충격이 될 수 있었다. 그러나 새로운 논술 문제들은 그렇지 않았다. 더 이상 기존의 교육에 글쓰기 훈련을 추가하는 것만으로는 만족할 만한 수준에 이를 수 없었다. 모든 과목을 유기적으로 결합하는 통합 교육이 필요했다. 암기식 교육으로는 새로운 통합 논술 문제에 대응할 수 없었다. 정밀하고 수준 높은 문해력, 자료에 대한 정확한 분석과 해석을 통해 합리적 결론에 도달할 수 있는 사고력과 추론 능력이 필요했다. 대학별 본고사를 대체하기 위해 도입된 논술고사가 진화, 발전하면서 교육 제도 전반의 근본적인 개혁을 요구하게 된 것이다.

3장 논술의 전성시대와 그 수상한 몰락

논술의 후퇴: 관료주의와 정치적 거짓말

2006년 말경 문화 판을 기웃거리다가 전업 논술 강사로 돌아온(?) 나는 '통합 논술'이라는 새로운 입시 논술이 교육의 근본적 가치를 회복할 수 있을 것이란 생각에 몸담고 있던 업체의 논술콘텐츠연구소 소장을 맡았다. 논술 전성시대에 걸맞게 여러 일간지와 방송국에서 협업 제안이 밀려들어 다양한 콘텐츠를 생산해내야 했다. 또 한 가지 역점을 두었던 것은 통합 논술 교육자를 육성하는 일이었다. 나는 전교조를 비롯한 여러 교사 조직과 사교육 업체를 두루 접촉하며 통합 논술 교사 양성을 위한 다양한 프로그램을 진행했다. 국어, 수학, 영어, 사회, 과학 등 여러 과목을 어떻게 하나로 결합할 수 있는지, 그것을 위해 기존의 교과목 담당 교사들은 어떤 노력을 해나가야 할지를 함께 고민하고 조언하는 워크숍 프로그램이었다. 학원 강사들은 물론 학교 현장의 교사들까지 모두가 새로운 통합 논술의 취지에 공감했고, 여러 문제 유형을 분석하며 논술 수업에 교육적 가치가 있다는 것에 동의했다. 그러나 10주에 걸친 이 과정이 끝날 때마다 교사들에게 들었던 말은 '의미 있고 가치 있는 건 알겠는데 우리가 이걸 어떻게 하느냐'는 자조적이고 패배적인 전망이었다. 기존의 수업 방식에서 벗어나기 어렵고, 자질구레한 학교 업무도 적지 않은 상황에서 교사들이 새로운 교육적 가치를 위한 실험에 뛰어들기는

1부 불행의 계보학

어려웠다. 논술이 가져온 변화를 이해하기 위해 자발적으로 워크숍에 참여한 교사들도 이러할진대 다른 교사들의 반응은 불 보듯 뻔했다.

항상 그렇지만 개혁을 가로막는 것은 관료 조직이다. 관료주의의 특징은 수직적인 명령 구조에서 합의된 규칙에 따라 분업이 수행된다는 것이다. 개혁 조치로 인해 규칙이 바뀌면 해오던 관행이 바뀌고, 분업 구조가 뒤엉키며, 관료들이 유지해온 삶의 질서가 붕괴된다. 무엇보다 그동안 해왔던 방식이 변하면 피곤해진다. 복지부동과 무사안일주의로 대표되는 관료주의의 특징은 그렇게 개혁의 반동분자가 된다. 결국 대부분의 교사는 새롭게 변화하는 논술을 자신들이 할 수 없는 일이라고 간주했다. 교육적 가치가 있는지 없는지는 더 이상 중요하지 않았다. 교사가 가르칠 수 없는 내용을 대학 입시에서 출제하는 것은 부당하다는 여론이 교육 현장을 뜨겁게 달구었다. 학교에서 논술을 가르칠 수 없으니 논술고사는 결국 사교육을 유발한다는 논리도 세를 키워갔다. 그렇게 전체 사교육 시장 규모의 8퍼센트밖에 차지하지 않던 논술이 사교육의 주범으로 내몰렸다.

그즈음 몇몇 인터넷 커뮤니티를 중심으로 '죽음의 트라이앵글'이라는 말이 돌기 시작했다. 한 수능 교육 업체의 유명 강사가 당시 학생들(2008학년도 수험생)이 내신에, 수능에, 논술고사까지 준비해야 하는 상황을 극적으로 나타내기 위해 사용한 이 말은 그에 공감한 학생들이 동영상까지 만들어 올리면서 크게 유행했다. 그러나 사실 이는 그다지 객관적이거나 정확한 표현은 아니다. 앞서도 언급했듯이 2007학년도 정시에서 내신의 실질 반영 비율은 2~12퍼센트에 지나지 않았다. '행복은 성적순이 아니잖아요'라고 부르짖던 학력고사 시절에도 내신이 이 정도는 반영되었다. 뿐만 아니라 학생들의 수능 부담을 덜어주고 공교육이 성적지상주의에서 벗어나 정상화될 수 있도록 정부가 기울인 노력도 있었다. 정부는 2008학년도부터 수능 등급제를 실시하여 백분위와 원점수를 공개하지 않고 오직 등급만으로 학생을 선발하도록 하여 수능의 실질 변별력을 낮추었다. 다시 말해서 '죽음의 트라이앵글'이라는 말은 논술이라는 새로운 평가 방식이 확대되는 것을 부정적으로 바라보려는 대단히 의도적이고 왜곡된 표현이었다.

한편 주요 보수 일간지를 중심으로 논술학원 운영자의 대부분이 386 운동권 출신이며, 이 학원들은 '본고사 금지'라는 정부 정책 덕분에 대형 교육 업체로 성장했고, 학생들의 이념을 좌경화하는 동시에 교육 격차를 조장하고 있다는 논조의 기사가 쏟아졌다. 그리고 2008년 1월 이명박 정부의 대통령직 인수위원회는 수능 등급제 폐지(이에 대해서는 다음 장에서 이야기하겠다), 정시 논술 폐지 및 수시 논술전형의 단계적 축소 계획을 발표한다. 그 외에는 노무현 정부의 정책 계획(입학사정관제 도입, 내신 반영 비율 증가)을 거의 그대로 계승한 입시 정책에 대

1부 불행의 계보학

해 놀랍게도 당시 보수 일간지들은 '죽음의 트라이앵글'에 비
상구가 열렸다며 환호했다.

글쓰기를 외면한 교육은 성공할 수 없다

2008년 이후 논술은 단계적으로 축소되었다. 2010학년
도부터 정시 논술이 점차 폐지되었고, 입학사정관제가 공교육
정상화에 기여한다는 이유로 이를 확대하는 대학들에 예산 지
원을 늘려가던 이명박 정부는 지원 대학을 선정하는 과정에
서 논술고사를 쉽게 출제하거나 논술 비중을 축소하는 대학들
에 인센티브를 주었다. 2014년 박근혜 정부 시기에 이름을 바
꾸어 현재까지 실시되고 있는 '고교 교육 정상화 기여 대학 지
원사업'도 논술을 줄이거나 폐지하는 학교에 큰 가산점을 주
었다. 그러니까 논술고사를 쉽게 내거나 논술전형의 비중을
줄이면 대학은 '공돈'을 얻을 수 있었다. 국가 시책에 협조해
야 하는 국립대학과 형편이 어려운 사립대학을 중심으로 논술
전형의 비중이 점점 줄어들었다. 논술고사의 난이도를 교과서
수준으로 낮추어야 한다면 굳이 상위권 대학도 논술을 고수할
이유가 없었다. 비판적 사고력과 대안 제시 능력을 평가할 수
없는 논술은 국민교육헌장을 외워 쓰는 것과 근본적으로 다르
지 않기 때문이다. 논술전형을 유지한 대학들도 논술만으로는

학업 능력을 제대로 변별하기 어려웠다. 그 결과 대학들은 논술전형의 수능 최저 기준을 이원화하여 우선 선발 제도 등을 도입했다. 논술고사 응시 자격을 결정하는 수능 최저 기준 이외에 우선 선발을 위한 더 높은 수능 최저 기준을 하나 더 만든 것이다. 즉 논술 지원자 중 수능 등급이 일정 수준 이상인 학생들만을 대상으로 모집 정원의 40~70퍼센트를 따로 선발하는 방식인데, 실제로 기준 등급 이상인 학생의 수가 우선 선발 모집 정원보다 적으면 논술을 백지로 내도 붙을 수 있었다. 그렇게 논술전형은 선발 인원의 상당수가 논술이 아닌 수능 점수를 가지고 합격하는 반半수능 전형이 되었고 점차 축소되어갔다. 2012학년도 서울대학교를 필두로 2018학년도에는 고려대학교도 논술전형을 완전히 폐지했다. 이후 박근혜 정부는 대학들에 2023년까지 논술전형의 점진적 폐지를 요구했고, 문재인 정부에 들어서도 이에 대한 수정 계획은 발표되지 않았다. 대한민국 입시에서 논술은 조만간 사라질 운명에 처해 있다.

　정치적인 옳고 그름을 따지는 것은 이 글의 목적이 아니다. 다만 어느 시대, 어느 나라의 교육이 글쓰기를 외면하고 성공한 적이 있는가를 묻지 않을 수 없다. 학문 탐구의 장인 대학 진학을 염두에 둔 교육이라면 더욱 그렇다. 학문이란 관찰과 경험에 더해 다양한 자료와 문헌을 통해 세계를 탐구하고 이해하여 글로 써내는 과정을 동반한다. 읽기와 쓰기는 학문의 시작과 끝이며, 따라서 문해력과 논술 능력만큼 중요한 수학

능력은 없다. 이에 관한 교육을 바탕으로 학생들은 이후 어떤 영역에서 어떤 삶을 살아가든 사회문화적 소통 과정에 참여하고 타인들과 상호 신뢰를 교환할 수 있다.

그러나 이 나라는 글쓰기를 중심으로 교육 패러다임을 근본적으로 바꿀 수 있는 기회를 아주 수상한 이유로 적어도 한 번은 이미 놓쳤다. 그 과정에는 일부 교사들의 무사안일주의와 언론의 거짓말, 정치인들의 계산이 영향을 미쳤다. 그러나 교육의 본질을 언제까지고 외면할 수는 없다. 2008년 이후 학생들의 문해력은 나날이 떨어지고 있다. 사실과 의견을 구분하지 못한 채 읽고 말하는 사람들 때문에 거짓 뉴스가 난무하고 집단 간의 갈등이 심화되어 사회적 신뢰가 바닥에 떨어졌다. 물론 이것을 오로지 논술 축소가 낳은 문제라고 할 수는 없다. 그러나 이 사회에 더 높은 수준의 문해력과 글쓰기 능력이 필요하다는 사실은 쉽게 부인할 수 없을 것이다. 향후 10년 안에 우리는 다시 글쓰기를 교육의 중심으로 가져올 수 있는 기회를 만날 것이다. 그때는 2008년과 같은 우를 다시는 범하지 말아야 한다.

3장 논술의 전성시대와 그 수상한 몰락

4장

입학사정관제의 장밋빛 청사진과 계급적 오용

첫 자녀가 고등학교에 입학해 대학 입시를 시작할 때 학부모들이 가장 이해하기 어려워하는 전형이 이른바 학종, 즉 학생부종합전형이다. 학력고사와 수능 1세대 학부모들은 시험도 없이 학생부와 자기소개서(약칭 자소서)만 가지고 학생을 선발하는 이 전형이 생소할 수밖에 없다. 적어도 논술은 공통의 시험 문제가 있고, 이에 대한 채점과 상대평가가 이루어진다. 하지만 학생부는 개별 학생의 서로 다른 활동 경험과 담임교사의 주관적인 평가가 기록되어 있고, 자소서는 '자소설'이 되기 쉬운데 객관적인 평가가 가능한가? 점수에 따른 객관적 평가에 익숙한 학부모의 입장에서는 이 전형이 도대체 무슨 기준으로 학생을 선발하는 것인지 이해하기 어렵다.

수능 등급제와 함께 도입된 입학사정관제

학종은 2008학년도에 도입된 입학사정관제전형을 그 모태로 한다. 교육 관계자들조차도 입학사정관제전형을 MB 정부 이주호 장관 시절에 만든 것으로 생각하는 경우가 많다. 하지만 실제로 이 전형은 노무현 정부에서 2004년 수능 등급제와 함께 대입 개혁안으로 처음 발표했던 입시 정책이다. 2002년 불수능 사태로 '행복은 성적순'이라는 인식이 다시금 확산되면서 당시 교육인적자원부는 밤 10시 이후 학원 영업을 금지한 '2·17 사교육비 경감 대책'의 후속 조치로 수능 등급제 실시를 약속했다. 성적지상주의와 과도한 입시 경쟁에서 벗어나기 위해 수능 원점수와 백분위 표기를 중단하고, 각 과목의 9개 등급만을 공개하기로 한 것이다. 본고사 금지를 포함한 3불 정책의 기조는 유지되었다. 대학 입장에서 보면 수능의 변별력이 사라져 학업 능력이 뛰어난 학생을 선발할 방법이 없어진 것이다. 결국 논술만으로 모든 학생을 뽑으라는 것이냐는 대학의 불만이 터져 나왔다. 이를 예상한 교육인적자원부는 미국 대학들이 입시 전형에서 적극 활용하고 있는 입학사정관제를 도입하도록 대학들을 유도하겠다고 발표했다.

입학사정관admission officer이란 대학에서 신입생 선발 업무를 담당하는 교육과정 전문가를 뜻하고, 입학사정관제는 학업 성적 위주의 입시에서 벗어나 학생의 소질과 경험, 잠재력 등을 종합적으로 평가하여 선발하는 제도를 말한다. 그러니까 공부만 잘하는 학생이 아니라 성장 과정에서의 경험, 관심사 등을 참조하여 해당 분야에 잠재력이 있는 학생을 선발하겠다는 것이다. 그 취지의 훌륭함이야 더 말할 필요가 없다. 미국 대학들에서는 입학 허가와 승인의 거의 모든 과정을 입학사정관이 담당한다. 이들은 다른 행정 조직과는 독립된 보직으로 대학 입학과 관련한 업무만 수행한다. 학생들의 개별 특성을 평가하기 위해 직접 고등학교를 찾아다니며 학생을 발굴하기도 한다. 그런 과정을 통해 해당 전공에 대한 관심도나 그와 관런한 활동 경험, 독서 이력, 학습 수준뿐만 아니라 가정 환경, 교우 관계 등을 전반적으로 살펴 가장 적합한 학생을 선발한다. 교육인적자원부는 2007년 입학사정관제 시범 대학 10개를 선정하여 지원했고, 2008학년도 대학 입시부터는 이를 시범적으로 도입했다. 입시 중심의 획일적인 대입 제도에 익숙하던 사람들에게 이 제도는 다분히 충격적이었다.

좋아하는 것만 열심히 하면
대학에 갈 수 있다?

실제로 수능 5등급도 나오지 않던 학생들이 입학사정관제전형으로 명문 대학에 입학했다는 소문이 삽시간에 전국으로 퍼졌다. 특정 분야의 수많은 책을 섭렵하여 대학에 합격한 학생의 독서 포트폴리오, 인터넷 소설(당시엔 웹소설이라는 단어가 아직 등장하지 않았다)을 연재하여 큰 인기를 얻은 고등학생이 모 대학 국어국문학과의 입학 제안을 받은 일, 오로지 역사만 좋아하고 자기 블로그에 역사 공부의 결과를 기록해온 역사 덕후가 수학 8등급을 받고도 명문 대학에 합격한 일, 기독교 학교에서 예배를 거부하여 퇴학당한 후 학교 측과 소송을 벌여 승소한 고등학생이 유명 법대의 입학 제의를 받은 일 등이 입시 판의 큰 화젯거리였다.

단답형 지식을 죽어라 암기하고, 단 한 번의 시험으로 운명이 결정되는 학력고사를 치른 세대였던 당시의 학부모는 이 새로운 입시 제도를 별나라의 꿈같은 이야기로 여겼다. 수학에 젬병인 딸이 자기가 좋아하는 상상 일기 같은 것을 소설이라며 블로그에 열심히 올려서 그것으로 대학에 합격할 수 있다니 이보다 좋은 제도가 어디 있겠는가. 2010년대 중반까지도 입학사정관제나 학종에 대한 입시 설명회를 마치고 나면 학부모들의 질문이 쏟아졌다. "우리 애는 이런 걸 좋아하는데 이런 걸로도 대학에 갈 수 있는 건가요?"

대학들 역시 이 새로운 입학 제도가 생소했지만 나름의 성과도 있었다. 무턱대고 수능 성적에 맞추어 무엇을 공부하는지도 모르는 학과를 선택하고 지원하는 학생이 대부분이던 상황에서 대학에 새바람이 불기 시작한 것이다. 입학 전부터 해당 학과에 관심을 두고 그 분야의 전공 서적을 상당수 읽었을 뿐만 아니라 관련 활동을 스스로 기획하고 실천해본 신입생을 만나는 경험은 교수의 입장에서 얼마나 신선하고 놀라운 일이었을까. 시간이 지날수록 대학들은 입학사정관제를 선호하는 쪽으로 입장을 바꿨다.

그러나 입학사정관제 도입 초기 학부모들의 반응은 한마디로 '긴가민가'였다. 정책의 취지는 좋아 보이지만 우리 아이는 해당 사항이 없다는 것이었다. 그랬다. 대부분의 고등학생은 주입식 교육에 익숙했고, 그 이상의 관심을 가질 시간적 여

1부 불행의 계보학

유도 없었다. 사실 그 나이에 확고한 꿈이나 진로를 정할 수 있는 학생은 드물다. 대다수는 그저 주어진 학습 의무에 충실할 뿐이고, 소수의 학생만이 자기가 원하는 일에 관심과 시간을 쓴다. 이 새로운 전형은 학부모 입장에서도 난감한 제도였다. 공부를 해서 대학에 간다고 하면 학원 보내고 책 사주면 되지만, 다른 걸 하겠다고 하면 도와줄 방법이 막막해지는 것이다. 아이를 위해 모든 것을 다 지원해줄 수 있는 형편이 아닌 대부분의 학부모에게 이는 답이 없는 전형이었다. 자연스럽게 고등학생한테 공부를 시켜야지 왜 딴짓을 하게 하느냐는 비아냥거림이 나올 수밖에 없었다.

수능 등급제, 시행 1년 만에 폐지되다

2007년 말 실시된 2008학년도 수학능력시험에서 수능 등급제가 처음 실시되었다. 2003년부터 4년을 준비해 실시한 이 정책은 점수와 백분위 공개를 완전히 폐지하고, 과목별로 9등급으로 평가된 등급 성적만을 대학 측에 제공하는 방식이다. 이는 수능을 자격고사로 만들어 입시 과열을 막고 대학 서열과 학력 차별, 학벌 사회의 문제를 해결하기 위한 근본적이고 야심 찬 조치였다.

그러나 수능 등급제는 시행되기도 전인 실시 첫해 벽두부터 거센 비난에 직면했다. 변별력이 없어 대학 입장에서는 어떤 학생을 선발해도 입시 당사자들의 이의 제기를 피하기 어려울 것이라는 예측 때문이었다. 도대체 무슨 기준으로 점수가 똑같은데 우리 아이는 떨어뜨리고 저 아이는 붙였느냐는 학부모들의 항의가 빗발치리라는 것이었다. 교육인적자원부는 시뮬레이션 결과 학생부와 수능 등급만으로도 충분히 변별력을 가질 수 있다고 해명했지만, 지원자들의 수능 등급이 모두 똑같아서 선발의 기준으로 삼기 어렵다는 대학의 입장이 사람들에게는 훨씬 더 간명하고 설득력이 있었다. 어쩌자고 이렇게 무책임한 입시 제도를 만드느냐는 비판이 줄을 이었다.

특히 당시 열린우리당 정권과 참여정부는 참여민주주의의 정착, 주가 호황과 경제 성장을 이루어냈음에도 진보 세력에게는 아프가니스탄 파병, 한미 FTA 등으로 비판받으며 지지세를 잃었고, 보수 언론에게는 집값 폭등과 부동산 투기를 초래했다며 지탄받았다. 대선을 앞두고 '모든 게 노무현 탓이다'라는 보수 언론의 여론몰이에 여권의 대선 주자들마저 가세하면서 정부의 모든 정책에 대한 무조건적 비판이 유행처럼 번지던 시점이었다. 보수 언론은 3불 정책(기여 입학제, 대학별 본고사, 고교 등급제 금지)도 잘못되었다면서 교육 정책을 대학과 시장에 맡기라고 호도하기 시작했다. 놀랍게도 교육 불평등을 용인해야 한다는 이 극단적이고 반동적인 주장에 민심은 부화뇌동했다. 보수 언론의 힘이 막강하던 시절이었다.

수능 등급제 실시 첫해의 수능 난이도는 자격고사답게 낮아졌다. 하지만 이게 더 큰 화근이었다. 학부모들이 보기에 수능이 변별력을 잃으리라는 예측이 기정사실이 된 것이다. 현직 교육인적자원부 장관이 9시 뉴스에 출연해서 유례없는 해명의 시간을 가지면서까지 민심을 달래려 노력했지만, 모든 것을 정권 탓으로 돌리는 일에 익숙해진 사람들을 설득하기란 어려운 일이었다. 수능 등급제는 더 이상 유지될 수 없었다.

대선을 코앞에 두고 불거진 이 논란은 후보들의 어설픈 교육 공약 전쟁으로 이어졌다. 3불 정책 가운데 기여 입학제를 제외한 2불은 완화하겠다며 교육 불평등을 고착화할 공약을 너도나도 내놓았다. 노무현 정부의 모든 정책에 반대하는 것만으로도 인기를 끌 수 있었던 어이없는 프로파간다의 시절이었다. 이슈는 뜨거웠고, 대선 2차 TV 토론회는 대입 정책에 관한 토론이 되었다. 당장의 표 계산에 초점을 맞춘 어설프고 극단적인 정책이 쏟아졌다.

그렇게 새로운 대통령이 당선되었고, 다음 해인 2008년 1월 14일 신년 기자회견에서 이명박 대통령 당선인은 "그동안 수능, 내신, 논술을 모두 보려니까 고통이 있었다"라며 "내신이 문제가 되니까 수능을 등급제로 하고, 논술을 본고사로 치르는 거 아니냐"며 부정확한 말로 상황 인식의 한계를 드러냈다. 수능 등급제가 수능의 변별력을 낮추려는 시도라는 것도 이해하지 못했던 것이다. 이어 이 당선인은 "결국 정부 정책에 문제가 있었다", "수능, 내신 반영하면 굳이 논술을 어렵게 할 필요가 없다"라고 에두르며 "자율화를 주면 오히려 부담이 줄어들 것"이라는 말로 대학 입시를 대학 자율에 맡길 것을 시사했다. 수능을 제대로 반영하고 나머지는 대학에 맡기면 대학이 알아서 논술 난이도를 낮추리라는 것이었다.

　놀랍게도 이 부정확한 상황 인식에 일부 대학이 호응했다. 서강대, 이화여대 등은 수능 점수가 제대로 공개되면 다음 해 정시모집부터 논술을 폐지하겠다며 호응했다. 불과 1년 전, 수능 점수가 모두 표기되던 시절에도 논술고사의 변별력을 높이려 애쓰던 대학들의 태도가 돌변한 것이다. 곧이어 1월 22일 대통령직인수위원회는 3단계 대입 자율화 방안을 속성으로 발표한다. 1단계는 수능 등급제의 보완이었다. 원점수 대신 표준점수를 공개하겠다는 것으로 이는 수능 등급제를 시행 1년 만에 사실상 폐지한 셈이었다. 수능은 다시 대입의 핵심 변수가 되었다. 2단계 수능 과목 축소는 교육계의 반발로, 3단계 대입 완전 자율화는 부담을 느낀 대학 측의 거부로 사실상 공염불에 그쳤다. 수능 등급제 폐지 말고는 새롭게 등장한 것이 없었다.

이명박 정부가
입학사정관제에 집착한 이유는?

다만 몇 가지는 분명했다. 새로운 정부는 첫째, 수능의 영향력을 높이고 싶어 한다는 것. 둘째, 좌파 재생산으로 낙인 찍힌 논술전형의 대대적인 축소를 원한다는 것. 마지막으로 2008학년도부터 새롭게 도입된 입학사정관제전형에 높은 관심을 가지고 있다는 것이었다.

실제로 인수위는 대학에 학생부와 수능의 반영 비율, 반영 방법을 맡기고 지원 예산 128억 원을 배정해 입학사정관제 실시를 본격화한다는 방침을 밝혔다. 2007년 말 참여정부는 입학사정관제 지원 예산으로 이미 200억 원을 책정했다. 그러나 당시 다수당이었던 한나라당은 사립대학에 왜 세금을 주느냐며 예산을 20억 원으로 감축하려 했다. 이를 당시 이명박 정부 인수위 사회교육문화 분과 간사이자, 후에 이명박 정부 2기 교육과학기술부 장관이 되는 이주호 의원이 한나라당을 설득해 다시 128억 원으로 올린 것이다.

입학사정관제는 학생부의 내실화를 요구하므로 공교육이 정상화될 것이고, 대학마다 학생을 평가하는 기준이 다양해져 입시를 대학의 자율에 맡겨도 경쟁이 완화될 것이라는 이명박 정부의 아이디어는 신자유주의적 이상에 입각해 있었다. 그러나 자율성과 다양성을 바탕으로 한 이 정부의 교육적 이상은 그리 오래가지 못했다. 대학 자율에 맡긴 지 1년 만인 2009년 2월 연세대, 고려대를 비롯한 다수 대학이 본고사와 고교 등급제를 도입하겠다고 선언했고, 여론 악화를 우려한 교육과학기술부는 다시금 대학의 자율성에 제한을 두기 시작했다. 대학의 사회적 책무를 들먹이며 본고사 도입을 금지하고, 논술의 단계적 폐지를 종용하던 교육과학기술부는 '입학사정관 역량 강화 사업' 등의 이름으로 논술을 축소하고 입학사정관제전형을 확대하는 대학에 예산을 지원했다(이런 흐름은 박근혜 정부로 이어져 2013년 7월 '고교 교육 정상화 기여 대학 지원사업'이란 이름으로 1200억 원의 예산이 배정되었고, 35개 대학에 각각 용도 제한 없는 34억 원의 예산이 지원되었다). 이 정책의 혜택을 입기 위해 사립대학들은 울며 겨자 먹기로 논술고사의 난이도를 낮추거나 논술전형의 단계적 폐지를 약속했으며, 입학사정관제를 대폭 확대해나갔다. 정부가 입학사정관제에 올인하기 시작한 것이다.

그렇다면 이명박 정부는 왜 이토록 입학사정관제전형에 집착했을까? 물론 표면적으로는 다양성에 바탕을 둔 자유주의적 교육 정책을 적극적으로 추진했다고 볼 수도 있다. 그러나 모든 정치적 결정의 진실을 이해하기 위해서는 그 정책의 수혜자가 누구인가를 따져보아야 한다. 입학사정관제전형이 많은 교육적 가능성을 가진 정책이라는 사실은 두말할 필요가 없다. 그러나 모두가 자기 자식을 좋은 대학에 보내는 일에 혈안이 되어 있는 이 과도한 교육열의 나라에서는 아무리 좋은 제도라 해도 변화 자체가 늘 사회 불안을 초래한다. 새로운 입시 전형이 등장하면 한동안은 그 대비 방법이 미지의 상태에 놓이기 때문이다. 학부모들이 새로운 제도에 맞게 자녀를 교육하고 훈련할 수 있는 전범을 확보하기 전까지는 두려움의 정서가 이들을 짓누른다.

이 전형에 기대를 걸고 자녀를 지원할 수 있는 학부모는 정해져 있었다. 바로 지식인 엘리트 계층 또는 이들의 지원을 구매할 수 있는 경제적 상층 계급의 학부모들이다. 실제로 미국 유학을 다녀온 경험이 있거나, 미국의 입시 제도를 이해하고 있는 지식인 엘리트 계층은 입학사정관제의 교육적 의의와 가치에 충분히 공감하는 것은 물론 어떤 대비가 필요한지에 대해서도 어느 정도 짐작할 수 있었다. 뿐만 아니라 이들은 대학과 가까웠다. 스스로 대학에 몸담고 있거나 주변에서 입시 정책 결정에 참여하는 교수들을 어렵지 않게 만나 고급 정보를 접할 수 있었기에 입학사정관제전형이 어떻게 진행되는지를 잘 이해할 수 있었다. 한편 경제적 상층 계급은 이들 지식인 엘리트 계층의 문화적 자원에 손쉽게 접근할 수 있었다. 다양한 형태의 사교 모임과 사업 관계 등을 통해 그들이 지닌 정보를 활용할 수 있었고, 필요하면 언제든 자기 자녀의 지도를 맡길 수도 있었다.

프랑스 사회학자 피에르 부르디외Pierre Bourdieu식으로 말하면 초기 도입 과정에서 입학사정관제는 학생이 지니고 있는 문화 자본의 양을 평가하는 전형이 될 운명이었다. 부르디외는 현금, 부동산 등 유형 자본과 구분하여, 사회화 과정에서 반복적으로 얻는 계급적 경험이나 경제적 자원을 바탕으로 체득하는 선호, 취향, 학력 등 무형의 가치를 문화 자본이라고 정의했다. 문화 자본은 장기간에 걸친 경제 자본의 투입을 통해서만 획득할 수 있으며, 장기적으로는 경제 자본으로 교환 가능하지만 즉각적 상호 교환은 불가능하다. 부르디외는 사회의 계급 질서는 단순히 경제 자본의 많고 적음으로 결정되는 것이 아니며, 문화 자본의 습득과 과시 전략에 의해 계급적 우열이 드러나고 이에 기초한 상징 권력이 계급 격차를 유지하는 수단이 된다고 말했다. 실제로 입학사정관제전형에서는 더 많은 문화 자본을 가지고 있거나 풍족한 경제적 여건을 바탕으로 자녀에게 더 많은 문화적 경험을 제공할 수 있는 계층이 혜택을 입었다.

고등학교를 졸업하고 건설 현장에서 일용직으로 일하는 아빠와 중학교를 졸업하고 식당에서 홀 서빙을 하는 엄마를 둔 자녀가 입학사정관제전형을 통해 합격할 가능성은 거의 없었다. 이들은 이 새로운 전형에 대비하기 위한 정보를 접할 수 없을 뿐 아니라, 대학에서 배울 전공에 대한 이해도 부족하고 그것을 위해 필요한 준비와 학습, 문화적 경험이 무엇인지를 짐작하기도 어려웠다. 부모가 이른바 '전공 적합성'에 대한

1부 불행의 계보학

이해가 없을 경우 설령 자녀가 입학사정관제에서 좋은 평가를 받을 만한 활동을 하더라도 이를 북돋아주기보다는 쓸데없이 '딴짓'을 하는 것으로 여길 수 있다. 열여덟 살 청소년이 부모의 이런 평가 속에서 자기 의지만으로 막막하고 불확실한 입시 대비를 지속하기란 어려운 일이다. 초기 입학사정관제전형은 유산 계급과 엘리트 계층의 독점물일 수밖에 없었다.

결국 이명박 정부는 지지층의 이익을 철저하게 대변한 셈이다. 이는 자율형 사립고 100개 설립과 300개의 다양성 고교 프로젝트라는 입시 정책에서도 여실히 드러난다. 학생의 다양한 소질을 개발하고, 수준별 교육을 통해 교육 효율성을 높이겠다는 그럴듯한 말로 포장된 이 일련의 정책은 사실상 더 많은 수업료를 낼 수 있는 사람에게 더 좋은 기회를 제공하겠다는 계급적 이상에 충실한 것이었다.

부유한 엘리트 계층, 입학사정관제를 독점하다

그러나 한국은 경제적 계급이 형성된 지 채 반세기도 지나지 않은 사회다. 이 계급을 결정하는 가장 큰 변수는 다름 아닌 학벌이었다. 자녀에게 학벌을 물려주거나 자신보다 더 좋은 학벌을 갖게 하기 위해 전 사회 구성원이 경쟁하는 사회인 것이다. 이는 부유층이나 엘리트층도 크게 다르지 않았다. 자식을 좋은 대학에 보내기 위해서는 못할 일이 없었다.

2009년부터 이들 계층에서 입학사정관제를 위한 과감한 인적, 경제적 지원이 시작되었다. 학과 공부 이외에 전공 적합성을 위한 경험을 확충하기 위해 모든 자원이 동원되었다. 학교에서는 학부모회 등을 통해 공공연하게 부모의 직업을 조사했고, 교사들은 대학교수나 전문직 학부모를 연결해 이들이 품앗이를 통해 자녀의 스펙 쌓는 일을 서로 돕도록 주선했다. 부유하거나 부모의 학력 수준이 높은 집 아이들은 수업이 끝나면 변호사 사무실로, 검찰청으로, 병원으로, 사회단체로 실려가 인턴으로 일하거나 봉사 활동을 수행했다. 대학으로, 연구소로 '배달되어' 이해하지 못할 실험에 참여하거나, 사소하기 이를 데 없는 일을 하고 논문에 이름을 올렸다. 이 계층은 자녀들의 외부 수상 실적을 늘리기 위해 계속해서 새로운 대회와 단체를 만들었다. 각 학교마다, 지역마다 모의국회와 모의법정이 수없이 생겨났다. 2007년 전국을 통틀어 3개뿐이던 모의유엔대회는 2013년에는 서울에만 60개가 넘게 생겼다.

학생부의 두께에도 격차가 생기기 시작했다. 13쪽짜리 학생부와 80쪽짜리 학생부 가운데 어느 쪽이 합격 가능성이 높을지는 명약관화했다. 입시 판에서는 '입학사정관들이 학생부를 볼 필요도 없다더라, 무게 재서 뽑는다더라, 페이지 수만 본다더라' 하는 뜬소문이 횡행했다. 각 고등학교에서는 명문 대학 합격자 수를 늘려야 했기 때문에 교사들이 내신 좋고 집안 좋은 아이들의 학생부를 관리하는 일에 매진했다. 계급 격차는 전국의 모든 학교에서 여실히 드러나기 시작했고, 입학사정관제를 준비하는 금수저와 논술·정시를 준비하는 흙수저는 교실 안에서 한눈에 구분되었다. 아이들은 이 비참하고 재수 없는 불평등의 시간을 묵묵히 지나야 했다.

4장

5장 | 학종,
가장 이상적인
입시 제도가 초래한 비극

2012년 대선에서 교육 정책의 화두는 반값 등록금과 입학사정관제였다. 학자금 대출 증가와 금수저, 흙수저라는 표현이 상징하는 교육 불평등 문제가 사회적 이슈로 대두되면서 진보와 보수, 여야 할 것 없이 너도나도 반값 등록금을 공약으로 내걸었다. 그러나 진정성이나 현실성은 찾아보기 어려웠다. 박근혜 정부는 2014년까지 반값 등록금을 실현하겠다는 허무맹랑한 공약을 방치해둔 채 결국 탄핵으로 막을 내렸다.

입학사정관제전형에 대한 이해는 여야를 막론하고 허술하기 이를 데 없었다. 그것이 초래하는 교육 불평등 문제는 거의 언급되지 않았다. 입학사정관제의 도입으로 복잡해진 입시 제도가 교육 소비자에게 끼칠 불편함만이 당장 해결해야 할 과제처럼 제시되었다. 대선 토론 진행자나 언론도 근본적인 문제는 짚지 못한 채 대학마다 제각각인 3000여 개의 전형으로 인해 교사와 학생, 학부모들이 혼란을 겪고 있으니 정보 접근성을 높여야 한다는 수준의 이야기를 할 뿐이었다. 새로 출범한 박근혜 정부는 2013년 8월 '대입 전형 간소화 및 대학 입시 발전 방안'을 통해 대입 수시전형의 명칭을 네 가지로 단순화하여 학부모들의 이해도를 높이겠다고 밝혔다. 그렇게 해서 학생부종합전형이라는 말도 많고 탈도 많은 전형의 명칭이 확정되었다. 학교마다 제각각이던 입학사정관제전형의 명칭을 통일하여 입시 제도를 처음 접하는 교육 소비자의 이해도를 높인 것 자체는 좋은 변화였다. 그러나 명칭이 바뀐다고 해서 제도가 달라지거나 그것이 야기하는 구조적 모순까지 사라지지는 않는다.

현행 대학 입시의 명실상부한 주인공

2013년에 발표한 간소화 방안에 따라 이후 우리나라의 대입 전형은 제법 선명한 분류 체계를 갖게 되었다. 대한민국의 인문계 및 자연계 고등학생이 치르는 대학 입시 전형은 크게 수시모집과 정시모집으로 나뉜다. 수시모집early admission은 수험생의 고등학교 졸업 예정일 한참 전에 대학이 임의로 시기를 정하여 자율적으로 학생을 뽑는 것을 말한다. 정부는 수시모집 기간을 길게 설정하고, 대학은 이 기간 안에서 자유롭게 일정과 방식을 정해 학생을 선발할 수 있다.

정시모집regular admission은 수험생의 고등학교 졸업 예정일에 임박하여 정부가 정한 시기에 정부가 정한 공통 기준을 벗어나지 않는 방식으로 학생을 선발하는 전형이다. 예체능계의 실기전형과 일부 특별전형을 제외하면 전부 수능 성적으로 선발한다고 보아도 무방하다. 일부 학생부나 면접을 반영하는 학교도 있지만 그 영향력은 극히 미미하다.

수시모집은 크게 네 가지 유형으로 분류된다. 각 대학은 자유롭게 전형을 설계하더라도 어느 유형에 해당하는지를 명시하고 그 유형의 조건에서 벗어나지 않게 선발해야 할 의무를 갖는다. 그 네 가지 전형은 ① 학생부교과전형 ② 학생부종합전형 ③ 논술전형 ④ 특기자전형이다.

이 가운데 학생부교과전형은 현재 대한민국 대학 입시의 최대 전형이다. 2018학년도 이후 전체 수시모집 정원의 40퍼센트 이상(2021학년도 기준 42.3퍼센트), 전체 대학 정원(정시 포함)의 30퍼센트 이상(2021학년도 기준 32.6퍼센트)을 선발하는 이 전형은 말 그대로 학생부 교과만으로 학생을 선발한다. 다시 말해 중간고사, 기말고사 잘 보는 학생을 뽑는 전형이다. 하지만 상위 16개 대학(정시 배치표 학과별 커트라인 평균 기준)으로 범위를 좁히면 비중이 달라진다. 상위 16개 대학의 학생부교과전형은 수시모집 정원의 10퍼센트 미만(2021학년도 기준 9.2퍼센트)이며 계속 줄어드는 추세다. 그나마도 대부분은 수능 최저 점수 요건이 있어 반半수능 전형에 가깝다. 그러니까 대학은 학생부 교과 성적을 믿지 못하는 것이다. 도시-농촌 간 학력 격차는 물론 서울 안에서도 지역과 학교에 따른 학력 격차가 극단적으로 벌어지는 상황에서 내신 성적 하나 좋다는 이유로 그 학생을 학업 능력이 우수한 학생이라고 판단할 수가 없는 것이다. 고교 등급제가 금지된 상황에서 교과 성적에 대한 양적 평가만으로 학생을 뽑는 것은 상위 대학 입장에서는 학생 선발권을 포기하는 것이나 다름없다. 그래서 이 전형의 정원은 하위권 대학으로 갈수록 늘어난다. 어떻게든 학생을 유치해야 하는 하위권 대학들만이 별수 없이 이 전형의 비중을 높인다. 이 대학들은 교육부의 방침에 따라 수시를 늘리지 않을 수 없는 상황에서 어차피 성적도 낮고 학생부도 빈약한 지원자들이 대부분이기에 그나마 내신이 조금이라도 좋은 학생을 뽑는 수밖에 없다.

논술전형은 앞에서 이미 설명했듯이 계속 감소 추세에 있다. 2021학년도에는 전체 수시전형의 3.2퍼센트에 불과한 1만 1162명을 선발했다. 그러나 상위 16개 대학만 보면 전체 정원의 12.3퍼센트는 여전히 논술로 선발되고 있으며, 이는 수시모집 정원의 18.8퍼센트에 해당한다. 논술을 폐지한 서울대학교와 고려대학교를 제외하고 계산해보면 상위 14개 대학 수시모집 정원의 22.3퍼센트에 달한다. 즉 여전히 상위권 대학은 20퍼센트 전후의 인원을 논술로 선발하고 있다. 정부는 논술전형 축소를 끈질기게 요구하지만, 상위권 대학들은 폐지 권고 시한(2023년)이 임박한 상황에서도 여전히 논술전형을 포기하지 못하고 있는 것이다.

그러나 뭐니 뭐니 해도 현행 입시 체제의 주인공은 학종이다. 학종은 입학사정관제의 후신이며, 학생부 내용에 대한 종합적이고 정성적인 평가를 통해 학생을 선발한다. 그렇다고 교과 내신을 보지 않는 것은 아니다. 일정 수준 이상의 교과 성적을 보유한 학생 가운데 전공 적합성이 있는 다양한 활동

1부 불행의 계보학

을 해서 해당 분야의 잠재력이 인정되는 학생을 선발한다. 취지만 보면 역대 한국의 모든 입시 제도 중에서 가장 이상적이고 균형 잡힌 제도라고 할 만하다. 학종은 입학사정관제의 장점을 살리고 문제점은 최소화하려는 절충의 산물이었다. 정성평가를 통해 다양한 기준으로 학생을 평가하되 그 범위에 제한을 둔 것이다. 입학사정관제처럼 외부 활동 기록이나 개인적으로 마련한 포트폴리오는 학종에서는 평가 대상이 될 수 없다. 오직 학생부와 자소서, 제한된 최소한의 증빙 서류만을 평가 근거로 삼는다. 학생부를 중시하여 공교육의 가치를 제고하고, 외부 활동에 대한 평가를 최소화하여 계층이나 계급에 따른 정보 불평등을 완화하려는 노력이었다고 볼 수 있다.

학종의 모집 정원은 전국 대학 모집 정원의 30퍼센트(2021학년도 기준 24.8퍼센트)를 넘긴 적이 없지만, 상위권 대학에서는 높은 비율을 보이며 그 비율은 계속 증가하고 있다. 상위 16개 대학은 2018학년도 이후 총 정원의 40퍼센트 이상(2021학년도 기준 42.8퍼센트)을 학종으로 선발해왔으며, 이는 수시 정원 기준으로는 60퍼센트 이상(2021학년도 기준 65.5퍼센트)에 해당한다. 이런 상황에서 이른바 명문 대학에 진학하려는 학생이 학종을 포기한다는 것은 합격 가능성을 절반 이상 버리고 입시를 시작하는 셈이다. 목표를 SKY로 좁히면 학종의 중요도는 더욱 커진다. 상위 16개 대학의 정시전형 비율을 40퍼센트 이상으로 확대하는 2022학년도에도 SKY의 학종 비율은 전체 정원의 44.6퍼센트, 수시 정원 기준 71.6퍼센트에 해당하며, 명목상 교과전형이지만 전형 특성으로 보면 사실상 학종에 해당하는 연세대와 고려대의 교과전형까지 모두 포함하면 총 정원의 57.8퍼센트, 수시전형의 92.7퍼센트가 학종으로 선발된다. 그러니까 학종은 명문 대학 진학을 위해서는 필수 불가결한 선택지인 셈이다.

보완을 위한 많은 노력에도 불구하고 학종은 그 전신인 입학사정관제의 문제점을 고스란히 지니고 있다. 앞서 살펴본 바와 같이 2015학년도 이후 학종이 급격히 확대되면서 그 문제점들 역시 확산될 수밖에 없었다.

학종, 입학사정관제의 불평등을 학교 안으로 가져오다

입학사정관제전형이 도입된 초기의 학생부는 주로 방과 후 활동을 통해 각자 알아서 수행한 활동들로 채워졌다. 학부모들은 자신의 정보력을 바탕으로 자녀의 활동을 기획하고 지원했다. 부모의 교육 수준과 계급적 차이에 따른 학생부의 질적 격차가 점차 심화되었다. 교사들은 학부모가 불러주는 대로 학생이 했을 거라 추정되는 활동을 학생부에 받아 적었다. 간혹 학교에서 한 활동이 아니니 기록해줄 수 없다는 원칙을 가진 교사들도 있었지만, 그 숫자는 점차 줄어들었다. 그 원칙이 학생의 입시 결과에 도움이 안 된다는 것은 분명했고, 대한민국에서 입시 결과는 곧 교사의 실적이었다. 그렇게 교사들은 받아쓰기에 적응해야 했다. 학교가 사라지고 있었다. 변화하는 입시 상황에 도움을 주지 못한다면 그렇지 않아도 추락한 교권은 이제 가루가 되어 흩어질 판이었다.

그래서 학교는 브로커가 되었다. 학부모회에서 부모들의 직업을 조사하고 대학교수와 전문직 종사자를 추려 이들의 품앗이를 통해 학생들의 스펙 쌓기가 원활히 이루어질 수 있도록 주선했다. 입학사정관제 시절에는 특목고 등 몇몇 학교에서만 암암리에 이루어지던 이 품앗이는 학종으로 전환된 이후 수도권 지역 상당수 학교로 빠르게 확산되었다. 부유한 엘리트 계층의 자원을 활용하고 상호 스펙 품앗이를 주선한 대가로 교사들은 가난한 집의 공부 잘하는 아이들을 봉사 활동과 인턴 활동에 넣어줄 수 있었다. 교사들은 그나마 여기서 도덕적 명분을 얻었을 것이다. 학교의 이런 브로커 활동은 학부모의 자율적 방과 후 활동 지도로 포장되어 학생부에 기록되었고, 이는 학부모 입장에서도 마다할 이유가 없었다. 개인의 인맥이 아무리 두터워도 학부모회만큼 다양한 직종의 전문가가 모여 있는 집단을 찾기는 쉽지 않기에 학생의 관심사에 맞는 활동을 학교에서 주선해주는 것은 학부모에게도 반가운 일이었다. 그렇게 품앗이는 모두의 필요를 충족시켰다.

5장 학종, 가장 이상적인 입시 제도가 초래한 비극

그러나 논문 활동 쪽은 상황이 좀 달랐다. 더 적극적인 학부모들은 자녀의 이름을 학술 논문의 공저자로 올리기 위해 학생을 대학과 연구소로 보내 여러 실험과 연구 활동에 참여시켰다. 그 대가로 기본 시가 300만 원을 전후한 돈이 오갔다. 실험실 사용료, 재료비, 활동 지도비 등 구체적 이름이 붙은 돈 거래가 공식적, 비공식적으로 이루어졌다. 2020년 전국 37개 국립대에서 제출한 '교수 미성년 자녀 및 미성년 공저자 논문 검증 진행' 자료에 따르면 2017년 12월 이후 발행된 대상 논문 458건 가운데 34건이 연구 부정으로 판정되었다. 또한 교육부가 2019년 대학 소속 연구자들의 미성년 자녀 공저자 등재 실태를 조사한 결과, 2007년 이후 10여 년간 87명의 교수가 139건의 논문에 자녀를 공저자로 등재했고 이 가운데 12건의 연구 부정행위가 확인되었다.[14] 그렇게 일부 학부모는 자식을 품앗이하며 수입도 얻었다. 학교마다 상황은 조금씩 달랐겠지만 몇몇 학교는 이를 적극적으로 권장했고, 대부분의 학교는 최소한 방치했다.

나중에 고3이 되어 선택한 전공이 논문의 주제와 연결이 되어 자소서 등에 활용할 수 있었던 학생의 부모들은 행여 자식에게 불이익이 갈까 봐 자신이 쓴 돈에 대해서는 쉬쉬했다.

---

14 「국립대 교수 '미성년 자녀·공저자 논문' 34건 연구 부정 판정」, 『서울경제』, 2020년 10월 22일자; 「자녀 공저자 올린 교수 논문 139건… 교육부 엄중 조치」, 『조선에듀』, 2019년 5월 13일자.

그러나 나중에 학생의 관심사가 달라져 논문 활동 기록이 무용지물이 된 경우, 부모들은 나와 상담을 하던 중에 그 돈을 못내 아까워했다. 가난한 학생에게는 애초부터 논문 활동에 대한 제안조차 없었다. 간혹 그런 제안을 받고도 돈이 없어서 기회를 포기한 학생은 눈물을 쏟았다. 아마도 그 아이들에게 이는 자신의 계급적 한계와 불평등한 세계를 고통스럽게 깨달은 첫 경험이었을 것이다.

학종이 확대되면서 그 폐단도 점점 수면 위로 드러났다. 학교에서 제대로 가르칠 생각은 안 하고 외부 활동을 권장하고 이를 학생부에 써주는 법이 어디 있느냐는 불만이 쏟아졌다. 외부 활동과 논문 활동에 대한 기록을 대학이 입시에 반영해서는 안 된다는 지적도 이어졌다. 결국 2016학년도 대입 대상자(2013 학교생활기록부 기재 요령 개정안 적용 대상자)부터 학교장의 허락을 얻은 경우가 아니라면 학생부에 외부 활동을 기록하는 것이 금지되었다. 논문 활동도 마찬가지였다. 논문(학회지) 등재에 대한 기록은 2018학년도 대입 대상자(2015 학교생활기록부 기재 요령 개정안 적용 대상자)부터 전면 금지되었다.

그래도 더 좋은 스펙을 만들기 위한 노력은 중단되지 않았다. 외부 활동이 금지되어 많은 대회가 사라졌음에도 학부모들은 학교의 동아리 활동을 통해 학교장의 승인하에 외부 대회에 참가할 방법을 찾았고, 어떻게든 담임을 구슬려 그것을 학생부 어딘가에 기록될 수 있게 했다. 논문 활동도 마찬가지였다. 외부에서 하는 논문 활동을 기록할 수 없게 되자 학교 마다 소논문 대회가 열리기 시작했다. 몇몇 특목고에서는 아예 1학년 때부터 주제별, 전공별로 소논문 팀을 만들어 대회에 참가 신청을 하게 했다. 어느 해에는 학생 수보다 많은 200여 팀이 1주일 만에 소논문 대회에 참가 신청을 했다는 웃지 못할 이야기도 들려왔다. 2019년(2022학년도 대입 대상자)부터 소논문 활동에 대한 기록이 아예 금지되자 이제 소논문 대회는 탐구 문 대회로 이름을 바꾸었고, 자율 동아리 활동 혹은 진로 활동 을 위한 자기 주도 학습의 결과 등으로 정교하게 다시 포장되 어 학생부 곳곳에 숨어 들어갔다.

입시 컨설팅을 하며 마음이 편치 않은 순간 가운데 하나 가 바로 이처럼 외부 활동에서 얻은 스펙과 결과를 규제와 금 지를 피해 학생부에 기재할 방법을 찾아줘야 할 때였다. 학생 들은 나름대로 열심히, 아니 절박하게 부모의 지원을 받아 자 기 시간을 투자했고, 나는 그 노력이 무의미해지지 않기를 바 랐다. 나는 학생부를 들여다보며 연관 활동을 찾아주거나 맥 락을 연결하기 위해 필요한 활동을 제안하며 외부 활동을 끼 워 넣을 공간을 마련했다. 거짓 기록을 만들어낸 적은 맹세코 없지만, 그런 상담을 마치고 나면 편법을 위한 방편을 찾아주 는 사람이 된 듯하여 자괴감이 들곤 했다.

학종이 공교육을 살린다?

　　고등학교 입학 당시에는 많은 학생이 명문 대학 진학을 꿈꾼다. 자신의 발전을 위해 노력하고 그 결과를 인정받고 싶은 학생의 욕망은 그 자체로 정당하고 소중하다. 학벌이 너무 많은 것을 결정하는 사회가 된 것은 그들의 책임이 아니다. 그들은 우연히 학벌을 중시하는 사회에 태어났고, 더 나은 삶을 살기 위해서는 학벌이 필요하다는 사실을 보고 듣고 확인했으므로 학벌을 얻고자 노력한다. 아니, 최소한 그래야 한다고 요구받는다. 문제는 누구나 똑같은 욕망을 갖고 있다는 것이다. 만인의 정당한 꿈은 부당하고 획일적인 세계에서 좌초하고 일그러진다. 누구나 똑같은 꿈을 꾸기에 경쟁은 치열할 수밖에 없다. 모두가 죽기 살기로 노력하지만 원하는 것을 얻는 사람은 극소수에 불과하다. 그리고 세상은 성취하지 못한 자들의 마음을 헤아리지 않는다. 1등만 기억하다 못해 1등만을 위해 존재하는 듯한 이 신박한 세상에서 학교라고 다를 리 없다. 오늘날 대한민국 대다수의 고등학교는 명문 대학에 진학하는 소수를 위해 운영되고 있다.

　　명문 대학 진학을 위해서는 학종을 잡아야 한다. SKY 수시전형의 92.7퍼센트는 학종으로 진학하니까! 그래서 학교는 학종을 위해 운영된다. 이 과정에서 일부 교사는 학종 덕분에 교권이 회복되고 있다고, 이 새로운 입시가 공교육을 살리고 있다고 말한다. 주입식 교육이 아니라 진짜 수업이 이루어지고 있다고 말하는 교사도 있다. 이들이 말하는 학교의 모습은 이렇다. 학생부 빈칸을 채우기 위해 창의적 체험 활동을 위한 시간이 마련되고, 다양한 동아리 활동이 권장된다. 공식 동아리는 물론 여러 자율 동아리와 소모임에서 학생들은 스스로 활동을 기획하고 참여한다. 수업 시간의 풍경도 달라졌다. 교과 학습 발달사항과 함께 기록되는 세부 특기사항에 들어갈 내용을 만들기 위해 수업 시간에는 더 많은 조별 활동과 발표가 권장된다. 주입식 교육에서 벗어난 이 새로운 수업 모델을 두고 기존의 교육 방식에 익숙한 일부 교사는 반발하기도 했다지만, 많은 교사가 열정과 애착을 가지고 새로운 방식의 수업을 준비한다. 그리고 학생들은 그 어느 시절보다 능동적으로 수업을 준비하고, 적극적으로 발표에 참여한다. 여기까지만 보면 학종이 바꿔놓은 학교의 모습은 무척 아름다워 보인다.

하지만 양심 있는 교사라면 이것이 얼마나 허망한 이야기인가를 이미 알고 있을 것이다. 실제 풍경은 이렇다. 위에서 묘사한 일들은 모두 실제로 일어나고 있다. 결코 거짓은 아니다. 그러나 발표와 조별 활동의 열기로 충만한 교실에서 학생의 3분의 2는 엎드려 잔다. 이것이 진실이다. 왜냐하면 대다수 학생의 학생부에는 자율 활동과 진로 활동 항목에 몇몇 단어만 바뀐 똑같은 내용이 기록되기 때문이다. 복사하여 붙여놓은 말들로 점철된 학생부를 받는 아이들에게 이 시간은 아무 의미가 없다.

교권이 회복되고 있다고? 일부 교사가 그렇게 느끼고 있다면, 그것은 학종을 치러야 하는 학생들이 담임과 담당 교과목 교사에게 잘 보여야 하기 때문이다. 결국 학생부 기록에 가장 큰 영향을 미치는 것은 담임교사이고, 담임교사에게 잘못 보이면 학생부에 '단연 돋보인다'는 한 줄의 칭찬을 넣을 수 없다. 교과목 담당 교사와 동아리 담당 교사에게도 마찬가지다. 학생들은 어떻게든 성실하고 모범적인 학생으로 보여 이들의 호감을 얻어야 자신이 원하는 기록을 손에 넣을 수 있다. 자신의 호감을 얻기 위해 노력하는 학생이 늘어났으니 교권이 회복되고 있다고 착각할 수는 있겠다. 그러나 이것도 소수에 한정된 이야기일 뿐이다. 학생부 기록을 포기한, 그러니까 논술전형과 정시 이외에는 '인서울(서울시 안에 있는 4년제 종합대학에 진학하는 것을 뜻하는 속어)'의 가능성이 없어졌거나, 교과전형으로 '지잡대(지방에 위치한 잡다한 대학의 줄임말로 지방 대학을 낮춰 부르는 속어)'에 가야 할 대다수의 '버림받은' 학생에게 교사는 자신과 무관한 존재다. 학교 수업으로는 좋은 수능 성적을 얻을 수 없기 때문이다. 수업 시간에 나가야 할 진도는 안 나가고, 발표와 조별 활동이랍시고 잘나고 똑똑한 애들 위주로 끼리끼리 모여 못 알아들을 이야기나 하고 있으니 말이다. 이 아이들은 차라리 학교에서는 자고 저녁에 학원에 가거나 인터넷 강의를 듣는 편이 조금이라도 남는 게 있다고 느낀다. 그곳에

5장 학종, 가장 이상적인 입시 제도가 초래한 비극

서는 여전히 기본 개념부터 친절하게 알려주고 단어와 공식을 외우라고 강제하는, 가장 효율적인 주입식 강의가 이루어지고 있기 때문이다. 이들에게 담임교사는 '담탱이'지만 학원 강사는 '선생님'이다. 적어도 학원 강사는 내 성적을 올려주기 위해 실제로 노력하니까…….

이 장면에서 가장 비극적인 학생은 이른바 '들러리'다. 교과 내신이 좋지 않아 학종의 가능성은 이미 물 건너갔지만 입시에 대한 정보가 부족해 자신의 처지를 정확히 모르거나, 상황을 알고 있음에도 1학년 때부터 열심히 해온 비교과 활동이 많아 학종에 미련을 버리지 못한 아이들이다. 놀랍게도 상당수 교사들이 3학년 1학기 중간고사 때까지도 이들에게 학종으로 목표하는 대학에 갈 수 있다고 바람을 잡는다. 설마 교사들이 그런 짓을 할까 싶지만 안타깝게도 이런 일은 실제로 벌어진다. 왜냐하면 학종으로 최상위 대학에 가야 할 학생들이 동아리 활동과 조별 활동을 하기 위해서는 동료들이 필요하기 때문이다. 이 '들러리'들은 3학년 1학기 중간고사를 망치고, 6월 모의고사를 망치고 나서야 담임교사에게 '사형선고'를 받는다. 너의 내신을 가지고는 학종으로 '인서울'은 못할 듯하니 지금이라도 논술을 대비해보라거나, 6월 모의평가 결과 정시에서는 지방 사립대밖에 안 되니 지방 국립대 수준에서 학종지원을 해보자는 말에 아이들은 세상이 무너진 듯 울고, 부모는 그제야 자신의 무지를 탓하고 담임교사를 원망하며 컨설팅 업체나 논술학원을 찾는다. 이렇게 '들러리'로 쓰인 아이들은 대체로 마지막까지도 학종에 미련을 버리지 못해 잘못된 원서 지원을 하고 재수의 길로 가게 된다.

과도한 교육열이 낳은 피치 못할 숙명

학종은 그 제도의 아름다운 목적과 취지에는 전혀 부합하지 않는 비극을 초래하고 있다. 학력고사 시절에도 입시는 모두에게 고통이었다. 심지어 '사랑의 매'라는 이름으로 권위주의적 교사의 폭력이 난무하던 시절이었다. 그래도 학교라는 공간은 많은 학생에게 친구를 만나는 즐거운 곳으로 여겨지곤 했다. 그러나 학종은 입시만이 아니라 학교의 일상 자체를 경쟁의 지옥으로 바꿔놓았다. 이곳에서 일부 교사와 학생은 서로를 이용하고, 무시하며, 고독 속에서 스스로 정신 승리하는 법을 익혀나간다. 일부 교사는 학생부를 기록하는 알량한 권력을 교권으로 착각하고, 자신의 존재를 무시하며 책상에 엎어지는 3분의 2의 아이들을 없는 사람 취급한다. 심지어 상위권 아이들의 입시 성과를 위해 애꿎은 아이들을 들러리로 세운다. 학생들은 그 알량한 권력을 이용하기 위해 거짓 웃음을 흘리거나 내 바로 앞의 타인과 완전히 분리된 채 자신만의 세계에 머무르는 방법을 배워나간다.

학종이 애초에 아무리 훌륭한 교육적 가치를 지녔다 할지라도 나는 이 전형이 한국의 교육 풍토와 사회적 신뢰를 근본적으로 파괴하고 있다고 생각한다. 물론 이 비극의 원인이 학종 자체에 있는 것은 아니다. 어쩌면 이 비극은 학벌을 얻으려는 욕망이 무섭게 들끓는 이 과도한 교육열의 사회에서 모든 입시 제도가 처하게 될 피치 못할 숙명인지도 모른다.

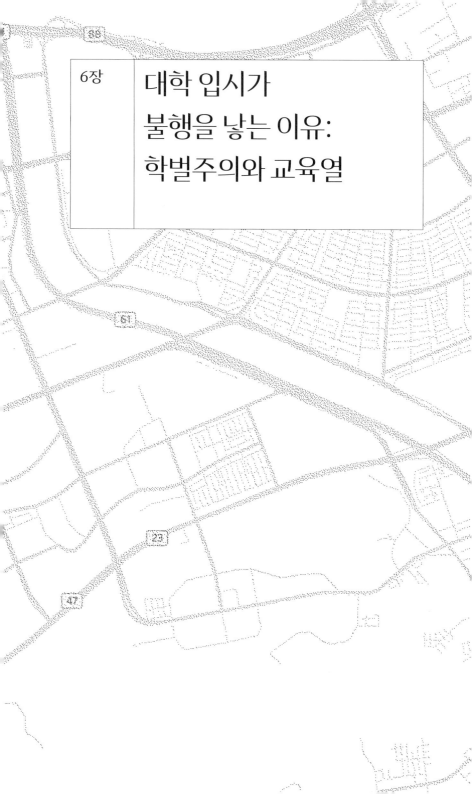

6장

대학 입시가
불행을 낳는 이유:
학벌주의와 교육열

대학 입시의 바깥을 선택한 사람들

매년 대학수학능력시험을 치르는 날이 되면, 종로 광화문 사거리에서 대학 입시 거부를 선언하는 한 단체에 관한 기사가 신문에 실린다. 이 단체의 이름은 '대학입시거부로 삶을 바꾸는 투명가방끈', 약칭 투명가방끈이다. 입시 경쟁 교육, 학력 학벌 차별 사회, 대학 중심주의 문화에 맞서 교육과 사회를 바꾸기 위해 지난 2011년부터 활동해온 이 단체는 2020년까지 총 95명의 대학 입시 거부 선언자들과 함께했다. 코로나가 전 세계를 휩쓸던 2020년 11월에도 2021학년도 대학수학능력시험을 거부한 4명의 학생이 있었다. 이들은 "코로나 시대에도 입시로부터의 해방은 상상조차 되지 않았다"면서, "고3은 좁은 공간에서 밀집된 채로 오랜 시간을 보내도 괜찮은 존재"였고, "재난은 우리 사회가 학생들을 입시와 학벌의 피라미드 아래에서 그저 공부만 하는 존재 정도로 여긴다는 사실을 적나라하게 드러냈다"며 분노했다. "대학에 가서 스스로 잘 팔릴 수 있는 상품으로서 자신을 꾸미는 일"이 지상 과제가 되어버린 교육 현장을 거부하고 교환 가치, 상품 가치를 높이기 위한 도구로 살아가지 않겠다고 선언한 것이다.

2018년 이 단체를 통해 대학 입시 거부를 선언했던 김정래(투명가방끈 활동가) 씨는 자신이 선택한 고단한 삶의 현장에서 이 사회가 부과하고 있는 차별의 현실을 온몸으로 경험하고 있다.

대학에 가지 않고 보니 살기가 참 팍팍했다. 아르바이트만 6번 지원했다가 떨어지고 겨우 어느 콜센터에 들어가서 하도급 노동자로 일했다. 일은 고됐다. 100건 가까이 되는 상담을 하루 동안 겨우 쳐내야 했고, 그 가운데 99번 잘해도 1번 실수하면 눈총을 받곤 했다. 화장실에 자주 가지 못해 전립선 건강이 나빠졌다. 특히 상담을 하면서 잘못하지 않아도 '죄송합니다, 고객님, 이용에 불편을 드려서 죄송합니다', 그렇게 사과를 입에 달고 살았다. 그럴 때마다 감정 노동이 다 이렇지 뭐, 하고 넘겼다. 그러다 하루는 콜센터 휴게실에서 끼니로 김밥을 먹는데, 창밖에 다른 사무실들이 보였다. 콜센터가 위치한 곳은 서초동 한가운데여서, 인근에 법무법인 사무실이 많았다. 창밖으로 보이는 바로 앞 건물도 법무법인 사무실이 늘어선 건물이었다. 자세히 보니 그 아래 주차돼 있는 외제차도 즐비했다. 그러려니 하고 김밥을 씹다가 문득 그런 생각이 들었다. 저 사람들은 얼마를 받을까. 기껏해야 최저 임금 조금 넘게 받는 나는 만져본 적도 없고 상상도 할 수 없는 돈을 벌지 않을까. 거기까지 생각이 미치자 기분이 조금씩 우울해지다 이내 서러워졌다.

어디선가 사람의 가치는 분명 같다고 배웠는데. 사람이 가치가 다 같다는 건 말뿐이고 현실에서는 그렇지가 않구나. 사람마다 가치를 다르게 치는구나. 소위 '못 배운 사람'과 '배운 사람'에게 돌아가는 몫은 전혀 같지 않았다. 대학에 진학하지 않은 노동자가 태반이었던 내가 다닌 콜센터와, '많이 배운' 이들이 일

하고 있을 창밖 법조타운은 전혀 다른 가치를 지닌 사람이 있는 곳으로 여겨지고 있었다.[15]

이 가혹한 현실 속에서 2018년 14명이었던 대학 입시 거부 선언자는 2019년에는 6명으로, 2020년에는 4명으로 줄었다. 그리고 이들은 대학 나오지 않은 이들을 차별하는 이 사회의 모순과 부딪치며 지금도 자신의 생을 걸고 '못 배운 자들의 정치'를 시작하고 있다. 2021년 김정래 씨를 비롯한 투명가방끈 활동가들은 차별금지법 제정을 위해 두 팔을 걷어붙였다.

그러나 모두가 투사가 될 수는 없다

이들은 의심할 여지없이 용감하기 그지없는 자기 삶의 주인이다. 그러나 누구도 이들과 같은 삶을 다른 이에게 강권할 수는 없다. 대학 진학을 거부한 이후 이들이 만나게 될 난관과 차별은 누구라도 가능하면 피하고 싶은 것이다.

모두가 투사가 될 수는 없다. 대부분의 사람은 세상의 모순과 억압에 적당히 타협하면서 때로는 그 모순에 편승하고,

---

15　김정래, 「나는 수능 시험장에 가는 대신 청계광장에 섰다」, 『미디어오늘』, 2021년 5월 28일자.

때로는 그 왜곡된 구조를 이용하며 비루한(?) 삶을 지속한다. 타인이나 사회에 직접적인 해를 입히는 경우가 아니라면 그런 삶이 꼭 비난을 받아야 하는 것은 아니다. 한국의 대입 제도가 불평등과 혐오를 양산하고, 그 공정성에 대한 사회적 불신을 초래하고 있는 것과는 별개로 제도가 요구하는 경쟁에서 우위를 점하지 않으면 누군가는 취업 전선에서, 누군가는 임금에서 당장의 차별과 불이익을 경험해야 한다. 차별과 부당함에서 벗어나는 가장 손쉬운 방법은 그 모순된 세계의 작동 원리를 이해하고 거기서 낙오되지 않도록 노력하는 것이다.

더구나 한국 사회에서 대학 입시는 일종의 통과의례로 여겨진다. 성인이 되는 문턱에서 일정한 노력과 인내를 요구하지 않는 사회는 없다. 남들도 다 겪는 일이니 굳이 피할 이유는 없다. 게다가 학생들은 수능과 대학별 전형이라는, 한 사람의 능력을 검증하는 제도화된 과정을 거쳐 대학 입학의 기회를 얻는다. 자신이 발휘한 능력의 정도에 따라 들어가는 학교가 달라지는 것은 당연한 결과다. 사실 여기까지는 큰 문제가 되지 않는다. 문제는 학사 관리의 부실로 특별한 사정이 없는 한 입학이 곧 졸업으로 이어지는 한국 대학의 졸업장이 서로 다른 이름값을 갖는다는 것이다. 명문대 졸업장을 취득한 사람은 남들보다 손쉽게 취업, 발탁, 승진의 기회를 제공받는다. 그런 막대한 영향력을 갖는 학벌을 얻으려는 노력을 해보지도 않고 포기할 수 있는 사람은 많지 않다. 스무 살 무렵에 한 번 치른 시험과 원서 지원의 결과로 얻은 꼬리표가 평생에 걸쳐 다양한 혜택을 제공하는데, 고작 몇 년의 노력을 하지 않는 것은 현명하지 못한 처사가 아닌가. 그래서 많은 사람이 대입 제도와 학벌주의에 부당함을 느끼면서도 대입 준비에 매달릴 수밖에 없다.

이 매달림을 우리 사회는 '교육열'이라고 부른다. 교육열은 특별한 자원이나 지리적 이점 없이도 이 작은 나라가 고도성장을 이루어낸 원동력으로 주목받기도 하지만, 대체로는 '과잉의, 지나친, 비뚤어진' 등 부정적 수식어를 동반하며 한국 사회의 병리적 현상을 설명하는 맥락에서 사용된다. 교육열은 한국뿐만 아니라 동아시아 지역의 보편적 현상이다. 역사적으로 과거제도를 공유하는 이 지역의 강도 높은 교육열은 효율성 면에서는 탁월한 성취를 보여왔다. 미국에서도 2000년대 후반 이후 타이거 맘Tiger mom이라는 신조어가 유행하며 아시아인의 교육열이 크게 주목받았고, 타이거 맘 자녀들의 높은 SAT 성적은 내내 화제였다.

하지만 최근에는 이 지나친 교육열이 미국의 입시 판에서도 부정적이고 병적인 결과로 이어지며 비판을 받고 있기도 하다. 2010년 한국, 태국 등 아시아권 국가들에서 미국과의 시차를 이용한 SAT 부정행위가 최초로 적발된 이후 미국의 대학들은 아시아계 학생들이 과잉 사교육을 통해 얻은 성적을 노골적으로 불신하기 시작했다. 하버드를 비롯한 아이비리그의 명문 대학들이 입학 사정에서 아시아계 학생들에게 상대적 불이익을 주고 있다는 것은 공공연한 사실이다. 아시아계의 하버드 진학 비율은 정원의 29퍼센트에 해당하는데 SAT 등 표준화된 성적이나 다른 객관적 지표를 적용한다면 과반을 넘길 것이라는 예측도 나온다. 아시아계 학생들에게 인성이나 태도 등에서 마이너스 점수를 주어 '문제 풀이 기계'를 걸러내고 있다는 것이 중론이다. 물론 하버드 측은 이를 공식적으로 부인하며 어디까지나 학생의 전인적 면모를 종합적으로 공정하게 고려하고 있다고 주장한다. 아시아계를 걸러내는 이와 같은 경향은 미국의 중고등학교 선발 과정에까지 확산되고 있다. 이를 소수 인종에 대한 차별이라고 주장하는 아시아계 학부모와 학생들의 반발이 법정 투쟁으로 이어지기도 했다. 이로 인해 인종 평등을 위해 수십 년간 용인되어온 적극적 조치 affirmative action[16]가 자칫 종언을 고할 수도 있다는 우려마저 나오는 상황이다.

---

16   미국에서 과거의 차별에 대해 보상하고 현재의 불평등한 상황을 시정하기 위해 흑인이나 아시아계 등 소수 인종, 여성, 장애인 등에게 채용이나 승진 등에서 우선적 기회를 주는 정책.

입시 제도의 격변은
계급 간 힘겨루기의 산물

경제 정의의 관점으로 접근해보면, 교육열이란 교육 기회라는 자원에 대한 과잉 수요와 과잉 경쟁 상황을 지칭하는 용어다. 과잉 경쟁은 자원을 분배하는 기존 제도의 맹점을 찾아내려는 개별 수요자들의 노력으로 이어진다. 여기서는 당연히 투입할 자원이 많은 경제적 상층 계급이 유리하다. 상층 계급은 기존 제도를 분석하고 해킹하여 교육 기회 자원을 독점한다. 이에 사회 구성원들은 박탈감을 느끼고 제도는 공정성을 의심받는다. 더 정당한 분배를 위한 새로운 제도가 요청된다.

심지어 한국 사회에서 교육열은 단순히 교육 기회를 얻기 위한 투쟁이 아니다. 고등 교육의 기회를 얻은 이들 가운데서도 소수에게만 허락되는 명문대 학벌에 대한 열망이다. 학벌은 계층과 계급을 떠나 누구나 소망하고 희구하는 보편적 욕망의 대상이 된 지 오래다. 때문에 경쟁은 치열하고, 그 과정에 대한 논란과 갈등이 끊이지 않으며, 제도의 변화에 전 사회의 이목이 집중된다. 이 상시적 논쟁은 학벌 분배 기구, 즉 대학 입시 제도를 둘러싼 힘겨루기가 얼마나 첨예한지를 보여준다. 이 힘겨루기에는 각 계급의 이해관계가 반영되고, 그들이 보유한 사회적, 정치적 역량이 총동원된다. 각 계급은 교육의 권리, 정당성, 형평성, 기회의 균등 등 다양한 사회 정의의 기준을 끌어와 자신에게 유리한 입시 제도를 결사 옹호하고, 불리한 입시 제도는 극렬 비난한다. 계급적 이해관계에 기초한 상이한 가치 판단이 난무하는 가운데 새로운 입시 제도의 도입과 승인을 둘러싼 투쟁이 격렬하게 전개된다.

1990년대 중후반 이후 현재까지 수능을 중심으로 한 입시 제도가 불러온 갈등과 논란은 다음과 같은 맥락에서 해석해볼 수 있다. 수능의 도입은 기존의 학벌 분배 구조에 큰 변동성을 초래했고, 그 과정에서 학벌을 향한 사회 구성원들의 욕망이 불타올랐다. 더 많은 산업 분야에서 고등 교육 이수자를 필요로 한 사회경제적 흐름이 이런 욕망의 기폭제가 되었다. 모두가 대학에 가기를, 가능하면 명문 대학에 가기를 갈망하는 획일적 욕망의 사회는 필연적으로 충돌과 혼란을 겪을 수밖에 없었다.

1994~1996학년도에 본고사가 잠시 부활했다가 다시 폐지된 것은 상층 엘리트 계급의 이해관계가 관철되지 못한 결과였다. 이들은 대학의 학생 선발권과 수월성 교육의 필요성을 내세워 난이도 높은 시험을 실시해야 한다고 주장했지만, 사교육비의 폭발적 증가와 학교 내 우열반 편성 등 교육 불평등에 대한 대중의 우려와 반감을 넘지 못했다. 교육적 정당성을 인정받지 못한 것이다.

논술고사의 경우 그 교육적 가치나 정당성을 인정받은 덕분에 1997년부터 현재까지 꽤 긴 시간 동안 명맥이 유지되었다. 그러나 갑작스럽게 입시의 중요 변수로 부상하면서 수많은 갈등과 비난을 거치며 회복할 수 없는 상처를 입었다. 논술 대비를 위한 사교육비는 본고사나 수능에 비한다면 극히 미미했지만, 공교육이 논술 교육을 감당할 수 없다는 것이 아킬레스건이 되었다. 이는 많은 교사들에게 심리적 거부감을 불러일으켰고, 여기에 좌파 재생산을 우려한 수구 보수 정치인들의 엉뚱한 표 계산이 더해지며 보수 언론의 집중 포화를 맞았다. 결국 논술은 사교육 확대의 주범이라는 오명을 뒤집어쓴 채 퇴출을 목전에 두고 있다.

입학사정관제의 확대 역시 각 계급의 전략이 충돌하며 수많은 논란을 불러왔다. 입학사정관제에 대한 이해도와 정보 접근성이 높았던 엘리트 상층 계급은 이를 활용해 노골적인 학벌 독점을 강화할 수 있었다. 이는 입시에 대한 정보 불평등을 초래하여 중산층 이하 계급에게 분노에 가까운 박탈감을 유발했다. 이들은 복잡한 입시를 비판하며 입시 단순화를 주장하기에 이르렀다. 교육적 가치와 대학의 자율성이라는 면에서 정당성을 가진 이 새로운 제도는 계급 간 이해관계의 첨예한 충돌 속에서 불가피하게 수정될 수밖에 없었다.

마지막으로 학생부종합전형은 입학사정관제의 긍정적 취지를 보존하면서도 정보 불평등과 계급 간 차별을 다소 완화하였으나, 학교생활기록부에 기록되는 모든 학교생활을 경쟁 일변도로 바꿔놓고 말았다. 일상적으로 체감하는 불평등을 더

1부 불행의 계보학

키운 이 전형 역시 모두의 우려와 분노를 사고 있다. 학종의 장점과 혜택에서 소외되는 다수 학생의 박탈감은 학부모들의 퇴행적 향수를 자극하여 결국 정시 수능 강화라는 과거의 획일적 제도로 회귀하자는 불합리한 여론 형성으로 이어지고 있다.

완벽한 입시 제도는 없다. 학벌이라는 희소 자원을 둘러싼 과잉 경쟁이 존재하는 한 모든 새로운 입시 제도는 분석될 것이고, 모순을 드러내게 될 것이다. 학벌 독점을 유지하려는 소수의 지배 계층은 새로운 입시 제도의 맹점을 찾기 위해 비용을 아끼지 않는다. 그 제도가 아무리 교육적 가치와 정당성이 있더라도 지배 계층의 정치경제적 이익을 위협한다면 이를 채택하지 않기 위한 여론 형성이 조직적으로 이루어진다. 이런 흐름에 대중은 소외감과 박탈감, 무력감을 느끼고 이는 복고적인 반동으로 이어진다. 당장의 절망에서 벗어나기 위해 교육적 가치를 훼손하는 퇴행도 마다하지 않는다. 이들 대중은 여론 및 공론 조사, 선거 등 민주주의의 다수 지배 원리를 이용해 제도의 변화에 영향력을 행사한다.

이 계급 간 힘겨루기 속에서 대입 제도는 파행을 면치 못하고, 여론에 이리저리 휩쓸리며 일관성을 상실한다. 문제는 제도의 격변 아래에 우리 아이들이 있다는 것이다. 이 아이들은 미성년이기에 제도의 결정 과정에 참여할 수 있는 형식적 권리조차도 없다. 그저 주어진 입시 제도하에서 묵묵히 압박감을 견디고 있다. 대입 제도는 매년 조금씩 수정되고 정권이 바뀌면 급격하게 변한다. 무엇을 준비해야 할지 모르는 암담함과 압박감 속에서 모든 아이는 계급과 처지를 가리지 않고 정신적 상처와 트라우마를 얻는다.

격변하는 입시 제도가
청년층의 정신건강에 미친 영향

통계청의 사망 원인 통계를 기준으로 보면, 한국의 청소년(9~24세) 자살률은 2015년까지 꾸준히 감소하여 10만 명당 7.2명에까지 이르렀으나, 이후 증가 추세로 전환하여 2019년에는 9.9명을 기록했다. 통계청의 공식 발표는 아니지만 한국생명존중희망재단이 WHO의 자료에 기초하여 추산한 2020년 한국 청소년의 자살률은 10만 명당 10.4명으로 더 많아졌다. 이는 OECD 주요 회원국 평균의 2배에 육박하는 수치이며 전체 4위에 해당한다.

자살률은 모든 사회에서 연령대가 높아질수록 증가하는 경향이 있다. 잘 알려진 것처럼 한국의 자살률은 세계 1위인데 그중에서도 30~40대, 그리고 60대 이상은 독보적인 1위를 기록하고 있다. 그래서 상대적으로 청소년 자살률은 심각해 보이지 않을지도 모르겠다. 그러나 2018~2019년 연령대별 자살률의 증감률을 보면 20대와 10대가 각각 9.6퍼센트와 2.7퍼센트로 증가율 1, 2위를 기록했다. 이는 60대를 제외한 나머지 전 연령층에서 자살률이 감소하고 있는 것과 대조적이다. 심지어 20대 여성의 자살률 증가율은 25.5퍼센트를 기록했다. 이는 대단히 위험한 사회적 징후다.[17]

청소년이 자기 의지로 생을 마감하는 비율이 증가하는 사회는 미래가 불안한 사회다. 특히 2008학년도 입학사정관제, 2015학년도 학생부종합전형 도입 시기를 고려할 때 2015년 이후에 청소년 자살률이 상승하기 시작했다는 것은 현행 입시 시스템이 학생들에게 큰 부담이 되거나 심각한 트라우마를 남기고 있을 가능성을 시사한다. 이들은 입시 제도의 격변을 경험하고 있는 세대이며, 또한 학교의 모든 일상이 경쟁으로 바뀌어가는 것을 목격했거나 경험하고 있는 세대다. 이를 염두에 둔다면, 우리의 교육과 입시 제도가 청소년과 청년 세대의 정신건강에 악영향을 미치고 있을 가능성을 생각해보지 않을 수 없다. 이는 입증된 인과관계는 아니지만 반드시 확인해보아야 할 합리적인 의심reasonable doubt일 것이다.

한국청소년정책연구원에서 내놓은 보고서[18]에 따르면 전

---

17 보건복지부·한국생명존중희망재단, 『2021 자살예방백서』, 한국생명존중희망재단, 2021.

18 김영지 외, 『2020 아동·청소년 권리에 관한 국제협약 이행 연구 – 한국 아동·청소년 인권실태: 총괄보고서』, 한국청소년정책연구원, 2020, 394~396쪽.

국 초등학교 4학년부터 고등학교 3학년까지 총 8623명을 대상으로 '최근 1년간 죽고 싶다고 생각한 적이 있는지'를 조사한 결과 '가끔 생각한다'와 '자주 생각한다'고 응답한 비율이 27퍼센트로 나타났다. 죽고 싶은 이유로는 학업 문제가 39.8퍼센트로 압도적인 1위를 차지했으며, 미래(진로)에 대한 불안이 25.5퍼센트로 뒤를 이었다. 2009년에 이 조사가 시작된 이래로 청소년이 죽고 싶은 이유 1위는 항상 학업 부담과 성적 등 공부와 관련한 스트레스다. 고등학생만 보면 그 비율은 41퍼센트에 달하며 일반계 고등학교로 범위를 좁히면 46.3퍼센트나 차지한다.

인구 피라미드의 가장 아래쪽을 차지하고 있는 젊은 세대의 정신건강은 한 사회의 현재와 미래의 활력과 행복 수준에 큰 영향을 미친다. 이들이 자기 파괴적인 상념에 사로잡히는 이유가 학업과 진로 문제라면, 우리는 대학 입시 제도와 학벌주의, 이를 둘러싼 교육 시스템을 돌아보아야 한다.

능력주의 비판은
학벌주의를 겨냥할 수 없다

최근 들어 학벌주의와 그에 따른 불평등에 대한 사회적 관심이 커지는 것은 이런 면에서 반가운 일이다. 그중에는 학벌주의와 교육열을 변형된 능력주의와 경쟁의 폐해로 보고, 능력주의에 관한 서구의 비판적 논의의 연장선에서 이를 극복해보려는 노력도 있다.

능력주의에 대한 서구 사회의 논의들이 등장한 것은 비교적 최근의 일이다. 2008년 세계 금융 위기를 거치면서 불평등과 계급 격차가 심화됨에 따라 기존 사회 시스템에 대한 대대적인 비판과 반성이 넘쳐나는 가운데, 하버드의 공화주의 정치학자 마이클 샌델Michael Sandel과 예일의 법학자 대니얼 마코비츠Daniel Markovits 등이 만연한 능력주의의 문제점과 엘리트 세습의 사회구조적 함정을 비판하면서 논쟁이 촉발되었다. 오랜 기간 자유주의적 경제 체제를 삶의 질서로 정착시켜온 서구와 미국 사회에서 능력주의라는 말로 정당화해왔던 경쟁의 모순과 교묘한 신분 세습 장치들을 비판하고, 바람직한 가치로 여겨온 능력주의의 이면을 성찰하는 논의들은 그 의미가 깊다. 이를 한국 사회에 적용하여 자본주의적 경쟁의 부작용, 세습되는 불평등의 문제를 다각도에서 이해하려는 지식인들의 노력 역시 우리 사회에 중요한 성찰적 시각을 제공하고 있다.

그러나 나는 우리 사회의 학벌주의와 대입 경쟁의 문제를 능력주의 비판의 연장선에서 일반화하려는 시도는 다소 성급하다고 생각한다. 이를 확인하기 위해 먼저 학력주의에 대해 생각해보자. 학력주의는 학벌주의와 다르다. 학력은 한 사람이 교육기관 등을 통해 학업을 성취한 정도와 관련이 있다. 학력을 일종의 능력으로 간주하고 해당 학력과 관련된 직업 분야에서 이에 대한 가산점을 주는 일은 사회적으로 필요한 일이다. 개인이 시간과 노력을 들여 취득한 능력에 대해 적절한 보상이 주어지지 않는다면 아무도 능력을 개발하려 하지 않을 것이고, 각자의 능력이 발현되지 못하면 사회 전반에 비효율성이 초래될 것이기 때문이다.

하지만 이 능력이라는 것이 그 실체를 특정하거나 측정하는 것이 불가능하다는 점이 문제다. 능률과 효율을 가져오는 것은 무엇일까? 선천적 능력, 후천적 교육, 개인의 노력, 우연, 사회적 결합을 위한 감정적 교감 등 수많은 요소가 일의 능률을 향상시키는 능력에 포함될 수 있다. 능력에 비례해 성과에 대한 보상을 하려면 성과에 기여한 능력이 무엇인지를 정확히 특정하고 그 기여 정도를 측정할 수 있어야 한다. 그러나 어떤 일의 성과가 개인의 능력에 따른 것인지, 모두의 협력에 의한 것인지, 운이 좋아서인지 구별하는 것은 많은 경우 불가능하다. 특정한 개인의 기여가 명확하다 할지라도 그 기여가 선천적 재능에 의한 것인지, 아니면 좋은 집에서 태어난 행운 덕분에 충분한 교육을 받아서인지, 그도 아니라면 개인의 부단한 노력에 따른 것인지 구분하는 것 역시 불가능하다. 이렇게 성과에 기여한 능력을 특정하기도 어려운 마당에 이를 측정하는 것은 더더욱이나 불가능할 것이다. 그래서 능력주의 사회에서는 자원 분배를 위한 준거로 '능력'이 아니라 '성과'를 채택하는 경우가 많다.

하지만 기업의 신입사원 채용이나 대학 입시 선발처럼 새로운 사회 구성원을 영입할 때는 성과주의의 도입이 어렵다. 지원자들이 아직 눈에 보이는 성과를 내지 않은 경우가 대부분이기에 잠재력이라는 대단히 주관적인 평가 요소에 의존할 수밖에 없다. 능력주의 사회라면 이전 단계에서 성취한 학업의 정도, 즉 학력을 기회 자원의 분배 기준으로 삼기 마련이다. 하지만 지원자의 학력과 능력을 입증하기에 우리의 대학 졸업장은 그 무게가 얼마나 가벼운가. 등록금 제때 내고 사고 치지 않으면 얻을 수 있는 이 졸업장은 능력의 기준으로 사용할 만한 공신력을 인정받기 어렵다. 대학 졸업 성적도 마찬가지다. 대학 서열이 확고한 상황에서 같은 대학 내에서 상대 평가를 통해 얻은 성적은 비슷한 능력을 가진 사람들이 경쟁해서 얻은 결과로 보일 것이다. 즉 서울대 졸업생의 학점과 지방 사립대 졸업생의 학점이 숫자상 같다고 해서 동일한 능력을 가졌다고 평가하는 면접관은 많지 않을 것이다. 그렇다 보니 출신 대학의 서열이 마치 능력주의적 평가의 보완책인 양 활용되고, 이런 방식이 우리의 인식 속에 당연하고 자연스럽게 뿌리를 튼다.

그러나 이는 명백한 착각이다. 한국 사회에서 학벌이 취업과 승진, 명예와 명성의 취득 기회를 높이는 이유는 학벌이 능력을 보증해주기 때문이 아니라, 학벌이 우생학적 결정론과 연고주의에 기반하여 작동하는 거대한 편견과 차별의 카르텔이기 때문이다. 좋은 머리를 타고난 자가 공부도 잘하고, 상황 파악도 잘하고, 업무도 잘할 거라는 인간에 대한 이 고정된 편견은 일종의 우생학이다. 인간을 생물학적으로 이미 결정된 존재로 보는 뿌리 깊은 편견에 기초하여 한 번의 시험 결과를 낙인처럼 모두의 이마에 새겨 보존하는 것이 학벌주의다. 고등학교 재학 시절 좋은 성적을 받아 소위 명문 대학에 진학한 사람들이 이러한 편견 덕분에 기업과 정부와 조직의 요소요소마다 포진하고, 이들이 자기 학교 출신을 밀어주고 끌어주며 특혜와 가산점을 주어 만들어온 강고한 연고주의의 성채가 바로 학벌주의다. 다시 말해 우리 사회의 학벌은 능력(학력)주의를 보완하기 위해 이용된 장치처럼 보이지만, 사실은 능력주의의 정반대편에서 인지적 편견에 기초한 집단주의적 차별이 문화적 악습으로 뿌리내린 결과일 뿐이다. 학벌을 얻기 위한 교육열은 사회적 악습과 모순된 기득권에 편승하기 위한 과잉 경쟁의 열기에 불과한 것이다.

따라서 서구의 능력주의 비판 담론으로 학벌주의를 비판하고자 할 때 현실적 간극이 발생한다. 우리 사회는 신입생과 신입사원을 선발하는 과정에서 능력주의를 제대로 실현한 적이 없기 때문이다. 전근대적이고 연고주의적인 편견을 넘어서 본 적이 없기 때문이다. 세련된 세습 구조로서의 능력주의는 경험해본 적도 없는 것이다. 첫 대학 입시에서 원하는 학벌을 얻지 못한 젊은이들이 반수를 하고, 재수를 하고, 삼수를 해서라도 다시 명문대에 도전하려는 이유는 능력주의라고는 눈 씻고도 찾아볼 수 없는 이 사회에서 아무리 노력해도 학벌만 한 영향력을 가진 스펙을 만들 방법이 없기 때문이다.

학벌이라는 기득권 연고주의에 발을 얹는 데 성공한 이들은 자의식 과잉 속에서 '과잠(과 잠바)'과 '학잠(학교 잠바)'을 입고 과시하듯 몰려다니고, 학벌주의에 따른 혜택을 옹호하며, 학벌주의의 특혜는 우리가 노력해서 얻은 것이니 정당하다는 신소리를 익명성 뒤에 숨어 대나무숲(하나의 계정으로 익명의 다수가 소통하는 온라인 게시판으로 특정 업계나 학교 등을 단위로 형성된다)에 휘갈기고는 '좋아요'를 누른다. 학벌을 옹호하는 이들은 학벌 이외의 다른 능력주의적 분배 기준을 도입하는 것을 못마땅하게 여긴다. 자기 조직의 상징을 문신으로 새기고 건들거리는 조폭과 본질적으로 다르지 않다. '삥 뜯는 일'을 자신의 특권으로 여기고 있다는 점에서 더더욱 그렇다.

반면 학벌을 갖지 못한 청년들에게 학벌주의는 공고한 집단적 차별을 만드는 연고주의다. 이들은 한 번의 시험 결과로 평생에 걸쳐 낙인을 찍는 학벌주의가 사라지고 그 자리에 건강하고 합리적인 능력주의가 자리 잡기를 바란다. 명문대 졸업장이 없어도 잠재력과 도전 정신, 가능성을 믿고 기회를 주는, 그리고 이를 정당하게 평가해주는 사회가 되기를 갈망한다. 그래서 배움의 정도를 평가하는 합리적 기준에 대한 사회적 합의가 필요하다고 여긴다. 그 기준이 제대로 자리 잡지 못한 상황에서 청년들은 자신의 배움을 입증할 수 있는 자격증 시험 결과와 인턴 증명서를 따기 위해 시간과 노력을 들인다. 학벌주의와 경쟁의 현실 속에서 자신의 능력이나마 공정하게 평가받고 싶은 이 절박한 젊은이들에게는 학벌주의를 변형된 능력주의로 이해하는 담론이 자칫 자다가 봉창 두드리는 소리로 들릴 수도 있다.

성급한 진단보다는
욕망을 이해하는 것이 먼저

서구 사회와 우리는 처한 상황이 다르고, 그들이 생각하는 능력주의와 우리가 경험한 능력주의 역시 다르다. 자본주의 경제 체제가 야기하는 보편적인 경쟁의 문제들을 그들이 능력주의에 관한 성찰 속에서 재조명할 수 있는 이유는 능력주의를 정당한 것으로 인식하고 사회적 합의에 기초해 제도적으로 정착시켜온 나름의 역사가 있기 때문이다. 다시 말해서 그들이 비판하는 능력주의란 그동안 정당한 것으로 간주해왔던 사회적 가치이며, 실은 그 말로 뭉개어온 수많은 구조적 폭력이 있었다는 뜻이다. 그러니까 능력주의를 신뢰해온 사회에서 능력주의를 다시 성찰과 의심의 대상으로 담론의 법정에 세운 셈이

1부 불행의 계보학

다. 그러나 우리 사회는 그렇지 않다. 여전히 학벌주의라는 전근대적인 연고주의가 사회적 삶에 강력한 영향력을 행사하고 있고, 젊은이들은 제대로 된 능력주의를 갈망하는 상황이다.

우리가 학벌주의를 타파하고 능력 중심의 사회를 만든다고 하더라도 경쟁이 초래하는 문제는 사라지지 않을 것이다. 그리고 평가할 수 없는 것을 평가하기 위한 능력주의적 노력은 결국 오작동으로 이어질 것이다. 특정 능력이나 학력, 학벌 중심의 획일적인 평가 제도에서 벗어난다고 문제가 해결되긴 어렵다. 인성을 선발 기준으로 삼으면, 인성도 평가의 대상이 되므로 평가의 근거가 확인 가능해야 공정성을 갖출 수 있다. 그러니 봉사 활동 내역과 증명이 중요해지고, 무수한 지원자들 사이에서 자신의 인성을 돋보이게 할 수 있는 '자소설'이 필요해진다. 능력주의는 모든 것을 평가의 대상으로 환원하여 측정과 계량이 가능한 것으로 변질시킬 것이다. 학벌주의라는 장애물을 제거하더라도 칼 폴라니Karl Polanyi가 '악마의 맷돌'이라고 말했던, 모든 것을 숫자와 데이터로 환원하는 자본주의의 방앗간은 멈추지 않는다는 말이다. 능력주의의 문제는 오늘날 우리의 자본주의적 삶과 경쟁 안에서 이미 함께 자라나고 있고 이에 대한 비판은 필요하다. 다만 학벌주의의 모순 속에서 자신의 노력을 단 한 번이라도 제대로 평가받고 싶은 젊은 세대에게 이게 다 능력주의의 문제라고 말하는 것은 울고 싶은 놈 뺨 때리는 이야기로 들릴 뿐이다. 우리 사회에서 젊은이들이 경험하는 불평등은 능력주의로 고상하게 포장되고 진화된 불평등이 아니라 학벌주의라는 노골적인 차별이라는 사실을 기억해야 한다. 그래서 능력주의의 팽배가 한국의 대학 입시와 학벌주의를 심화시키는 이유이며, 이에 대한 시민적 저항의 가능성이 존재한다는 식의 논의는 현실 감각 없는 지식인들의 유행 따라 하기로 변죽만 울릴 뿐이다.

현실에 발붙이기 위해서 우리는 먼저 단정하기보다는 사람들의 세속적이고 노골적인 욕망을 마주할 필요가 있다. 우리가 이후 살펴볼 대치동은 교육열과 부동산에 관한 한 우리 사회의 세속적 욕망의 최전선이다. 이곳에서는 교사인 아버지가 딸들을 서울대에 보내기 위해 정규 고사 시험지를 훔치는 일이 일어나고, 학벌을 얻기 위해 대리 시험을 요구하는 어이없는 제안을 만나기도 하며, 학원마다 족보라는 이름으로 기출인지 유출인지 모를 문제집들이 돌아다니고, 아무런 유효한 정보도 주지 못하는 초고가 사기성 입시 컨설팅이 이루어지기도 한다. 사회부 뉴스의 헤드라인을 이미 장식했거나 언젠간 장식하게 될 이런 황당한 사건들이 유독 대치동에서 일어나는 것은 이곳이 얼마나 치열한 욕망의 전쟁터인지를 방증한다. 이들은 자제력을 잃고 사회 공공의 규범까지 무시해버린 욕망의 화신이며 예외적 사례다. 그러나 학벌과 부동산을 통한 계급 상승 혹은 유지를 열망하는 사람들이 이곳에서 서로 마주치게 된 것은 결코 우연이 아니다.

대치동 스토리

– 학벌 사회와
부동산 공화국에서
살아남기

1장

은마아파트
완판의 비밀과
강남 신화의 탄생

대치동의 상징, 은마아파트

대치동의 복판에는 은마아파트가 있다. 강남 재개발의 상징이자, 부동산 불패 신화의 중심에 있는 이 아파트의 집값은 2020년 4월 그 길고 긴 상승 랠리를 마치고 드디어 하락했다. 2020년 총선 직후, 여당인 더불어민주당의 압승으로 재개발이 불투명해진 것이 그 이유다. 84제곱미터의 2019년 말 거래 가격은 23억 5000만 원이었고, 총선 직후 18억까지 매물이 나왔다고 하니 이 지역 주민들이 상대적으로 높은 학력 수준에도 불구하고 수구적 정치 성향을 버리지 못하는 데도 이해가 가는 구석이 있다. 하루아침에 5억 5000만 원이 날아가는 정치적 선택을 할 수 있는 사람은 많지 않을 것이다.

대치동과 은마아파트의 이야기는 그래서 사실 누군가에게는 불편할 수 있다. 그러나 부동산 문제를 논외로 하고서는 대한민국 교육열의 문제를 근본적으로 이해할 수 없다. 그리고 대한민국의 부동산과 교육의 오랜 밀월 관계를 이해하기 위해서는 이 오래되고 낙후된 아파트의 역사를 알아야 한다.

이 아파트의 건설업체는 IMF의 시발점이자 원흉으로 여겨지곤 하는 바로 그 한보건설이다. 1960년대 한보건설은 말죽거리에서도 한참이나 떨어진 강남 영동지구의 저습지를 헐값에 사들였다. 비가 오면 주변 야산의 물이 고여 논농사도 용이치 않던 이 습지대는 '남편 없이는 살아도 장화 없이는 살

수 없다'라는 신소리가 돌던 동네였지만, 오랜 로비의 결과 대지 용도가 변경되었다. 1979년 9월 준공 후에도 은마아파트 주변은 죄다 논밭이었다. 주변 지역의 개발 미비에도 불구하고 턱없이 높았던 분양가 때문에 대부분 미분양된 것으로 알려져 있다. 결국 3개월 후 한보는 평당 분양가를 전년도 수준으로 낮추고 2차 분양에 들어갔다.

1979년 12월 이란에서 호메이니Ayatollah Ruhollah Khomeini의 혁명이 성공하면서 그 여파로 2차 오일쇼크가 찾아왔다. 상황은 달라졌다. 부동산이 안전 자산으로 주목받게 되자 돌연 20일 만에 28개 동 4424세대가 완판되었고, 한보는 2000억 원의 현금 자산을 확보하며 일약 대기업의 반열에 오른다. 그러나 당시로서는 초유의 기록이었던 대규모 아파트 단지의 완판은 그저 세계적 유동성 위기 때문에 일어난 우연한 사건이 아니었다. 은마아파트 완판은 강남의 부동산을 부흥시키기 위한 국가의 기획 정책의 결과였기 때문이다.

인구 과밀의 해결책, 남서울개발계획

1966년부터 1980년 사이 서울의 인구는 하루 평균 900명씩 늘었다. 1년에 인구가 33만 명씩이나 늘어나니 도심 과밀 현상이 심각한 사회 문제로 떠올랐다. 1966년까지 서울시장을 지냈던 윤치영이 1963년 서울시 국정감사에서 "서울을 좋은 도시로 만들지 말아야 농촌 인구가 몰려오지 않는다"라고 말할 정도였다. 그러나 윤치영의 뒤를 이은 국군 수송사령부 출신의 김현옥은 자신의 전공을 살려 늘어난 서울 인구를 수송할 대책을 강구했다. 그는 도로를 혈관에 비유하며 더 많은 인구를 수용할 수 있는 서울로 개조하기 위해서는 더 많은 도로가 필요하다고 역설했다. 결국 김현옥은 임기 동안 남산터널과 강변북로 건설에 착수하고 수많은 입체 교차로 건설에 주력했다. 1970년에 부임한 철도청장 출신의 양택식 서울시장은 남서울개발계획을 내세우며 여의도와 영동지구 개발에 주력하면서 역시 자신의 경력을 살려 지하철 건설에 착수했다. 서울시는 논현동의 공무원 아파트, 영동지구의 시영주택 등 총 1700여 세대의 공영 아파트를 건설하기로 하고, 이후 민영주택 건설을 유도할 광범위한 택지 개발에 착수했다.

이 거대한 도시 계획과 부동산 개발이 성공하기 위해서는 사람들이 실제로 움직여야 했다. 그러나 강북 도심 일대의 거주자들은 좀처럼 강남과 목동 일대로 거주지를 옮기려 하지 않았다. 도시 계획에 차질이 빚어졌다. 사람들을 남쪽으로 내려보내기 위해서는 미끼가 필요했다.

1972년 서울시는 강북 도심을 특정 시설 제한구역으로 지정하여 유흥 시설의 신규 허가나 도심 내 이전을 금지하고 상업, 교육 시설의 신설 및 증설을 불허하겠다고 밝혔다. 이듬해인 1973년에는 영동지구를 개발촉진지구로 지정하여 영업세, 등록세, 취득세, 재산세, 도시계획세, 면허세뿐만 아니라 부동산투기억제세까지 면제해주고 건축 자금 융자를 지원하여 상업 시설이 강남 영동지구로 이전하도록 부추겨 소기의 성과를 거뒀다. 유흥업소들이 가장 먼저 옮겨 가기 시작했다. 그러나 강남은 여전히 주거지로서는 주목받지 못했다.

1974년 서울시장으로 취임한, 5·16 군사쿠데타의 주동자 중 한 사람이었던 40대 초반의 구자춘은 정부의 적극적인 지원하에 3핵 도시, 즉 도심-강남-목동(김포공항) 구상을 대대적으로 홍보하며 저돌적으로 강남 개발 계획을 밀어붙였다. 1975년 지하철 2호선 계획을 순환선으로 변경하여 서울의 3핵을 연결해 강남에서 타 지역으로 이동하는 시간을 단축했으며, 종로에서 양재(말죽거리)에 이르는 지하철 3호선 계획까지 수립하면서 영동지구 개발에 박차를 가했다. 그러나 잇달아 확대되는 개발 계획과 다양한 미끼에도 불구하고 사람들은 좀처럼 움직이지 않았다. 더 확실한 미끼가 필요했다.

명문고 강남 이전 프로젝트와 완전 학군제

부동산 투기가 일반화된 사회에서는 주거지의 선정 기준이 시세 차익이 되기도 하지만, 예나 지금이나 만국 공통으로 시민들이 주거지를 선택하는 불변의 기준은 직장이나 학교와의 거리다. 자녀가 있는 사람이라면 누구나 좋은 학교 근처에서 살 수 있기를 바랄 것이다. 결국 서울의 도시 계획과 주거지 이전을 이루기 위해서는 학교를 움직여야 했다.

1972년부터 교육부는 서울 도심, 즉 종로구 일대의 명문 고등학교를 대거 강남으로 이전하는 계획을 세우고 이를 실행해나갔다. 당시 서울에서는 3대 공립(경기고, 서울고, 경복고)과 5대 사립(중앙고, 양정고, 배재고, 휘문고, 보성고)이 명문고로 여겨졌다. 명문 여자고등학교로는 공립인 경기여고, 창덕여고와 사립인 이화여고, 숙명여고, 진명여고, 정신여고 등이 꼽혔다. 도심 고교 강남 이전 계획의 대상 학교로 처음 지명된 두 학교는 경기고와 휘문고였다.

당시는 고교 평준화 정책이 시행되기 이전이라 이른바 명문고, 특히 종로구 화동에 위치한 경기고의 위상이 어마어마했다. 3대 공립고와 5대 사립고 중 명실상부한 1위 학교였다. 이른바 KS라인(경기고-서울대)으로 불리는 서울대 출신 동문이 가득했고, 경기중-경기고-서울대는 대한민국 엘리트 코스의 상징이었기에 이전 계획에 대한 반발이 만만치 않았다. 계획이 발표된 1972년 10월 28일은 유신헌법과 비상계엄령이 선포된 지 10여 일 만이었고, 독재 정권이 서슬 퍼런 칼날을 휘두르던 시기였음에도 경기고 재학생부터 동문까지 총동원된 이전 반대운동이 벌어졌다. 하지만 1974년 고교 평준화 조치[1]까지 시

1장 은마아파트 완판의 비밀과 강남 신화의 탄생

행되면서 반대운동의 기세는 한풀 꺾였다. 결국 졸업생들의 추억을 위해 경기고 교사를 철거하지 않고 개보수하여 정독도서관으로 보존하기로 하고, 1973학년도 입학생까지 종로구 화동 교사에서 졸업할 수 있도록 이전 시기를 늦춘다는 합의가 이루어졌다. 이후 1976년 2월 20일에 경기고는 강남구 삼성동으로 이전했다.

종로구 원서동 창덕궁 옆에 있던 휘문고가 두 번째 이전 대상으로 지목되었다. 서울시는 휘문고 재단의 강남구 대치동 소유 대지를 개발제한구역으로 묶어 학교 이전 이외의 개발을 불허했다. 결국 서울시의 주선으로 원서동 일대의 부지를 현대건설에 매각한 휘문고는 1978년 1월 강남구 대치동으로 이전을 완료했다.

휘문고의 이전 방식은 새로운 모델이 되었다. 1978년 박정희는 연두 순시 지시를 통해 "강남 이전을 희망하는 학교에 대해서 행정, 재정적 지원을 해 가능하면 많은 학교를 이전토

---

1   인구 증가에 따른 학생 수 증가는 고등학교의 입시 과열로 이어졌다. 명문 고등학교 입학을 위한 중학생들의 학습 부담과 경쟁이 과열되면서 이를 해소하기 위해 1974년부터 학군제와 고교 평준화 정책이 도입되었다. 고등학교 간 학력 격차를 줄이려는 조치로 연합고사를 실시하여 진학 여부를 판단하고 학교 배정은 이른바 '뺑뺑이'로 이루어졌다. 이는 1969년에 시행된 중학교 무시험 입학제의 후속 조치였지만, 항간에는 박정희가 공부를 잘하지 못했던 아들 박지만을 명문고에 보내기 위해 시험을 없앴다는 소문이 돌았다. 이 조치로 명문고의 위상이 크게 약화됐다.

록 할 것"이라고 못 박았다. 이 조치로 인해 사학재단들은 강남 이전이 재산을 늘리는 기회라고 확신하게 되었다. 1966년 제3한강교(한남대교) 착공 이후, 말죽거리까지 이어지는 강남대로를 중심으로 한 개발이 본격화되면서 강남의 부동산 가치가 치솟았다. 여기에 대통령의 지시 덕분에 사학재단들은 강남 지역 개발 구획을 정리하는 과정에서 서울시가 확보해둔 체비지[2]를 헐값에 불하받을 기회를 얻었다. 교사 건축비도 거의 들지 않았다. 강남으로 이전하는 학교마다 건축비 3600만 원이 지원되었으며, 토지 정지 및 정비, 도로 개설 및 포장, 상하수도 시설 완비, 용지 매입에 따른 취·등록세 감면까지 포괄적인 특혜를 제공받았기 때문이다. 더군다나 시에서 은행 융자까지 알선해준다니 남의 돈으로 재단 소유의 자산을 몇 배로 불릴 수 있는데 이를 마다할 학교는 없었다. 종묘 옆에 있던 정신여고는 1978년 신속하게 송파구 잠실로 이전을 결정하고 시행했으며, 조계사 뒤편의 숙명여고도 방배동과 신림동으로 이전을 권유받았지만 강남구 도곡동으로 이전 부지를 확정하고 공사에 들어갔다.

공립학교들도 혜택과 실속을 최대한 챙겼다. 경기고는 애초 계획보다 9000평을 늘린 총 3만 2000평의 부지와 이전 비용 10억 원을 제공받았다. 당시 고등학교 신축 비용보다 2배

2 토지 개발 사업 시행자가 개발 비용 조달을 위해 확보해둔 토지.

가량의 토지와 재원이 더 투입된 것이다. 세 번째 이전 대상이 된 서울고는 이전에 반대하는 재학생과 동문 3000여 명의 연판장을 받아 청와대와 서울시 앞으로 '강남 이전 취소 건의서'를 보냈다. 이 반발을 이용해 서울고 동문들은 원래 관악구 신림동 남부경찰서 부근으로 확정되었던 이전 부지를 말죽거리 인근의 서초구 서초동으로 변경하였으며, 부지 매입과 교사 신축으로 85억 원이 투입되었으니 학교 8개를 세울 수 있는 비용이었다.

이렇듯 대대적인 명문 고등학교 이전 프로젝트에도 불구하고 1979년 9월 은마아파트는 미분양되었다. 은마아파트의 1차 미분양은 충격적인 사건이었다. 세대 수는 상대적으로 적었지만, 뒤이어 청실아파트(2차), 홍실아파트, 미도아파트 등의 분양을 앞두고 있었기에 은마아파트의 분양 실패는 도시계획의 총체적인 실패로 이어질 수 있었다.

하지만 1979년 12월 쿠데타로 등장한 신군부가 서울 도심의 공동 학군을 폐지하고 거주지 중심의 완전 학군제 시행을 검토하고 있다는 소문이 돌면서 상황이 달라졌다. 1974년 고교 평준화 실시 이후 서울시청에서 반경 3킬로미터 이내는 공동 학군으로 구분되었는데, 이 공동 학군 내에 서울 시내 인문계 고등학교 87개교 가운데 46개교가 밀집해 있었기 때문이다. 이 공동 학군에 있는 명문고들은 서울시에만 거주하면 누구나 지원할 수 있었다. 그러나 완전 학군제가 실시된다면,

도심에 거주하지 않는 학생은 아직 도심에 남아 있던 명문고 진학이 불가능해지는 상황이었다. 뿐만 아니라 강남에 거주하지 않는다면 강남으로 이미 이전했거나 앞으로 이전할 명문고에도 진학할 수 없게 되는 것이었다. 인구 과밀로 도심 집값이 폭등한 상황에서 서울의 나머지 지역 주민이 자녀의 명문고 진학을 바란다면, 강남으로 이사 가는 것 이외에는 다른 선택지가 없었다. 이 소문과 함께 은마아파트는 순식간에 완판되었고, 서울시 교육위원회는 이듬해인 1980년 2월 19일에 고등학교 학군 설정에 관한 조례를 개정하여 완전 학군제를 시행했다. 이 완전 학군제야말로 강남 이전 프로젝트 완성의 마스터키였던 것이다.

강남 8학군 위장 전입 신드롬과 부동산 폭등 신화

고위 공무원, 변호사, 의사, 기업 임원 등 소위 신흥 고소득층이 강남으로 이사를 갔다. 자녀의 고교 진학을 앞둔 부모들은 강남 거주를 계급 상승과 계층 이동, 신분 세습을 위한 필수 조건으로 인식하기 시작했다. 통계청 자료에 따르면 1981년에서 1985년 사이 서울 시민의 평균 30퍼센트가량이 이사를 경험했는데, 같은 기간 강남구 주민의 이사 경험 비율은 89퍼센트였다. 서울의 고교생 증가율은 평균 1.2퍼센트였지만, 강남 8학군[3]의 고교생 증가율은 5년간 평균 57.5퍼센트였다. 강남의 집값은 폭등하기 시작했다.[4]

'돈 있으면 강남 가고, 강남 가면 명문대 간다'는 말이 전국에 회자되었다. 고등학교 주변 아파트의 매매가와 전세가는 폭등했고, 값이 오른 집마저 구하기 어렵게 되자 위장 전입이 속출했다. 친척이나 지인의 집에 위장 전입을 해서라도 명문 고등학교에 배정받고자 하는 사람이 늘어난 것이다. 1982년 경찰과 사회정화위원회 등의 합동 단속 결과 놀랍게도 전체 조사 대상자 3965명 중 1653명(42퍼센트)이 위장 전입자로 확인되었다. 이후 관계 당국의 지속적인 단속과 학생 징계, 배정 취소 등의 조치에도 불구하고 위장 전입은 좀처럼 사라지지 않았다.

1986년에는 위장 전입자가 늘어 강남 지역 거주 학생들이 타 학군에 배정되는 비율이 10퍼센트에 이르렀다. 교육청 앞에서 학부모들은 연일 시위를 했다. 학군을 좁혀달라는 요

---

3 고교 평준화 이후 1975년까지는 도심의 공동 학군 한 곳과 일반 학군 다섯 곳으로 학군제가 운영되었으나, 1977년 일반 학군이 두 곳 더 신설되었고, 1978년 휘문고 이전 이후 강남이 여덟 번째 학군으로 등장했다. 강남 8학군은 1980년 거주지 중심의 완전 학군제가 시행되면서 모두가 선망하는 학군으로 떠올랐다.

4 강준만, 『입시전쟁 잔혹사: 학벌과 밥줄을 건 한판 승부』, 인물과사상사, 2009, 제7장 참조.

2부 대치동 스토리 - 학벌 사회와 부동산 공화국에서 살아남기

청과 넓혀달라는 요청이 뒤섞여 교육청에서 다른 일을 할 수 없을 정도였다. 결국 강남에 1년 이상 거주해야만 8학군에 배정될 수 있다는 조건이 붙었다. 그러나 사람들은 그 조건만큼 일찍 위장 전입을 했고, 강남을 향한 욕망은 사그라지지 않았다. 거주 기간 조건은 해가 갈수록 늘어나 1993년에는 40개월 이상 거주자만 강남에서 학교에 다닐 수 있었다.

위장 전입이 사라지지 않는다는 것은 이 지역의 주택 수요가 넘쳐난다는 의미다. 건설사들은 강남에 아파트를 짓기 위해 혈안이 되었고, 아파트 수가 증가할수록 고등학교도 더 많이 필요했다. 1980년대 내내 고등학교의 강남 이전이 계속되었다. 1984년 신당동에 있던 배명고가 송파구 삼전동으로 이전했으며, 조계사 인근의 중동고는 강남구 일원동으로 이전했다. 1986년에는 동대문 밖 창신동 두산아파트 자리에 있던 동덕여고가 서초구 방배동으로 이전했다.

부동산 부양을 위해 고등학교를 옮기는 것인지, 아파트가 많아지고 고등학생 수가 늘어나 학교를 이전하는 것인지를 분간하는 것은 시간이 갈수록 의미 없는 일이 되었다. 경기여고가 처음 이전 권유를 받은 지역은 양천구 목동이었다. 그러나 개포동 주공아파트 단지 계획이 9단지까지 확대되면서 결국 서울시 교육위원회는 1988년 2월 경기여고의 강남구 개포동 이전을 결정했다. 그리고 1988년 6월에 준공된 올림픽 선수촌 아파트 5539세대의 분양을 위해 서울시는 보성고와 창덕여고의 이전을 결정한다. 실제로 서울시는 올림픽 선수촌 아파트를 분양받으면 거주 기간 조건과 무관하게 자녀가 보성고나 창덕여고에 입학하게 해주겠다는 특혜를 약속하며 분양 홍보를 진행했다. 그러나 8학군 신드롬은 매우 거셌고, 서울시 교육위원회는 거주 기간 조건의 원칙이 무너질 경우 시민들이 크게 반발할 것이라며 서울시의 요청을 거부했다. 결국 서울시는 약속을 지키지 못했다. 주택 500만 호 건설 계획에 따라 3핵 도시의 한 축이었던 목동에도 대규모 주택 단지가 조성되었다. 서울시는 김포공항 인근의 부동산 개발을 위해 이대부속병원을 유치하고, 목동종합운동장을 건설하면서 양정고와 진명여고를 목동 아파트 단지 내로 이전하는 계획을 일사천리로 시행했다.

명문 고교의 이전으로 촉발된 주택 수요의 폭발적인 증가 속에서 강남과 목동의 아파트는 분양하는 족족 매진되었다. 청약 신청은 해가 갈수록 늘어났고, 아파트 청약에도 다양한 항목의 가점제가 도입되었다. 매매가와 전세가는 해가 다르게 올랐다. 1980년 1월 입주 당시 분양가가 2339만 원이었던 은마아파트 84제곱미터형은 1988년 7500만 원을 웃돌았으며, 2001년 말에는 3억 1000만 원으로, 그리고 2019년 말에는 23억 5000만 원으로 올랐다. 40년 만에 100배가 오른 셈이다. 더한 사례도 있다. 송파구 잠실1동 주공아파트 1단지는 1976년 분양가가 432만 원이었다. 1988년 4300만 원을 넘어

선 이후 현재의 잠실 엘스아파트로 재건축이 결정된 2004년에는 8억 2000만 원까지 올랐으니 27년 동안 190배가 올랐다.

1970년대 후반부터 1980년대 사이에 자녀의 명문고 진학을 위해 강남으로 이주한 부모들은 아마 자신의 노력으로 자녀가 더 좋은 학벌을 갖고 더 나은 삶을 산다면 더 바랄 게 없다고 생각했을 것이다. 그들 스스로도 예상하지 못했겠지만 이 교육열 충만한 부모들은 강남으로 이주하며 자식이 아니라 자신의 신분과 계급을 업그레이드했다. 이제 강남은 돈 없어도 무조건 가야 하는 곳이 되었고, 후세의 계급 상승을 위해 노력한 부모들은 현세에서 구원받았으니 이보다 호소력 있는 신화와 종교는 일찍이 없었다. 맹모삼천지교의 유교적 세계관 속에서 윤리적으로 정당화되었던 이 나라의 교육열은 강남 부동산 폭등의 신화에 편승하여 이제는 거의 신앙의 대상으로 승격된다. 그것은 자식 사랑이면서, 동시에 직장에서 버는 돈보다 몇 배는 더 많은 수입을 실현하는 기적의 재테크였으며, 부모라면 마땅히 지녀야 할 시대의 미덕이 되었다.

2장

대치동 학원가의 형성과
투기꾼의 전성시대

일제강점기, 한티 구마을의 운명적 교육열

일제강점기인 1927년 현재의 강남구 논현동, 도곡동, 대치동 일대에 해당하는 언주면에는 언주공립보통학교(현재 도곡동에 위치한 서울언주초등학교)가 설립되었다. 그로부터 10년 뒤 1937년 10월 25일자 『동아일보』에는 "강남 광주군 언주면 지방은 시흥군 신동면과 대경성을 인접한 관계로 도시와 직접 물화 수급 기타 도시 문화의 반영으로 그 생활이 복잡다단하다. 따라서 상식의 필요를 무엇보다도 느끼게 되어 필연적으로 교육열이 앙양되고 있다"는 보도가 실려 있다. 흥미로운 것은 한강 이남을 '강남'이라는 용어로 지칭하고 있고, 이 지역의 교육열 증가를 지리적 조건에 따른 필연적 현상으로 서술하고 있다는 점이다.

일제강점기 언주면 일대는 봉은사와 선정릉으로 대표되는 경성 시민의 나들이 관광지이자, 도심을 위한 대규모 근교 농업 경지였다. 사행하천蛇行河川인 탄천과 양재천이 굽이치는 습지는 그 자체로 훌륭한 경작지였지만, 수해에 취약하여 사람이 살 곳은 얼마 없었다. 실제로 1925년 을축년 대홍수 때는 언주면에서 촌락 주민 전원이 사망한 사례도 있다. 그나마 큰 고개(한티, 대치의 옛 이름)에 위치한 마을이 가장 안전했지만, 이곳도 언제나 가난했다. 경성 근교에서 가장 가난한 마을로 경성의 관광지, 농산물 공급지로서 기능을 하던 이곳 주민들은 경성 사람들과 부단히 접촉해야 생활을 유지할 수 있었다. 그래서 다른 지역보다 더 높은 수준의 상식을 요구받았다. 그러나 생존을 위해 배우고자 했던 이들의 열망이 이 지역의 정체성을 형성하는 결정적인 요소가 되리라고는 누구도 예상하지 못했을 것이다.

대치동, 사교육 1번지의 태동

그로부터 40년 뒤 이 한티마을의 남쪽 늪지에 대대적인 택지 사업이 이루어졌다. 제3한강교 개통 이후 영동지구 개발 사업의 2차 계획으로 실시된 이 택지 사업의 결과, 한티고개 구마을을 중심으로 은마아파트를 비롯한 수많은 대단위 아파트 단지가 들어섰다. 이와 시기를 같이하여 경기고, 휘문고, 숙명여고, 중대부고, 단대부고 등 8학군의 핵심인 명문 사립고교가 모두 이 지역을 중심으로 포진한다. 1984년에 이미 아파트 세대 수만으로 1만 5000가구를 넘긴 대치동은 대한민국 사교육 1번지가 될 인구학적 조건을 갖추어가고 있었다.

그러나 인구 증가가 대치동만의 현상은 아니었기에 주택 및 세대 수 증가가 사교육 수요의 실질적 증가를 설명하지는 못한다. 1970년대 이후 고등학교와 학원의 강남 이전 정책에 따라 대치동으로 이주한 가구들에 학령 인구의 비율이 높았을 것으로 짐작할 뿐이다. 또한 대치동으로 이주한 학부모 세대가 높은 아파트 분양가를 감당할 수 있고 사교육에 비용을 지출할 수 있는 중산층 이상의 경제 계층에 속해 있었을 것이며, 이들 중 상당수가 학벌의 효용을 실제로 경험한 고학력층이었을 것이라는 추정도 가능하다. 실제로 한국경영자총협회에서 발행하는『경영계』의 1998년 10월호에 실린「『98년 노동경제연감』인사록 분석자료」에서는 전국 주요 기업의 이사 이상 5100명의 '평균'을 다음과 같이 묘사한다. "1942년생이며 서울대학교 경영학을 전공했고, 서울 강남 대치동에 거주하며, 취미로는 골프를 즐기고, 기독교 신앙을 가진 사람으로 파악되었다." 이 5100명의 75.2퍼센트가 서울에, 61.7퍼센트가 강남, 서초, 송파 3구에 거주했으며, 이 가운데 대치동 거주자가 513명으로 10퍼센트를 넘었다.[5] 이는 높은 학력과 학벌의 효용을 실제로 경험했던 세대가 1980~1990년대를 거치며 대치동을 중심으로 한 강남 3구에 주로 거주하게 되었음을 추정할 수 있는 중요한 자료다. 다시 말해서 1970년대 말부터 1990년대 말까지 대치동에 거주했던 학부모들은 상당수가 명문고에서 명문대로 이어지는 고학력자들이었고, 자신의 경험을 통해 학벌과 신분 상승의 연관 관계를 충분히 이해하고 있었다. 이

5　　서울역사박물관,『대치동, 사교육 1번지 – 2017 서울생활문화자료조사』, 서울역사박물관, 2018, 194쪽.

들이야말로 '서울대를 나오면 분식집을 해도 성공한다'는 학벌 신화의 당사자들이었기 때문이다.

이들은 학교 선후배 등의 인맥을 통해 좋은 과외 선생을 구하려면 얼마든지 구할 수 있었다. 그러나 1980년 7월 30일 이후 전두환 정권 시기 내내 과외가 전면 금지되었다. 전두환 정부는 과열된 대입 경쟁을 완화하기 위해 본고사를 철폐하고, 학력고사를 도입했으며, 과외를 전면 금지했다. 그 대신 KBS와 MBC에서 정규 방송 시간에 고교 과외 방송을 내보냈다. 이 듬해인 1981년에는 KBS 3TV를 신설해 교육 방송을 시행했으며, 후에 이것이 EBS가 되었다. 정부는 1983년 7월 29일 "3년 동안 불법 과외 관련자 1290명(학생 623명, 교습자 117명, 학부모 550명)을 적발, 이 중 교습자 69명을 입건하고 교사 4명과 학부모 58명 등 62명을 면직 조치했다"고 발표했다. 1986년에는 제주시장이 자녀에게 영어 비밀과외를 시켰다는 이유로 해직됐다. 그러나 1987년 민주화 이후로는 현실적으로 과외 규제를 고수하기 어려웠다. 암암리에 과외가 다시 성행했고, 비밀 과외 비용은 단속에 대한 위험 부담을 반영해 천정부지로 치솟았다. 결국 1989년 2월 대학생의 개인 과외 교습이 전면 허용되었다. 그러나 일반인의 과외는 여전히 금지되었다.[6]

---

6 「[실록 교육정책사 3부 ②] 과외와의 전쟁? 통계부터 다시」, 대한민국 정책브리핑, 2007년 11월 1일자.

대치동에 거주했던 고학력 학부모들은 새로운 전략을 고안했다. 상대적으로 임대료가 저렴한 작은 평수의 상가를 임대해 소규모 교습소를 만들고, 학교 선후배의 인맥을 동원해 명문대 학생이나 학생운동을 하다가 졸업을 못 한 만학의 대학생 등을 입시 강사로 조달했다. 그리고 자녀의 학교에서 학생들을 모아 소규모 그룹 과외 형태의 수업을 조직했다. 이런 수업은 고액 과외를 조금이라도 저렴한 비용에 할 수 있어 만족도가 높았다. 더구나 소규모 그룹 과외는 강사만 구할 수 있다면 각자의 필요에 따라 특별한 수업을 여는 것도 가능했다. 어디에서도 찾아볼 수 없던 재외국민특별전형, 수학·과학 올림피아드 대비 전문반 등의 수업이 만들어졌다. 1990년대 초반부터 대치동 과외 교습소들에 대한 입소문이 퍼져 나가기 시작했다. 당시는 아직 서울 시내 중고등학생의 학원 수강이 전면 허용되기 이전이었다.

다양한 전문성이 밀집된 대치동 학원가의 형성

1987년 민주화 이후 교육 자율화에 대한 기대가 갈수록 높아졌다. 1988년 학교의 보충 수업이 부활했으며, 1989년 5월에는 전국교직원노동조합(약칭 전교조)이 창립되었다. 사교육 자율화에 대한 사회적 요구도 거셌다. 결국 1991년 7월 19일 교육부는 재학생의 학원 수강 문제를 각 시도 교육감에 위임하여 사실상 학원 수강을 허용했다. 서울시는 곧바로 재학생의 방학 중 학원 수강을 허용했고, 재수종합학원들은 재학생을 위한 방학 중 강좌를 앞다투어 개설했다. 1992년에는 마침내 서울 지역 재학생의 학기 중 학원 수강이 전면 허용되었다. 이미 1989년 이후 학원 강좌의 40~70퍼센트는 재학생이 채우고 있었고, 규제의 실효성이 사라진 상황에서 이는 예견된 조치였다.

대치동에 산재해 있던 불법 교습소도 학원으로 간판을 바꾸어 달기 시작했다. 은마아파트 사거리를 중심으로 아파트 단지의 상가와 도곡로, 삼성로에 인접한 상가 건물, 대치4동의 상가들마다 소규모 학원들이 빼곡하게 들어차기 시작했다. 대치동 학원가의 특징인 밀집도와 전문성은 이때부터 확연히 드러났다. 이 지역 학원들은 다른 지역 학원들에 비해 규모는 작지만, 밀도 면에서는 가히 압도적이다. 2020년 기준으로 서울 소재 1만 3992개의 사설 학원 가운데 강남구에만 그 17퍼센트인 2361개가 집중되어 있다. 전체 구 중에서 유일하게 10퍼센트를 넘긴 수치다. 서초구, 송파구가 8퍼센트로 그 뒤를 잇는다. 나머지 구는 모두 5퍼센트 이하다. 이 가운데 대치동 생활권에만 1200여 개의 학원이 밀집되어 있으니 그 밀도는 타의 추종을 불허한다.[7]

대치동 학원가를 처음 방문하는 사람은 생각보다 작고 초라한 학원 규모를 보고 의아해하는 경우가 많다. 물론 규모가 작은 데는 임대료 등 여러 가지 객관적인 요인의 영향이 크다. 그러나 대치동이 사교육 1번지로 자리 잡은 이유는 바로 이 소규모로 전문화되고 세분화된 학원들이 어디서도 제공하지 못하는 교육 서비스를 창출했기 때문이다. 대치동 학원가에 몰려든 고학력 강사 인력은 누구보다 빠르게 입시 제도의 변화를 이해하고, 이에 맞는 새로운 입시 및 학습 전략을 제공했다. 무엇보다 이들은 뛰어난 강의 역량을 지니고 있었다. 나중에는 대치동 소재 학원에서 강의를 하고 있다는 사실만으로도 각 지역에서 강의 요청이 쇄도했다. 대치동 학원들은 이런 흐름을 타고 각 지역으로 세를 확장해나갔다. 대치동에서 이름을 알리면 목동, 노원, 분당, 평촌 등지에 분원을 내서 큰 수익을 거둘 수 있었다. 이는 대치동에서만 가능하고 다른 지역에서는 찾아볼 수 없는 다양한 교육 프로그램과 발 빠른 혁신, 입소문으로 형성된 상대적 권위와 확실하게 자리 잡은 위계 덕분이었다.

이미 1990년대 중반부터 대치동 학원가의 수강생은 대치동 거주 학생들에 국한되지 않았다. 강남, 송파, 서초는 물론 서울의 각 지역과 경기도 분당, 과천, 평촌에서도 많은 학생들

---

7 서울 열린데이터 광장(https://data.seoul.go.kr)의 서울시 사설학원 통계 참조.

이 학기 중에 대치동을 찾았다. 주말이면 고등학생 자녀를 차에 싣고 와서 학원에 집어넣고, 나머지 가족은 대치동에서 시간을 보내는 경우도 많았다. 방학이나 연휴 기간에는 전국 각 지역에서 학생들이 몰려왔다. 시험 직전에는 관광버스를 대절하여 상경한 학생들이 대치동 학원 수업을 듣기 위해 호텔과 독서실에 짐을 풀었다. 학원들의 입장에서 보면 이곳은 전국구로 발돋움할 수 있는 학원 산업의 중원이자 무림이었다. 그런 상황이다 보니 각 지역에서 성공한 학원들은 대치동 진출을 시도했다. 대치동에 학원이 있어야 전국구 학원으로서 이름을 얻을 수 있기 때문이다.

수능 이후의 입시 정책이 키운 대치동 학원가

그러나 뭐니 뭐니 해도 대치동을 사교육 1번지로 만드는 데 가장 큰 기여를 한 것은 대학수학능력시험이었다. 입시 제도, 특히 시험의 급격한 변동을 정확히 이해하고 분석하는 일에서는 학교가 사교육의 역량을 따라올 수 없었다. 과목별로 전문화된 대치동의 구조는 이러한 변화에 가장 효율적인 대응전략을 제공했다. 무엇보다 수능은 학력고사와 근본부터 달랐다. 암기식 교육을 지양하고 이해력과 분석력, 종합적 사고 능력을 요구하는 시험의 특성상 교육자의 역량과 자질이 피교육자의 학습 효과에 미치는 영향이 학력고사 시절과는 비교할 수 없을 만큼 컸다. 학력고사 시절에는 무조건 외우라고 몰아붙이면 성적이 나왔지만 수능은 그렇지 않았다. 학생들에게 문제를 정확하게 이해시키고, 풀이와 해설 과정을 논리적으로 전달할 수 있는 강의 능력이 요구되었다. 뛰어난 강의 실력을 가진 대치동 강사들에 대한 입소문이 빠르게 퍼져나갔고, 몇몇 강사들의 강의는 예약 시작과 동시에 마감되었다. 가장 먼저 '1등'으로 마감을 '치는' 스타 강사라는 뜻의 '대치동 1타 강사'라는 말이 여기서 생겨났다.

한편 1997학년도 이후 본고사가 금지되면서 입시가 다양화되기 시작했다. 제일 큰 변화는 고교 내신이 종합생활기록부(학교생활기록부의 당시 명칭)로 대체된 것이었다. 국어·영어·수학 중심의 본고사는 폐지되었고 대신 논술고사가 중요해졌다. 특차전형이라는 이름으로 대학이 자율적으로 학생을 선발할 수 있는 전형도 시작됐다. 특차전형에서는 수능 성적 이외에 학생부, 추천서, 전국대회 수상 실적 등 비교과 자료를 함께 평가할 수 있도록 했다. 즉 대학의 학생 선발 자율권이 확대되었다. 입시 제도의 이러한 변화는 획일적인 시험 준비에 매진해왔던 입시 시장에 거대한 지각 변동을 예고했다.

사실 당시 학원은 사양 산업으로 여겨졌다. 고등학교 졸업생 수가 계속 줄어들고 있었고, 실제로 대형 학원의 수강생 수도 감소하는 추세였다. 불법 비밀과외가 성행하면서 관인 학원의 사정이 어려워지고 있다며 대형 학원들이 한숨을 쉬던 무렵이었다. 그도 그럴 것이 그때까지 대형 학원은 학력고사라는 단일한 입시 제도에 맞추어 규모의 대형화를 통해 성장해왔기 때문이다. 그들은 새로운 입시 제도에 발 빠르게 대응할 수 있는 능력을 갖추고 있지 않았다.

하지만 대치동은 달랐다. 대치동의 각 학원들은 변화하는 입시에 맞게 분화되어 다양한 입시 전략을 제공했다. 이미 1990년대 후반부터 대치동에는 특차전형을 위한 포트폴리오와 면접을 준비하는 학원 및 교습소들이 생겨났고, 본고사를 대체할 논술고사 대비 학원들이 대거 들어섰다. 다른 지역에서는 무엇을 준비해야 할지 막막하기만 했던 입시 요강 속 새로운 전형들도 대치동에만 오면 확실하게 대비할 수 있었다. 입소문은 꼬리에 꼬리를 물었다. 대치동은 이미 입시의 메카였고, 사교육 1번지였으며, 학원계의 새로운 패러다임이었다.

수능 도입 이후 입시 구조의 대대적인 변화에 대응하고자 기존의 재수학원 브랜드들도 대치동과 강남 일대로 이전을 시작했다. 1993년 강남대일학원이 대치역 사거리에 들어섰다. 이 학원은 후일 메가스터디의 인적, 물적 기반이 되었다. 1995년에는 종로학원이 휘문고 앞에 강남종로학원을 오픈했으며, 1996년에는 강남대성학원이 문을 열었다.

새로운 강사 인력의 유입,
운동권과 전교조

학원이 합법화되고, 입시가 다양화되면서 대치동의 위상이 높아지던 시기 우연히도 능력 있는 강사 인력이 이곳에 대거 유입되었다. 1990년 11월에 있었던 전교조 교사 1465명의 해직 조치도 대치동 학원가에 새로운 인력을 공급했다. 가치 있고 의미 있는 교육을 꿈꾸던 해직 교사들은 공교육 현장에서 좌절하고 대치동으로 들어와 교육자로서의 삶을 이어갔다. 이들의 대다수는 1993년 문민정부의 조치로 복직했으나 일부는 대치동에 남아 사교육의 질적 수준을 한 단계 끌어올렸다. 대치동에서 국어와 논술 강의로 돈을 벌어 『르몽드 디플로마티크』 한국판을 발행하고 『매일노동뉴스』를 창간했던 진보 노동 정치인 박승흡이 그 대표적인 인물이다.

1980년대 민주화 학생운동권 세대도 대치동으로 들어왔다. 1990년대 초만 해도 이른바 '운동 전과'를 가진 이들의 사회적 공로가 인정되는 분위기는 아직 만들어지지 않았고, 민간 기업에서는 어쨌거나 전과자를 기피했다. 황광우(서울대 77학번, 플라톤아카데미), 정광필(서울대 78학번, 플라톤청솔학원), 손주은(서울대 81학번, 메가스터디), 조동기(고려대 85학번, 조동기국어논술학원), 장민성(성균관대 84학번, 유레카논술), 이범(서울대 88학번, 메가스터디) 등 1990년대부터 2000년대까지를 주름잡았던 대치동 유명 강사들은 상당수가 운동권 출신이었다. 이름을 숨기고 대치동에서 강사로 활동했던 이들 가운데 나중에 다른 분야에서 명성을 얻은 이들도 많았다.

1996년 연세대 사태[8]를 기점으로 급격히 퇴조하던 학생 운동권에서도 젊은 인력이 공급됐다. 학생운동을 하던 명문대 학생 가운데 정치에 뜻을 두지 않은 사람들이 대치동으로 몰려들었다. 처음에는 대개 호구지책이었다. 간혹 내가 속해 있던 곳처럼 교육문화운동의 기치를 내건 그룹도 있었지만, 새롭게 유입된 젊은 강사들은 대부분 세상과 타협하지 않고 살아가기 위해 대학원 등에서 미래를 유예하고 있던 이들이었다. 이들에게도 생계를 유지할 경제적 방편은 필요했다. 그리고 대치동은 대학원에서 인문사회과학 석·박사 과정을 밟고 있는 사람들의 전문 지식과 학문적 소양이 필요했다.

전교조와 운동권에서 시작해 학생운동 마지막 세대에 이르는 이들 새로운 강사 인력은 당시 확대되고 있던 논술 강의

8　1996년 8월 14일 범민련과 범청학련 남측 본부인 한국대학생총연합(한총련)은 제7차 범민족대회를 연세대학교에서 개최하려 했으나 정부가 이를 원천봉쇄하며 충돌이 발생했다. 경찰 160개 중대, 1만 9000여 명에 해양경찰의 헬기까지 총동원한 정부의 진압 작전은 군사 정권 당시에도 유례를 찾을 수 없던 야간 진압으로까지 이어졌고, 최루탄 난사로 인한 종합관 화재까지 무릅쓰며 강행되었다. 학생들의 격렬한 저항에도 불구하고 2만여 명의 대학생 참가자 중 1700여 명이 연행되었다. 당시 김종희 일경 사망 등으로 비판 여론이 커지면서 학생운동이 오히려 퇴조하는 계기가 되었다.

를 중심으로 대치동의 핵심 행위자로 자리 잡았다. 새로운 입시 제도는 학생들에게 논리적 추론과 종합적 사고 능력, 인문사회과학적 소양까지 요구하는 상황이었고, 운동권 세미나를 통해 역사, 철학적 논의나 토론에 익숙했던 이들은 대치동 교육 현장에서 두각을 나타낼 수 있었다. 운동권의 재생산을 위한 교육 역량이 고스란히 시장으로 옮겨 갔다. 선동과 선전으로 단련된 이들의 강의 능력은 사교육 시장에서도 충분히 유효했다. 초암, 유레카, 플라톤, 학림, 청산 등으로 대표되던 '운동권 사교육'은 100여 명에 이르는 전문 강사진을 조직하여 출판과 연구 등으로 영역을 확장하며 대치동의 전성기를 이끌었다.

정리하자면, 1990년대 이후 대치동이 사교육 1번지로 이름을 날리게 된 배경은 크게 세 가지로 요약할 수 있다.

- 학원 관련 규제의 완화
- 입시 제도의 대대적인 변화와 다양화
- 뛰어난 역량을 가진 인적 자원의 유입

위의 세 가지 배경 중 하나만 맞아떨어지지 않았더라도 대치동이 학원가로 부상하는 일은 없었을 것이다. 민주화 이후에도 학원 관련 규제가 완화되지 않았더라면, 문민정부가 기존의 입시 제도를 유지했더라면, 운동권 등 민주화 세력을 우리 사회가 더 빨리 포용했더라면 대치동은 오늘날의 대치동이 아니었을 것이다.

대치동 학원가 형성의 마지막 퍼즐은 당시 대치동에 거주했던 고학력, 고소득층 학부모들이었다. 이들의 정보력과 발 빠른 대응이 앞의 세 가지 배경이 낳은 모든 성과를 대치동으로 집중시켰다. 이들은 결국 자녀를 좋은 대학에 보내는 데 성공했고, 이 성공 신화가 누적될수록 대치동의 명성은 높아졌다.

어떤 현상의 복판에 있는 행위자들은 대체로 그 이면의 배경과 구조를 좀처럼 인식하지 못한다. 우리는 자신의 선택과 그 결과를 시대 변화나 사회 구조의 산물이라 여기지 않는다. 우리의 일상적 인식 수준에서 보면 행위는 언제나 주체적 선택에 따른 것이다. 따라서 그 선택이 낳은 결과가 바람직하다면 개인이 좋은 선택을 한 것으로 간주한다.

다시 말해서 사람들은 이와 같은 배경 따위에는 관심이 없다. 그저 대치동이라는 공간을 일찌감치 알아보고 그곳에 자리를 잡아 자녀의 대학 입시는 물론 재산 증식에도 성공한 사람들에게 부러움과 시기를 느낄 뿐이다. 나도 그들처럼 되고 싶다는 바람만 확산될 뿐이다. 이제 사람들이 대치동으로 몰려들기 시작한다.

전세 대란과 재건축 열망 속에 꽃핀
투기의 아수라장

아파트가 아니어도 좋았다. 대치동으로 들어오려는 사람은 차고 넘쳤다. 1990년대 후반부터는 대단위 아파트 단지뿐 아니라 빌라라고 불리는 다세대주택도 늘어나기 시작했다. 1990년대 초반 대치동에서 아파트가 아닌 주택은 약 2900세대였다. 당시 대치동에는 1370여 동의 단독주택과 1130여 세대의 연립주택이 있었으며, 다세대주택은 220여 동에 불과했다. 그러나 1997년 이후 대치4동을 중심으로 다세대주택 건축 붐이 일었다. 이후 2015년까지 약 690동의 단독주택과 약 590동의 연립주택이 4370여 세대의 다세대주택으로 전환되었다. 동일 면적에 사는 세대 수가 4.3배로 폭증한 것이다.[9]

세대 수는 계속 증가했지만 주거 양태에 변화가 나타나기 시작했다. 아이들의 입시가 끝난 가구는 굳이 대치동에 머물 필요가 없었다. 대치동은 강남, 압구정, 청담 등지로의 접근성이 좋긴 했지만, 학원만 넘쳐날 뿐 생활 편의 시설은 턱없이 부족했다. 이들은 대치동의 낡고 좁은 아파트를 전세로 내놓고 일산, 수지, 판교 등 신도시의 신축 아파트나 청담, 압구정 등 더 화려한 도심으로 거주지를 옮겼다. 전세 매물로 나온 오

---

9   서울역사박물관, 앞의 책, 191~192쪽 참고.

래된 아파트로 대치동 신화에 감화된 불나방들이 날아들었다. 이들은 자녀의 입시와 자신의 경제적 성공을 함께 꿈꾸며 다른 지역에 있는 자기 소유의 아파트를 전세로 내놓고 대치동으로 들어왔다. 이제 사람들은 자기 집이 있어도 거기에 살지 않았다. 서울 외곽과 경기도에 있는 넓은 자기 집을 남에게 세주고 낡고 좁고 비싸기만 한 전셋집에서 고생을 자처했다.

2000년대 중반까지도 선경, 우성, 미도아파트 등 평수가 큰 이른바 '윗동네'에는 여전히 자가 거주자가 많았다. 대치동 윗동네 학부모들은 주로 고위직 공무원이나 대기업 간부 등으로 학력과 교양 수준이 높았다. 그래서 당시 학원의 상담실장이나 데스크 직원들은 윗동네 학부모들을 좋아했다. 이들은 학원비를 밀리는 일이 없었고, 항상 예의 바른 태도로 학원 관계자들을 대했다. 집안이나 사회적 지위를 들먹이며 위세를 부리는 갑질이나 무례한 태도도 거의 찾아보기 어려웠다.

반면에 은마, 청실아파트 등 좁은 평수의 아파트일수록 집주인이 사는 경우는 드물었다. 대부분이 전세 거주자였다. 학원가에서는 이들을 '아랫동네'라고 불렀다. 대치동의 전세가가 폭등하던 시절, 아랫동네 학부모들은 종종 학원비를 밀렸고 공연한 열등감으로 폭언이나 갑질을 일삼아 학원 업계 종사자들을 당황케 했다. "내가 여기서 전세 산다고 우습게 보는 거야? 나도 ○○동에 번듯한 내 집이 있어! 애들 공부시키려고 여기 와 있는 거지." 2000년대 후반으로 갈수록 이 새로운 유입자들이 대치동 학부모의 주류가 되었다.

자기 집이 따로 있으면서도 전세를 사는 사람이 늘어나는 것은 우리 사회가 더 이상 집을 거주 공간으로만 인식하고 있지 않다는 뜻이다. 이제 집은 단지 사는 곳이 아니라, 전세나 월세를 받기 위한 수단 혹은 머지않은 미래에 시세 차익을 얻기 위한 투자 대상이 된 것이다.

대치동에 자기 소유의 집이 있는 사람들은 더 이상 그곳에 살 이유가 없더라도 학원가 덕분에 계속 집값이 오를 테니 절대 집을 팔지 않고 세를 놓는다. 그리고 천정부지로 치솟는 주택 시세를 근거로 전세와 월세를 매년 올린다. 그러면 서울 외곽이나 경기도 일대에 자기 집을 소유한 대치동의 전세 거주자는 오른 집세를 감당하기 위해 자신이 소유한 집의 전세가를 높인다. 이를 본 옆집 주인도 덩달아 전세가를 올린다. 대치동의 전월세 상승은 그렇게 수도권 전체의 전세 대란으로 이어진다. 그 대란의 아수라장 속에서 자식 교육에 성공하고 하는 일도 없이 가진 집으로 돈까지 버는 사람들이 부러웠던 이들은 너도나도 시세 차익을 얻기 위해 더 좋은 입지를 찾아 헤맨다. 그렇게 전국은 부동산 투기의 온상이 된다.

그 정점에 사교육 1번지라는 최고의 입지를 가진 대치동의 주택과 아파트들이 있다. 이곳의 집들은 점점 낡아가지만 값은 나날이 오른다. 그 오른 돈으로 재건축을 해서 용적률이 더 높은 건물을 짓고, 더 많은 돈을 벌겠다는 집주인들의 탐욕에는 끝이 없다. 너도나도 탐욕을 부리니 재건축에 반대하는 것이 이상한 일이었다. 지난 2004년, 잠실 주공이 분양 당시보다 190배가 오른 채로 잠실 엘스아파트로 재건축 허가를 얻은 후 개포 주공, 청실, 진달래, 은마 등 대치동의 오래된 아파트 소유주들은 재건축 허가를 얻어내기 위해 처절한 노력을 경주했다. 지하실과 옥상마다 쓰레기가 나뒹굴었고, 아파트 지하실의 유리창은 남아나지 않았다. 공동 시설이 깨지고 망가져도 누구도 수리를 요구하지 않았다. 자기 집이 위험하고 불결하다는 판정을 받기 위해 노력하는 집주인이 세상천지 어디에 있을까 싶지만, 대치동에는 있었다. 사교육 1번지라는 대치동의 입지는 이렇게 수도권 전체의 전세 대란과 전국적 부동산 투기에 이어 재건축 붐까지 일으켰다.

대치동 건물주들을 시작으로 수도권 건물주들은 꼬리를 물고 지역의 위계에 따라 전세가를 올리려 악악댔고, 인류 역사상 단기간에 집값이 가장 많이 오른 오래된 아파트의 소유자들은 더 많은 돈을 벌기 위해 재건축을 허가해달라며 억지를 부렸다. 기이하기 이를 데 없는 아수라장이 전국으로 확대되었다. 그렇게 2000년대에 접어들어 시끄러워진 대치동에서 아이들은 초등학생 때부터 학원에서 학원으로 쉴 틈 없이 배달되었고, 대치동 놀이터의 그네들은 흔들리는 법을 망각한 듯 온종일 수직으로 지구의 중심을 향했다.

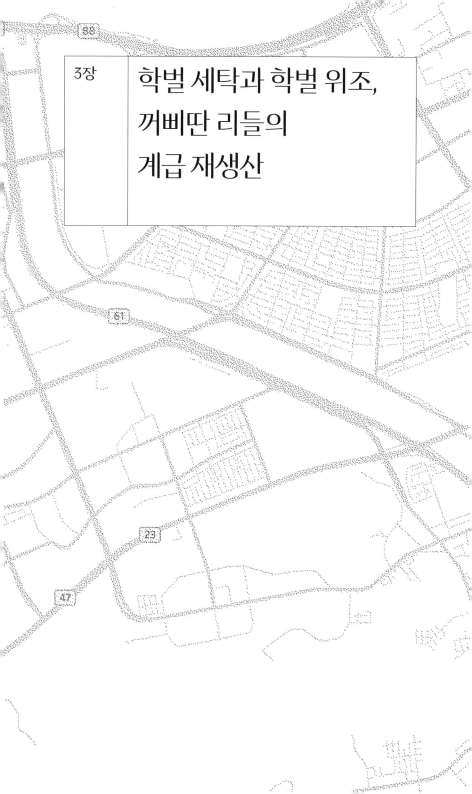

3장

학벌 세탁과 학벌 위조, 꺼삐딴 리들의 계급 재생산

차별을 면하기 위한 안전장치

우리가 사회적 경구나 원칙으로 삼는 말들 중에는 현실과 거리가 먼 것이 많다. '법 앞의 평등'이나 '직업에 귀천이 없다'는 말은 나날이 허망해진다. 사실 어느 시대라고 법 앞에 사람이 평등했겠는가. 권력 관계 속에서 억울한 송사가 나오지 않는 시대는 없었다. 이런 말들은 아마 '그래야 한다'라는 당위를 가르치기 위한 것이겠지만, 윤리적 당위란 한 번도 실현된 적 없는 이상일 뿐이다. 직업에 귀천이 있다는 걸 모르는 사람이 어디 있는가.

대기업 정규직 같은 이른바 '좋은' 일자리에는 높은 임금, 정기적 급여 인상, 법정 휴가, 상여금, 각종 수당 등 많은 이점과 혜택이 있지만 영세 기업, 비정규직 등 '나쁜' 일자리는 그렇지 않다. '나쁜' 일자리에서 사람들은 낮은 임금, 열악한 노동 조건, 쉬운 해고 등 삶을 위협하는 근본적인 차별을 경험한다. 2018년 한국은행은 대기업 정규직에 해당하는 1차 노동 시장을 213만 명, 전체 노동 시장의 10.7퍼센트로 추산했다. 한편 대기업 비정규직 33만 명, 중소기업 정규직과 비정규직이 각각 1130만 명, 624만 명으로 2차 노동 시장의 총 규모는 89.3퍼센트였다.[10]

---

10   장근호, 「우리나라 고용 구조의 특징과 과제」, 『BOK 경제연구』 2018-34호, 한국은행 경제연구원, 2018.

한국 사회에서 사회적 성공은 고사하고 차별적 삶의 조건에 처하지 않기 위해서는 우선 2차 노동 시장으로 밀려나지 않아야 한다. 즉 변호사, 의사, 치과의사, 한의사, 수의사, 약사, 공인회계사, 세무사, 노무사, 감정평가사, 법무사, 변리사, 관세사 등 1년에 1만 2000명 정도만 얻을 수 있는 전문직 자격증을 따거나, 노동 시장의 10.7퍼센트에 해당하는 대기업 정규직 취업에 성공하는 것. 이것이 차별을 면하기 위한 기본 조건이다.

한국 사회에서 학력은 이 차별의 조건에서 벗어나기 위한 최소한의 안전장치다. 고졸 구직자는 좋은 일자리는커녕 취업 자체가 어렵다. 직업계 고등학교(특성화고, 마이스터고, 일반고 직업반)의 취업률은 2017년 이후 50퍼센트를 넘기지 못했고 매년 감소하여 2019년에는 33퍼센트, 2020년에는 27퍼센트에 그쳤다. 그나마 취업이 가장 잘 되는 마이스터고가 55퍼센트를 넘지 못한다.[11] 이런 상황에서 대기업의 고졸자 채용은 4퍼센트대를 밑돈다. 이명박 정부가 2011년 대기업의 고졸자

11 「2019 직업계고 취업률 34.8% '2011년 이후 최저'」, 『베리타스 알파』, 2019년 6월 7일자; 「직업계고 졸업생 취업률 '27%'… '전년보다 10% 감소'」, 『베리타스 알파』, 2020년 11월 27일자. 2020년 교육부에서는 직업계고 졸업생의 취업률을 50.7퍼센트라고 발표했다. 수치에 차이가 나는 것은 취업률 산정 방식을 전체 졸업생 가운데 실제 경제활동인구가 아닌 진학자, 입대자, 제외 인정자(사망자, 외국인 유학생, 해외 봉사단 등) 등을 제외하는 것으로 변경했기 때문인데, 합리적인 기준으로 볼 수 있으나 과거의 통계와 비교해 추이를 살피기 어려워 여기서는 예전 방식의 통계를 사용했다.

3장 학벌 세탁과 학벌 위조, 꺼삐딴 리들의 계급 재생산

채용을 강조하면서 30대 대기업은 당시 5퍼센트에도 못 미치던 채용률을 20퍼센트까지 늘리겠다고 공언했지만 공염불이 된 지 오래다. 그나마 취업이 되더라도 임금 수준이 대졸자의 60퍼센트에 그친다. 이쯤 되면 부모로서 자기 자식이 대학에 가지 않아도 된다고 생각하기는 어려운 일이다.

그러나 대졸자가 되는 것으로 문제가 다 해결되지는 않는다. 고교 졸업생의 70퍼센트가 매년 대학에 가는 상황에서 노동 시장의 10퍼센트 이내에 들기 위한 노력이 만만할 리 없다. 그렇다 보니 경쟁이 빨리 시작된다. 좋은 대학을 나오기 위한 노력은 개인의 자아실현 이전에 불평등과 차별의 대상이 되지 않기 위한 발버둥이다. 이는 계층을 가리지 않는다. 부유층이나 사회적 지위를 인정받는 계층 역시 자식이 번듯한 직업을 갖지 못하면 현재의 사회적 지위나 신분을 유지할 수 없기에 마찬가지로 노력을 경주해야 한다. 한국 사회에서 학벌은 사회적 신분과 지위에 가장 확실한 영향을 끼치는 희소한 문화 자본이고, 대치동은 그 학벌 전쟁의 최전선이다. 조금이라도 유리한 여건에서 이 전쟁을 치르기 위해 이곳을 찾는 전입자들의 행렬이 매년 끊이지 않는다.

예체능과 학벌 세탁

집에 돈이 많거나 갑자기 대치동으로 이사를 온다고 해서 모든 학생이 공부를 잘하게 될 리는 없다. 물론 학생에게 공부할 의지가 있고 집안 형편도 좋다면 든든한 지원을 받을 수 있다. 그러나 대체로 생활이 풍족하면 놀 기회도 많아지는 법이다. 강남 일대의 부유한 집 자녀들 가운데 부모가 원하는 만큼의 성적을 내지 못하는 아이들도 생각보다 많다. 더구나 강남, 서초, 송파 3구의 치열한 내신 경쟁 속에서는 잠깐만 한눈을 팔면 뒤처지기 마련이라 부모들은 자녀의 성적에 대체로 만족하지 못한다.

그러나 대치동에서 막상 드라마 〈스카이 캐슬〉에서 묘사한 것과 같은 학벌을 향한 암투를 볼 일은 거의 없다. 상상하기 어려울 만큼 부유한 계층의 학부모는 이미 아이들을 제주도나 송도의 국제학교에 보냈거나, 일찌감치 예체능 분야에서 다양한 경험을 쌓게 하여 경쟁적 입시에 매달리지 않고도 살아갈 길을 마련한 경우가 많다. 자식이 고생하길 바라는 부모는 없으니 어쩌면 당연한 일이다. 실제로 청담고, 압구정고의 인문계반에는 일반고의 평균을 훨씬 상회하는 예체능계 학생들이 있다. 한 학급의 절반 가까운 인원이 연기, 뮤지컬, 아이돌 연습생, 힙합, 골프, 승마, 미술, 클래식 음악 등 예체능 활동을 한다는 이유로 학교 수업에서 빠진다. 이런 분야를 경험하고 학

3장 학벌 세탁과 학벌 위조, 꺼삐딴 리들의 계급 재생산

습하기 위해서는 많은 경제적 자원이 투입되어야 한다. 그래서 보통의 학부모는 아이가 예체능 쪽에 관심을 두면 부담을 느끼기 마련이다. 그러나 상대적으로 경제적 여유가 있는 강남 지역에서는 자녀에게 예체능 분야의 다양한 활동을 경험할 기회를 많이 주는 편이다.

물론 투입을 많이 한다고 해서 산출도 많으리라는 법은 없다. 예체능 분야는 선천적인 재능과 끼, 예술적 상상력, 창의력, 타고난 신체 능력 등의 영향을 크게 받기 때문이다. 그래서 고등학교 2학년 겨울 방학 즈음에 현실을 직시하고 뒤늦게 대학 진학을 고민하며 컨설팅을 요청하는 경우도 꽤 있다. 이런 학부모들은 상담을 오면 대체로 "내가 평생 아쉬운 소리 할 일 없이, 세상 부족한 것 없이 산 사람인데 자식새끼는 내 맘대로 안 된다"며 하소연을 시작한다. 이들은 그 전까지는 입시를 치르게 할 생각이 없었던 탓에 대체로 입시에 무지하다. 그래서 자녀들이 현재 성적으로 갈 수 있는 대학을 보여주면, 크게 실망하거나 화를 내는 사람이 많다. 화를 내는 이유는 차라리 유학을 보내지 '이깟' 대학에 어떻게 보내느냐는 것이다. 실망하는 이유도 크게 다르지 않다. 이들은 대체로 상식과 달리 지방 거점 국립대보다 서울 명문대의 지방 분교 캠퍼스를 선호한다. 이유는 간단하다. 이른바 '학벌 세탁'이 가능하기 때문이다.

유학과 대학원의 오용

그러니까 좋은 학벌이 있어야 좋은 직업을 가질 수 있다는 전제 앞에서는 모두가 평등한 셈이다. 상류층마저도 그 전제에서 자유로울 수 없다. 그래서 한국의 대중에게 대학 입시는 병역 문제와 함께 가장 공정해야 할 마지막 보루다. 입시 부정은 대통령이라 할지라도 용납될 수 없는 최대의 사회악이다. 그래서 선거철이나 장관 임명 시에는 유력 후보자에게 혹시라도 있을지 모를 입시 부정을 찾아내기 위해 여야를 가리지 않고 혈안이 된다.

상황이 이렇다 보니 예체능으로 좋은 대학에 갈 수 없거나, 연예인이 되는 등 다른 방법으로 상류층의 지위를 유지할 수 없다면 부유층이라도 학벌이 필요하다. 부유층이 자녀의 미래를 위해 선택하는 첫 번째 선택지는 유학이다.

한국 근대사에서 유학을 다녀온 사람은 높은 사회적 지위를 보장받았기에 유학에 대한 사회적 선망이 역사적 DNA인 양 우리의 인식 구조에 뚜렷하게 남아 있다. 미국의 한국 유학생 수는 2007년 처음 10만 명을 돌파한 뒤 2014년까지 줄곧 10만 명 안팎을 유지하며 한때 미국 내 해외 유학생 수 1위를 기록하기도 했다. 이후 유학생 수는 감소 추세로 접어들었지만, 여전히 중국, 인도에 이어 세 번째로 많은 비중을 차지하고 있다.[12] 중국의 한국 유학생 수도 2010년대로 접어들며 6~7만 명 규모를 유지하고 있는데, 특히 2000년대 중반 이후의 조기 유학 붐도 여기에 한몫했다. 남다른 교육철학을 가지고 어렵게 조기 유학을 보내는 부모도 없진 않지만, 대체로 조기 유학은 학생의 성적이 시원치 않고 부모의 경제적 형편이 괜찮을 경우 고려하는 선택지다.

그러니까 상상해보자면 이런 거다. 부유층은 자녀가 공부를 잘하면 온갖 지원을 아끼지 않을 것이다. 아이는 내국인도 다닐 수 있는 제주도와 송도의 국제학교에 가게 될지 모른다. 수학에 특출 난 재능을 보이는 아이라면 초등학교 5, 6학년에 고등학교 수학까지 마스터하여 영재고로 보내질 것이다. 수학 실력이 여의치 않다면 중학교 성적을 관리하기 시작할 것이다. 영어, 수학, 과학에서 성취도 A를 놓치지 않은 아이에게는 특목고(외국어고와 과학고)라는 선택지가 있다. 특목고에서도 제외된다면 이제 자사고와 일반고만이 남는다. 여기서 일부는 외국으로 보내진다. 친척이 살고 있는 미국이나 캐나다 등 외국 생활을 위한 인적 지원이 가능한 곳이 우선 고려 대상이 된다. 혹은 중국이 될 수도 있다. 칭다오나 하이난 등지의 국제학교는 비교적 쉽게 입학이 가능하기 때문이다. 중국의 경제력이 급부상한 2006년 이후 중국의 국제학교로 조기 유학을 떠나는 아이들이 급증하기 시작했다. 그렇게 아이들은 일찍부터

12　「한인 유학생 수 15년래 최저」, 『미주 한국일보』, 2018년 5월 1일자.

미국으로, 중국으로 보내져 타국에서 부모와 떨어진 채로 어린 시절을 보낸다.

성공적인 사례도 있지만 안타까운 일도 많다. 특히 초등학교 4학년부터 중학교 2학년 사이에 외국 유학을 하다가 집안 사정으로 중도에 돌아온 아이들은 언어 감각에 문제가 생기기도 한다. 추상적 언어 능력이 발달해야 하는 시기에 이중, 삼중의 언어 환경에 놓이는 바람에 한국어의 추상적 개념에 대한 이해도 부족하고, 영어나 중국어도 제대로 배우지 못한 곤란한 상황을 맞는 것이다. 아동기, 청소년기의 다중 언어 경험으로 인해 난독증 초기 증상을 겪는 학생들이 생각보다 많다. 그럼에도 불구하고 조기 유학과 미국 유학 광풍은 2014년 무렵까지 꺾이지 않았다.

부유층이 해외 유학을 선택하는 가장 큰 이유는 많은 사람이 학벌 위조를 꿈꾸기 때문이다. 유학에 대한 사회적 선망에도 불구하고 사람들은 외국의 대학 서열이나 수준에 대해서는 잘 알지 못한다. 그래서 학벌 위조가 가능하다. 자녀를 미국 소도시의 2층짜리 작은 건물에 이름만 대학으로 걸려 있는 신학대학교에 학적을 두게 하고, 미국에서 5~10년 지내며 영어도 배우고 졸업장도 따고 심지어 박사 학위까지 받아 오게 하는 것이다. 기여 입학이 허용되는 자본주의의 첨단 미국에서 돈과 종교를 이용하면 못 할 일은 거의 없다. 모 재벌 일가는 자녀를 위해 미국에 작은 신학대학을 설립했다는 소문도 있다. 이들 자녀는 한국으로 돌아오면 '유학을 마치고 귀국한 촉망받는 인재'로 탈바꿈한다. 그러니 해외 유학은 학업 성적이 좋지 않은 자녀를 둔 상류층으로서는 확실한 학벌 위조 방법이라고 할 수 있다.

그러나 그다지 유명하지 않은 외국 대학과 대학원의 학위만으로 한국 사회에서 연줄, 인맥을 만들기는 쉽지 않다. 때문에 학벌 위조의 유혹이 다시금 고개를 든다. 한국에서 대학 입학 후 중퇴를 하고 유학을 간 것으로 학벌을 위조한 채 살아가는 상류층이 생각보다 많다. 이는 명백한 학벌 사기다. 최성해 전 동양대학교 총장의 학벌 위조와 수십 년간의 학벌 사기 행각이 명백히 드러났음에도 언론은 이 문제에 대해 입을 닫았다. 이 문제가 확대되지 않기를 바라는 수많은 상류층 인사들이 있기 때문일 거라고 나는 생각한다. 고등학생의 봉사 활동 표창장이 전 사회를 떠들썩하게 하는 나라에서 학벌 위조에는 이토록 관대한 희한한 모순에 우리는 눈을 감고 있다.

부유하긴 하나 미국 대학에 기여 입학을 시킬 만큼의 재력에는 못 미치거나, 사회적 지위나 평판 때문에 유학이나 학벌 위조를 시도할 수 없는 부모는 아이를 성적에 맞춰 대학에 보내는 수밖에 없다. 학업 성적이 아주 뛰어나지 않다면, 이 경우 주로 지방 거점 국립대보다는 오히려 정시 커트라인이 더 낮은 서울 소재 사립대학의 지방 캠퍼스를 선호한다. 예컨대 강원대보다는 연세대 원주(미래)캠퍼스를, 충남대보다는 고려대 세종캠퍼스를 선택하는 것이다. 이유는 간단하다. 나중에 연세대나 고려대의 일반대학원, 혹은 비교적 쉽게 학위를 받을 수 있는 교육대학원이라도 나오면 동 대학원 졸업으로 '학벌 세탁'이 가능하기 때문이다.

이런 부모들의 확고한 신념(?) 앞에서 나는 묘한 기분이 들었다. 자식의 미래를 걱정하는 부모의 마음을 이해 못 하는 바는 아니다. 최소한의 교양을 갖춘 부모들은 적어도 자식 앞에서는 그런 속내를 입에 담지 않았다. 하지만 자식 앞에서 그런 꼼수와 사기에 가까운 아이디어를 거리낌 없이 이야기하는 부모도 꽤 자주 만났다. 그들은 자녀가 어떤 사람이 되기를 바라는 것일까 궁금했다. 나는 그런 부모를 부끄러워하는 학생과 눈이 마주치면 쓴웃음을 지으며 부모가 원하는 대학의 전형을 소개해주곤 했다. 이들에게, 아니 대다수의 한국인에게 대학은 더 이상 배움의 공간이 아니다. 학벌이라는 간판을 구매하는 곳이다. 다시 말하지만, 그 간판은 상류층에게도 역시 자신의 지위를 대물림하고 자녀를 차별의 고통에서 빼낼 가장 확실한 방법이다.

앞서도 언급했지만, 기여 입학제는 정원 외 입학으로 운영할 경우 재원을 확보하여 교육 여건을 개선할 수 있는 제도임에도 한국 사회에서는 금지되어 있다. 한국 사회에서 기여 입학제 금지에 대해 공감대가 형성된 이유는 대학의 학사 관리가 허술하여 입학만 하면 졸업이 가능한 현실 때문이다. 더 근본적으로는 기여 입학제가 허용되면 우리가 목매는 그놈의 학벌이라는 것이 사고팔 수 있는 간판에 불과하다는 비극적 진실이 적나라하게 드러날 수밖에 없기 때문이다. 우리는 그것을 직면하는 일이 두려운 것인지도 모른다.

2015년 전후로 미국의 한국 유학생 규모는 감소세로 접어들고 있다고들 한다. 코로나 이전에 이미 6만 명대로 줄었으며, 코로나 이후에는 4만 명대로 내려왔다. 한때 7만 명이 넘었던 중국 유학도 4만 명대로 내려왔다고 한다. 그러나 숫자에 속아서는 안 된다. 학령 인구의 감소를 고려한다면 유학생의 절대 수가 줄어드는 것은 자연스러운 일이다. 미국이 저물고 중국이 부상하는 상황에서 유학의 양상이 변하고 있을 뿐이다. 끊임없이 변화하는 이 세계에서 계급 상승을 꿈꾸는 '꺼삐딴 리'들의 욕망은 경술국치 이후 잠시도 사그라진 적이 없다.

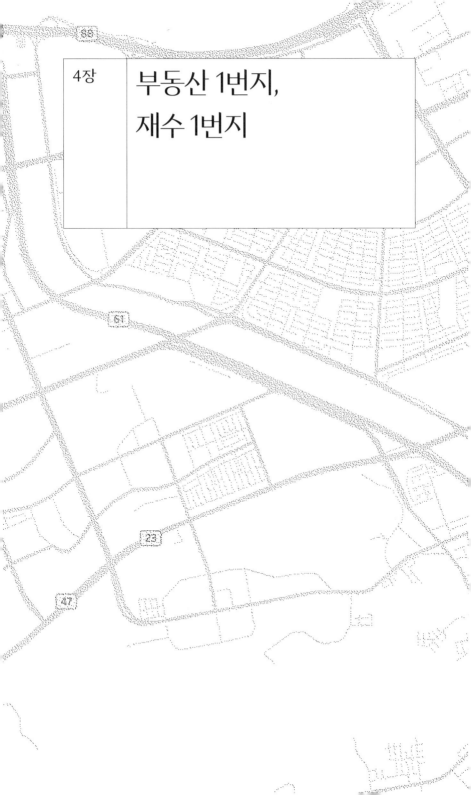

4장

부동산 1번지,
재수 1번지

대학 입시, 계급 상승의 유일한 방법

유학이나 대학원 진학을 통한 학벌 세탁을 꿈꿀 만한 재력이 없는 부모도 자녀가 직업이나 사회적 지위 때문에 차별받지 않도록 해주고 싶은 마음은 마찬가지일 것이다. 이들에게는 대학 입시가 학벌을 얻을 수 있는 유일한 기회다.

대학원에 진학해 학벌 세탁을 하려면 석·박사 과정의 학비를 감당할 수 있어야 한다. 개인이 피나는 노력을 기울인다면 길이 아예 없는 것은 아니지만, 성인이 된 이후 10년 이상을 변변한 수입이 없는 상태로 경제적 자립을 유예할 각오를 해야 하는 것은 분명한 사실이다.

돌이켜보면 학업을 이어가고자 대학원 진학을 희망했던 내게도 가장 큰 고민은 돈이었다. 지방 출신에 서울 생활비를 스스로 감당해야 했던 나는 대학원 진학은 사치라고 여겼다. 선배들은 국비 유학생이 되거나 조교 업무를 통해 생계비를 마련하는 방법도 있다며 대학원 진학을 권했지만, 내게는 허망하게만 들렸다. 2000년대 초반 대학원 진학을 알아보았던 기억으로는 미국 주립대학의 석사 과정에 진학한다면 4년치 수업료와 기성회비, 학생의료보험으로만 1억 8000만 원이 들고, 국내에서 국립대 석사 과정에 진학할 경우 4년치 학비만 4000만 원이었다. 여기에 수년간의 현지조사가 필수인 인류학의 특수한 사정을 추가로 고려해야 했다. 생활비까지 생각하면 선배들의 희망찬 권유는 솔직히 말해서 뒷배 든든하게 자란 사람들의 세상 물정 모르는 오지랖처럼 들릴 뿐이었다. 그런 조언을 하는 사람들은 대개 서울 출신이거나, 지방 출신이어도 집에서 상당한 규모의 지원을 받는 이들이었다. 학술재단의 지원을 받는다 해도 나머지 생활을 혼자서 오롯이 감당할 여력이 나에겐 없었다. 국내 석사 과정이라 해도 내 형편에 학비와 서울 생활을 동시에 감당하려면 고시원보다 조금 나은 수준의 대학 근처 자취방에서 지내는 삶을 서른 너머까지 연장하겠다는 각오가 필요했다. 내가 교육운동이라는 핑계와 명분 속에서 논술 강의로 이끌린 것은 그 때문일 것이다. 당시 대학 입시에서 부상하고 있던 논술 강의는 내게 다른 직업에서는 엄두도 못 낼 높은 수입을 보장해주었고, 여전히 '공부'와 '운동' 언저리에 있다는 착각을 유지하기에도 좋았다.

사람들은 인생이 자신의 선택에 의해 달라진다고 생각하지만, 우리의 선택은 상당 부분 사회적 사실에 의해 결정된다. 내 경우에 비추어보면 나의 계급적 위치, 학력 수준, 부모의 바람, 기대 수입 등에 내몰려 했던 선택을 애써 내 신념인 양 포장하고 정당화해왔던 것이 사실이다. 대체로 다 그럴 것이다. 간혹 불도저 같은 의지로 주어진 여건을 돌파해나가는 사람도 있기는 하다. 그러나 그것은 매우 드문 일이고, 그렇기 때문에 그들의 인간 승리 드라마는 감동과 부러움의 대상이 된다. 어쨌거나 유학이나 대학원 진학을 통해 학벌 세탁을 꿈꿀 수 없는 이들에게 거의 유일하게 남아 있는 신분 경쟁의 디딤돌은 대학 입시다.

그래서 2000년대 중반 이후 대치동 아랫마을 사람들은 더 열성적으로 자녀의 대학 입시에 매달렸다. 이들은 강남 전세 대란의 피해자이자, 수도권 전세 대란을 확산시킨 장본인이었다. 수도권에 3~6억 원 정도 하는 (대출을 낀) 자기 집은 있지만, 자녀를 위해 모든 불편함을 감수하고 대치동에 있는 고가의 작은 평수 아파트에 전세로 들어온 사람들이다. 이후 수도권 아파트 가격의 기록적인 상승을 생각해보면 굳이 이런 고생을 할 필요가 있었을까 싶겠지만, 적어도 당시에는 나름대로 최선의 선택이었다.

이들은 주로 전 세대의 신화를 모범으로 삼았다. 1970년대 후반부터 1990년대 중반까지 자녀의 대학 입시를 위해 대치동 인근으로 이주한 사람들의 성공 신화야말로 이들의 행동 규범이었다. 자녀의 대입에 모든 것을 걸었던 사람들이 맞이한 아파트 가격 100배 상승이라는 기적은 한두 사람이 아니라 수만 명이 경험한 일이었다. 이 강남 신화를 목격한 사람들에게 대학 입시는 지지부진한 삶을 구원할 종교나 다름없었다. 이런 생각을 하는 부모들은 자연스럽게 대학 입시에 실패한 자녀에게 재수를 권했다.

재수를 하기에 안성맞춤인 인프라

재수생이 전체 대입 시험 응시자의 20퍼센트를 넘어서는 나라는 동아시아에 집중되어 있다. 일본은 저출생과 고령화의 영향으로 '대학입시센터시험(센터시험)'의 응시자가 매년 감소하고 있지만 평균 50만 명의 응시자 가운데 10만 명 정도는 항상 재수생이다. 중국판 수능인 '가오카오高考' 응시자는 매년 900~1000만 명 정도인데 재수생만 200만 명에 육박한다.

동아시아 지역에 재수생이 유독 많은 이유로 유교 전통에서 기인한 높은 교육열과 국가 시험에서의 급제를 집안의 명예로 여겨온 전통이 지목되곤 한다. 재수를 선택하는 또 다른 중요한 이유는 어떤 대학을 지망하든 모든 학생이 같은 시험을 단 한 번 치른 결과로 승부를 내는 입시 제도의 특징 때문이다(일본의 센터시험은 2회). 우리나라는 1981년 이후 학력고사와 수능이라는 획일적인 시험을 유지해왔다. 수능 실시 이후 가장 많은 졸업생, 즉 재수 혹은 그 이상의 N수생이 응시한 해는 1996학년도였는데, 그 비율이 무려 35.6퍼센트에 달했다. 이후 학령 인구가 감소하면서 N수생의 숫자도 줄어들었고, 2005년 이후에는 대학 입시 전형이 다양해지면서 그 비율도 감소 추세로 접어들었다. 2000년대 후반에는 19퍼센트대까지 감소하기도 했다.

그러나 강남, 특히 대치동의 상황은 달랐다. 1990년대 후

반 이후 교육을 목적으로 대치동 인근으로 이주한 사람들은
자녀의 유학이나 대학원 진학까지는 바라지 못했지만, 더 좋
은 대학에 진학할 수만 있다면 1, 2년 정도는 더 고생할 마음
의 준비가 되어 있었다. 인생을 길게 보면 1, 2년 더 노력해서
좋은 대학에 가는 것이 훨씬 남는 장사라고 여겼기 때문이다.

재수학원에 다니는 비용은 교재비, 특강비, 식비를 합하
면 한 달에 200~300만 원 정도였다. 2월에 등록한다면 11월까
지 3000만 원 정도를 들이면 된다. 국립대 대학원 학비만큼도
들지 않으니 해볼 만한 게임이었다. 게다가 대치동 학원가라는
강남 교육 인프라의 이점을 활용한다면 확실히 승산이 있었다.
강남종로, 강남메가스터디 등 대치동에는 재수학원 인프라도
충분했다. 더군다나 1997년 특목고 자퇴생을 대거 받아들여
일약 '재수 명문'으로 떠오른 강남대성과 그 낙수 효과로 함께
호황을 누린 양재대성까지 포함하면 강남 지역은 재수하기에
더할 나위 없이 좋은 기반을 갖추고 있었다. 안 그래도 치열해
진 경쟁으로 자식의 성적에 늘 불만이었던 강남 부모들은 수능
실패로 기죽은 아이들의 손을 잡고 재수종합학원을 찾았다.

'반수'의 대유행

재수를 선호하는 경향이 커지는 가운데 이미 대학에 합격

한 학생들이 등록만 해놓고 재수를 하는 경우도 많았다. 재수해서 실패할 확률이 없지 않았기 때문에 일단 성적에 맞는 대학에 합격해 보험처럼 등록금을 내고, 목표하는 대학에 재도전하는 것이다. 그러다 보니 지방 대학에서는 신입생의 절반 이상이 수업을 듣지 않는 경우도 있었다. 지방 사립대학의 학생들은 아무도 다니고 싶어 하지 않는 그들의 학교를 자조적으로 '지잡대'라고 불렀다.

'지잡대'를 벗어나는 방법은 재수와 편입학 두 가지다. 수능 성적을 올릴 자신이 있다면 대학에 등록을 하고 재수를 선택하는 것이 첫 번째 선택지다. 만약 이 첫 번째 선택지에서 실패하면 학점 따기에 집중해 3학년이 되었을 때 편입학 경쟁에 나선다. 이러한 흐름은 지방 대학에서 시작해 점차 수도권 중하위권 대학들로 확산되었다. 지금 다니는 대학보다 조금이라도 더 좋은 대학을 나오기 위해 많은 학생이 재수나 편입학을 선택했다. 그로 인해 학사 과정을 제대로 진행하기 어려워진 대학들은 1학년 1학기의 학점과 출석 기준을 정해 이에 미달할 경우 제적시키는 등의 조치를 취했다. 그리고 교육부에 민원을 넣어 서울 지역 주요 대학들의 편입학 인원을 축소해달라고 요청했다. 이른바 학사 과정 정상화 조치에 나선 것이다.

그 결과 1학년 1학기는 열심히 다닐 수밖에 없게 된 학생들은 '반수半修'를 선택했다. 2002년까지 '반수'는 서울대를 노리는 상위권 학생들이나 가끔 입에 올리던 용어였다. 애초에 다져놓은 공부 실력이 있지 않고서야 7월부터 시작해서 4~5개월 만에 더 좋은 성적을 내기란 어려운 일이니 말이다. 그러나 2003년을 기점으로 '반수 붐'이 일기 시작했다. 한 학기를 다니고 휴학하여 반수를 하는 학생들이 점점 늘어났다.

대치동 학원가에는 대학의 학기가 끝나는 6월이 되면 재수생이 대거 늘었다. 고등학교 3학년 6월 모의평가 이후 9월 모의평가와 수능에 들어온 졸업생을 반수생으로 간주한다면 반수생의 규모는 매년 늘어나 2012년 이후에는 6만여 명에 달했다. 반수 시장이 확대되면서 재수종합학원들은 1학기 주말에 아예 반수반을 모집했다. 대학에 다니는 학생들을 대상으로 주말에만 수업을 듣는 프로그램을 운영한 것이다.

재수나 반수를 통해 성적 상승이라는 목표를 달성할 가능성은 꽤 있어 보였다. 재수생의 수능 성적은 재학생보다 평균 0.75등급 높은 경향이 있었고, 2006학년도에는 처음으로 대학 입학생 가운데 재수생의 비율이 30퍼센트를 넘었다. 서울 소재 4년제 대학으로 범위를 좁히면 2011년 이후 최근까지 줄곧 입학생의 3분의 1 전후가 재수생이었다.[13]

---

13 「서울 4년제 대학 입학생 3명 중 1명은 재수생」, 『대학저널』, 2021년 1월 14일자.

독학재수학원의 탄생

그러나 재수나 반수가 늘 성공적이었던 것은 아니다. 대한민국 국회의원의 80퍼센트가 남성이라고 해서 남성인 내가 국회의원이 될 확률이 80퍼센트인 것은 아니다. 대한민국 남성을 2500만 명으로 보고, 남성 국회의원이 243명이라고 하면 단순히 인구 비율만 보아도 10만 분의 1에도 못 미치는 확률인 것이다. 그러니 재수생의 명문대 입학률이 올라갔다고 해서 재수하는 내 자녀의 명문대 합격 확률이 높아지는 것은 아니다. 전형적인 조건부 확률의 오류다. 그럼에도 불구하고 높은 학력을 보유한 학부모조차 이 오류에서 쉽사리 빠져 나오지 못한다. 많은 학부모가 "재수생들이 그렇게 좋은 대학에 많이 간다면서요?"라고 물었다. 그 앞에서 "그렇다고 자녀분이 좋은 대학에 갈 확률이 높아지는 건 아닙니다"라고 말할 수는 없었다. 학원 영업을 떠나 예의를 생각해도 그렇게 말할 수는 없지 않은가.

재수에 대한 수요는 늘고 있었지만 그 실제 성공률은 그리 높지 않았다. 2011년 한국교육개발원이 재수생 727명에게 설문 조사한 결과를 보면, 고3 때 성적으로 진학할 수 있었던 대학보다 상위 점수의 대학에 진학한 학생은 218명으로 전체의 30퍼센트에 불과했다.[14] 재수에는 많은 위험 요인이 있었다. 목표 의식이 부족하거나 달라진 공부 환경에 적응하지 못한 학생들은 재수에서 더 실망스러운 결과를 얻었다.

학부모들은 대형 재수학원의 관리 소홀과 획일적인 수업 구조로 인한 재수 실패를 우려했다. 재수생들은 부족한 과목에만 집중해서 성적을 올려야 했는데 대형 재수학원에서는 모든 과목의 수업을 다 하다 보니 선택과 집중이 어려웠다. 더군다나 한 반에 60명이 넘는 상황에서는 한 사람 한 사람을 제대로 관리할 수가 없었다. 재수하다가 연애라도 하게 된다면 재학생 시절보다 성적이 하락할 것은 명명백백했다. 자녀를 경기도 외곽의 기숙학원으로 보내 '감금'시키는 부모도 있었지만, 학생들은 가능하면 그것만큼은 피하고 싶어 했고 과도한 억압이 좋은 성과로 이어지는 경우도 드물었다. 이런 시장의 요구를 잘 파악한 대치동 학원가는 발 빠르게 새로운 영업 전략을 마련했다. 이른바 독학재수학원의 등장이었다.

독학이란 당연하게도 교사나 학습 전문기관의 도움 없이 혼자서 공부한다는 뜻이다. 그러니 '독학재수 + 학원'이라는 조어는 그 자체가 모순이다. 그러나 원래 이렇게 모순된 말이나 행동이 사람들의 주의를 끌기는 더 쉽다. 대치동에서 탄생한 독학재수학원이라는 말은 그 모순으로 인해 더 큰 관심의 대상이 되었다. 간판을 거꾸로 달아 주목을 끄는 것과 같은 효과를 얻은 셈이다. 독학재수학원이 막 생기던 시절 재수생

14   김양분 외, 『2013 한국교육종단연구』, 한국교육개발원, 2013.

이 논술 강의를 등록해 상담을 하다 보면 흔히 이런 대화가 오 갔다.

"재수하는구나? 그래, (재수종합학원) 어디서 하고 있어?"

"저 독학재수 해요."

"아, 혼자 공부하는구나? 혼자 하려면 힘들지 않아? 인강 (인터넷 강의)만 듣는 거야?"

"아니요. 학원 다니는데요?"

"응? 독학한다면서?"(학원에 다니면 그게 독학인가?)

"독학재수학원 다니는데요?"

아이들은 독학이라는 말의 뜻을 제대로 모르는 듯했고, 상담실장은 독학재수학원이라는 모순된 조어로 이름을 지은 학원이 새로 생기고 있다는 사실을 몰랐다. 어찌 됐든 그렇게 독학재수학원이 점차 늘어나기 시작했다.

중간 규모의 재학생 단과종합학원들이 새로운 영업 전선의 선두에 섰다. 이 학원들은 재학생이 학교에 있는 시간에 재수생을 강의실에 수용해 자율학습 공간을 제공했다. 그리고 기존의 단과 시스템을 유지하여 재수생의 자율적인 학습 선택권을 보장했다. 여기에 덧붙여 명문대 학생들을 아르바이트로 고용해 자율학습 시간에 질문을 받거나 학습 코칭을 해주는 등 '독학'의 부족함을 메워주었다. 이 새로운 시스템은 모두의 요구를 만족시켰다. 학생들은 선택과 집중을 통해 부족한 과목을 공부할 수 있어 좋았고, 자율학습 코칭 시스템이라는 꿈꼼한 관리 구조는 학부모의 마음을 사로잡았다. 모두의 호평을 받을 만했다. 더구나 재학생을 중심으로 하는 대치동 학원의 특성상 평일 주중의 강의실은 대부분 공실空室이었는데, 독학재수는 공실률을 줄이고 수익률을 높일 수 있는 황금알을 낳는 거위였다. 단숨에 독학재수학원이 대거 들어섰고, 소규모 전문 단과학원이 연합하여 독학재수반을 운영하는 방식도 생겼다. 새로운 수익 모델이었다.

이 새로운 수익 모델에서도 대치동의 특성은 어김없이 드러났다. 독학재수학원은 점차 전문화되었다. 문과·이과 전문 학원이 각기 분화되었고, 예체능 전문 독학재수학원도 생겨났다. 의대·치의대·한의대 전문 독학재수반이 꾸려졌다는 소문도 들려왔다. 학원들은 너도나도 재수를 권했다. '재수는 필수, 삼수는 선택'이라는 말이 대치동 학부모들 사이에서 퍼지기 시작했다. 대규모 재수종합반의 느슨함이 두려웠던 대치동 학부모들과 '진짜 독학'으로 재수를 할 엄두는 나지 않았던 학생들의 타협으로 독학재수학원의 인기는 점점 올라갔다. 강남의 재수생 비율이 폭증하기 시작했다.

부동산 1번지, 재수 1번지가 되다

2021학년도 대학수학능력시험에 응시한 수험생을 지역

별, 학력별로 분석해보면 N수생 비율은 지역에 따라 큰 차이가 난다. 전국 기준 27퍼센트에 비추어볼 때, 서울은 39퍼센트로 12퍼센트 더 높았다. 강남과 서초 지역의 N수생 비율은 무려 53퍼센트였다. 그러니까 수능 응시자 중 재수생이 절반이 넘는 것이다. 수치상으로도 전국의 2배에 근접한다.[15] 재수종합학원이 몰려 있는 탓에 지방에서 올라온 재수생들이 강남, 서초로 주소지를 옮겼기 때문이라고 생각할 수도 있다.

그러나 전년도 강남 서초 지역 고등학교의 대학 진학률을 보면, 이 수치가 유입된 재수생의 영향이 아니라는 것을 바로 확인할 수 있다. 강남 서초 지역 고등학교(일반고, 자율고)의 대학 진학률은 51.3퍼센트로 전국 최하위였다. 대치동에 위치한 자사고 A고등학교는 진학률이 39.7퍼센트로 가장 낮았다.[16] 그러니까 60퍼센트 이상이 목표한 대학에 진학하기 위해 반수도 아닌 '풀full 재수'를 선택한 것이다. 그러니 반수까지 포함한다면 그 비율은 아마 65퍼센트를 상회할 것이다. 한 학교의 3분의 2가 더 좋은 대학에 가겠다고 입시를 다시 치르는 것이다. 이는 전 세계 어디에서도 찾아보기 어려운 기현상이다.

대치동에서 이러한 경향은 이미 10년 전부터 나타나기 시

---

15 엄수정·송요성, 『대입 N수생의 삶과 문화』, 경기도교육연구원, 2021.

16 「N수생 비율 전국 2배… 강남은 '재수 1번지'」, 『매일경제』, 2021년 2월 14일자.

4장 부동산 1번지, 재수 1번지

작했고 점차 강화되는 추세이다. 향후 5년 사이 이는 전국적 현상으로 확대될 가능성이 있다. 그 첫 번째 이유는 정시 확대 때문이다. 재수생이 수능에서 재학생에 비해 조금 더 좋은 성적을 거두어왔음을 감안하면, 최근의 정시 확대 추세는 재수생 증가에 일조할 것이다. 두 번째 이유는 강남의 재수 선택 경향이 수도권 전역으로 이미 확대되고 있기 때문이다. 강남의 전세가 폭등이 서울과 수도권을 거쳐 전국으로 퍼져나갔듯이 재수 열풍도 마찬가지일 것이다. 학벌 사회의 견고한 아성 앞에서 교육 1번지 강남의 선택은 전국의 수험생이 벤치마킹하는 모델일 수밖에 없다. 2021년 전국 일반계 고등학교의 시도별 대학 진학률을 보면 80퍼센트 이하는 네 지역뿐이다. 세종 78.4퍼센트, 제주 78.3퍼센트, 경기 74.5퍼센트, 서울 66퍼센트로 특히 서울의 낮은 진학률이 두드러진다. 또한 이를 통해 서울, 경기 지역부터 재수 증가 현상이 확대되고 있음을 알 수 있다.[17]

2000년대 부동산 불패 신화로 뜨거운 명성을 날리며 부동산 1번지로 군림한 강남은 2010년대에 이르러 재수 1번지가 되었다. 그리고 코로나19가 시작된 지 1년이 지난 2020년 말 서울 강남구 대치동 일대의 전세난은 더욱 악화되었다. 안

---

17 「2021년 일반계고 대학 진학률 79.2%⋯ 서초 강남 양천 최저 톱3」, 『베리타스 알파』, 2021년 6월 14일자.

그래도 수능이 끝나면 신학기 학군 이동을 위한 전세 문의가 증가하는 곳이지만, 골목골목의 부동산 중개업소마다 수능 직후부터 문의 전화가 폭주했다고 한다. 놀라운 이야기들이 들려왔다. 래미안 대치 팰리스 1단지 84.97제곱미터의 경우 수능 전후 2개월 사이 전세 가격이 3억 원이나 뛰어 23억 원에 거래된다고 했다. 그나마도 학원가 일대의 전세 물량은 거의 동났고, 반전세도 보증금 16억 원에 월세 180만 원으로도 구하기가 어렵다는 것이 공인중개사들의 전언이다. 부동산 관계자들은 전세 물량이 나오지 않는 것만으로도 내년에 재수생이 증가할 것을 예측했다.

매년 고3 학생 수가 줄어들고 있는 상황에서 누적되는 N수생의 수까지 고려하면 상황은 좀 심각해 보인다. 2011년 이후 고3 학생 수는 20만 명 가까이 줄어들었지만 N수생의 수는 거의 줄지 않고 13만 명에서 15만 명 사이를 오가고 있다. 이 상황이 계속된다면 몇 년 안에 N수생 비율이 다시 30퍼센트를 넘어설 가능성이 크다. 강남에서건 다른 어디에서건 이렇게 많은 사람이 재수를 선택하는 이유는 단 하나, 더 나은 학벌을 얻고자 함이다.

5장

불안한 행복을 꿈꾸는
공포의 회전목마

재수 1번지에서 건물주를 꿈꾸는 사람들

1990년대 중반부터 2000년대 초반 교육열 넘치는 학부모들이 강남에서 이룩한 부동산 폭등 신화에 감화되어 강남으로 전입한 대치동 아랫마을 사람 중 상당수는 자녀의 교육을 위해 여러 차례 이사를 감행해온 이들이다. 그러나 더 좋은 교육 환경을 찾아, 이른바 맹모삼천지교를 실천해온 것처럼 보이는 이들이 집을 계속해서 옮겨온 궁극의 이유는 더 많은 시세 차익을 남기기 위해서다. 이들 가운데 한 가정의 이주의 역사를 상상해보자.

아내 A씨와 남편 B씨 부부는 2000년경 서울 인근 경기도의 위성도시에 살고 있었다. 몇 년 전 아파트 청약에 당첨되어 대출도 받고 양가에서 돈도 좀 얻어서 집을 샀다. 하지만 첫째 아이의 중학교 입학이 다가오자 A씨는 주위에서 여러 우려 섞인 충고를 듣게 된다. 이 동네는 면학 분위기가 좋지 않아서 아이들을 좋은 대학에 보내려면 어떻게든 서울로 들어가야 한다는 것이다. 처음엔 아내의 이야기를 흘려듣던 B씨도 직장에서 비슷한 이야기를 접한다. 결국 이들은 아이의 교육을 위해 자기 소유 아파트를 전세 놓고, 추가로 대출을 받아 서울 변두리의 한 아파트에 들어가기로 한다.

이들은 나름 교육 특구로 불리는 C구 근처의 D구로 3억 원의 전세를 얻어 들어간다. 하지만 2005년경 전세 대란이 벌어지면서 전세가는 하늘 높은 줄 모르고 올랐다. 집의 매매가와 별 차이가 없을 정도였다. A씨와 B씨 부부는 여기서 중요한 결심을 한다. 경기도의 자기 소유 아파트를 팔고 대출을 더 받아 지금의 집을 사기로 한 것이다. 대출이 늘어나는 부담이 있었지만 소유한 아파트 값이 몇 년 사이 1억 가까이 올랐고, 서울 지역의 아파트값 상승률은 훨씬 높았다. 대출 이자만 감당할 수 있다면 분명 남는 장사였다. 그렇게 이들은 서울에 자신의 집을 갖게 되었다.

그런데 다시 아이가 고등학교에 입학할 때가 되자 A씨는 어떻게든 강남으로 들어가야 아이의 성적에 도움이 된다는 주위의 말을 흘려들을 수가 없었다. 그 이야기의 뒤에는 언제나 '1980~1990년대 아이들 교육을 위해 강남으로 들어갔던 사람들이 부동산 폭등으로 100배가 넘는 시세 차익을 얻었다'는 전설이 함께 들려오기 때문이다. 실제로 어렵게 서울에 집을 산 지 1년 만에 집값이 1억 이상 오른 것만 봐도 부부에게 이런 소문과 전설은 이제 선택의 나침반이며 반드시 따라야 할 행위 준칙이 되었다. 이제 부부는 D구에 있는 자신의 집을 전세 놓고, 강남구 대치동의 오래된 아파트에서 반전세를 살기 시작한다. 좁아진 집에서 아이들은 짜증을 내고, 집세 부담이 높아져 삶의 질은 낮아졌지만 좋은 교육 여건을 위해 버텨야 한다며 아이들을 다독인다.

그렇게 고민하고 노력하는 가운데 집값은 계속 올랐다. 자연스럽게 지금 집을 팔고, 좀 더 강남에 가까운 아파트를 한 번 더 사서 시세 차익을 얻으면 몇 년 뒤에는 자신도 10억이 넘는(아직 2000년대 후반) 강남의 아파트 한 채 정도는 가질 수 있지 않을까 꿈꾸게 된다. 이들은 D구의 아파트를 팔고 대출을 더 얻어 강남에 조금 더 가까운 E구에 아파트를 산다. 그러나 아직 둘째의 입시가 남아 있기에 이 새로 산 집에서는 한번 살아보지도 못했다. 이제 더 이상 집은 사는living 곳이 아니다. 이들은 시세 차익을 위한 투기(또는 투자)를 하고 있을 뿐이다. 집을 새로 샀지만, 이들 가족은 여전히 1970년대에 지어진 대치동의 낡고 좁은 아파트에 살고 있다.

집값은 떨어질 줄 몰랐다. 부부는 매우 뿌듯했다. 그러나 그것도 잠시. 전세 계약 만료가 다가오고, 세 들어 살고 있는 대치동 아파트의 집주인이 전세금을 올려달란다. 절망이다. 대출을 더 받아서 이 집을 사들여볼까 싶지만, 30년 된 아파트가 이젠 20억이 되어가고 있어서 살 엄두도 나지 않는다. 아니, 그마저 사려 해도 매물이 없다. 집주인들이 재건축만 바라보면서 버티고 있는 것이다. 결국 답이 없어진 이들은 E구에 있는 자기 아파트의 전세금을 올린다. 그러면서 이렇게 하다 보면 언젠가는 나도 강남에 아파트를 가진 사람이 될 거라고, 이번에 재건축 허가가 안 나온 아파트 급매물을 하나 사서 몇 년만 버티면 건물주의 삶이 펼쳐질지도 모른다고 스스로 위로한다. 그리고 A씨

5장 불안한 행복을 꿈꾸는 공포의 회전목마

는 마침 둘째가 수능을 망쳐서 재수도 해야 하니 이번이 마지막 기회일 거라고 생각한다. 밤마다 이들 부부는 재건축 진단을 통과하지 못한 노후한 아파트 급매물 찾기에 혈안이 된다.

대한민국에서 지난 30년간 이런 행보를 해온 사람은 모두 돈을 벌었다. 이들에게 '집'은 머물러 사는 곳이 아니라 거래의 대상, 즉 '부동산'이었다. 부동산은 가장 확실한 재테크 수단이었다. 이들과 같은 목적으로 매년 전체 인구의 19퍼센트가 이사를 다녔다. 매년 870만 명 이상이 이삿짐을 싸고 풀었으니 가히 북방의 유목민이 친구 하자고 할 판이다.[18]

이들이 집을 선택하는 조건은 '살기 좋은' 곳이 아니라 '팔기 좋은' 곳이다. 자신이 살 집이든, 살지 않고 사두기만 할 집이든 모두 '팔기 좋은' 것이 최우선 조건이다. 투기든 투자든 자본이 계속 돌아야 적은 자본금으로 더 많은 시세 차익을 거둘 수 있기 때문에 언제든 팔 수 있어야 유리하다. 대치동 학원가는 여기에 딱 들어맞는다. 매년 입시 준비를 하는 고3부터 중1 사이의 자녀를 둔 학부모는 엄마와 아빠를 각각 계산하면 1000만 명에 육박한다. 수도권에만 500만! 이 잠재적 시장이 존재하는 한 대치동은 팔기에 가장 좋은 입지 조건을 제공할 수 있다.

18 강준만, 『부동산 약탈 국가』, 인물과사상사, 2020.

대치동 아랫마을에 세 들어 살고 있는 사람들의 롤 모델은 20년 전까지 이 아파트에 살던 사람, 즉 바로 그들에게 세를 놓고 있는 이 아파트의 주인들이다. 이들은 부동산 100배 상승 신화의 수혜자들로, 이를 담보로 부동산 투기에 성공하여 강남에 집 몇 채, 상가 몇 개는 가지고 있는 명실상부한 건물주들이다. 자녀 교육에 누구보다 발 빠르게 대응하여 좋은 학벌을 물려주는 데 성공한 사교육의 선지자들이며, 자신의 아파트를 '살 수 없는' 곳으로 인정받아(경축! 재건축 구조 진단 통과![19]) 큰돈을 번 현대판 봉이 김선달이며, 이 거대한 부동산 광풍에 올라타 합법적 약탈을 자행하고도 처벌받을 일 없는 처세의 달인이다. 참으로 대단한 롤 모델이 아닐 수 없다.

부동산 투기는 이제 이 사회의 보편적 현상이다. 몇몇 입만 산 경제학자와 정책 전문가들이 버블의 위험을 경고하며 교과서적 해결책을 제시하지만, 중학생들의 꿈 1위가 건물주인 상황에서는 어떤 해법이 나와도 당분간은 무용지물이 될 가능성이 높다. 결국 시장을 움직이는 것은 인간의 욕망이다. 문제는 이 욕망이 건전하기는커녕 '약탈'에 가까운 불온한 욕망이라는 것이다.

---

19 사실 이것은 건축물 안전성 구조 진단에서 '불합격'을 한 것이지만, 이 곳 거주자들은 이를 재건축 구조 진단 '통과'라고 부른다.

불로소득과 소득 뻥튀기의 꿈

왜 사람들은 부동산 투기에, 주식 투자에, 코인 투기에 이 토록 열렬하게 빠져드는가? 사람들은 그곳에서 무엇을 바라는가? 그 욕망은 바로 '불로소득'을 향한 것이다. 한 사회에서 정당한 노동의 대가로 삶의 필요를 충족하고, 원하는 가치를 취득할 수 있다면 사람들은 노동을 신성하고 가치 있는 것으로 여길 것이다. 그러나 사회의 계급적 위계가 고착되어 자원의 분배가 고르지 못하고, 자원 획득에 진입 장벽이 생겨 노동을 통한 접근이 불가능해지면 사람들은 더 이상 노동에서 희망을 발견하지 못한다. 그리고 일확천금을 꿈꾸기 시작한다. 단순 노무직이나 일용직 종사자들이 스포츠 토토와 로또에 몰두하는 이유도 마찬가지다. 정당한 노동으로 자기 상황과 여건을 바꿀 수 없다고 느끼는 사람은 불로소득을 꿈꾸게 된다. 다시 말하지만, 한 사회 안에서 불로소득을 꿈꾸는 사람이 많다는 것은 자신이 원하는 바를 정당한 노동의 대가로는 얻을 수 없음을 사람들이 명확하게 알게 되었다는 뜻이다.

중학생이 건물주가 되고 싶은 이유도 같다. 서장훈 같은 운동선수가 아니라 서장훈 같은 건물주가 되겠다는 아이들은 자기 부모의 좌절을 어려서부터 목격해왔다. 그토록 열심히 일하는데도 부모는 돈에 대한 고민에서 벗어나지 못한다. 열심히 벌어도 돈은 평생의 고민거리다. 하지만 건물주에겐 그 고민이 없다. 일하지 않아도 매달 필요 이상의 돈이 들어오기 때문이다. 그래서 아이나 어른이나 건물주가 되기를 꿈꾼다. 그 세속적인 욕망을 나무랄 수는 없다. 누구도 그럴 자격은 없다. 다들 부동산, 아니면 주식, 아니면 코인이라도 만지작거리는 이 나라에서는 더더군다나 그렇다.

학벌에 집착하는 이유도 이와 근본적으로 다르지 않다. 한국 사회에서 노동의 대가는 학벌에 따라 달라진다. 부모로부터 계급적 유산을 물려받지 않은 이상, 학벌이 어느 정도 갖추어지지 않으면 고소득이 보장되는 직종에는 접근 자체가 불가능하다. 물론 한국만 그런 것은 아니다. 대부분의 사회에서 특정 직업은 일정 수준 이상의 학력이나 경력을 요구한다. 그러나 어느 대학을 나왔느냐가 취업, 승진과 급여 인상, 사회적 관계를 확장할 기회를 이토록 크게 좌지우지하는 나라는 없다. 한국 사회에서 명문대 졸업장을 갖는다는 것은 똑같이 일해도 더 많은 소득과 기회를 보장받는 도깨비방망이를 얻는 것이나 다름없다. 다시 말해서 남들만큼 일하지 않아도 남들보다 더 큰 소득과 기회를 얻을 수 있는 소득 증폭, 소득 뻥튀기의 수단을 하나 손에 넣게 되는 셈이다.

나의 어린 시절, 공부하기 싫어하는 아이들을 보면 주위의 어른들은 "너 그렇게 머리 쓰는 거 싫어하면 몸이 고생한다"라고 핀잔을 주거나 "기술이나 배워야 먹고살겠다"라며 한숨을 쉬었다. 이런 말은 노동과 배움에 대한 우리 인식의 단면을 고스란히 반영한다. 이를 뒤집어보면 결국 '공부를 많이 한 사람들은 머리를 써서 남들처럼 몸고생을 하지 않는다'라는 뜻이다. 여기에는 지식인에 대한 우리 사회의 오랜 불신과 뿌리 깊은 반지성주의가 깔려 있다. '배운 것들'은 그 배움을 이용해 힘겨운 노동에서 벗어나 여유로운 삶을 살아왔던 것이다. 여전히 많은 부모가 자신이 겪은 부당한 대우와 착취를 경험하지 않도록 자녀에게 더 많이 배우고 더 좋은 학교에 진학할 것을 권한다. 차별과 착취 속에서 어느새 자신의 기술이나 육체노동을 비천한 것으로 여기며 자녀 세대는 그 전철을 밟지 않기를 바란다.

학벌에 대한 열망은 이러한 세계관의 연장선상에 있다. 모두가 학벌에 미친 듯이 매달리지만 놀랍게도 우리 사회는 결코 지성을 존중하지 않는다. 현실은 물론 소설 속에서도 그렇다. 벽초 홍명희의 『임꺽정』과 황석영의 『장길산』에서 왈패들과 함께 의적질인지 도적질인지 구별하기 어려운 일에 나섰던 선비들은 위험이 찾아오면 결국 자신의 안위와 이익을 위해 동료들을 팔아먹는다.[20] 이 나라 사람들은 지식인을 신뢰하지 않는다. 다들 서울대 나온 놈들이 세상을 망치고 있다고 말한다. 서울대를 나온 나도 이 말에 동의한다. 그것은 서울대를

20 최정운, 「한국 반지성주의의 기원과 의미 – 『임꺽정』의 사상 분석」, 한국정치사상학회 월례 세미나 발표문, 2001년 11월 17일.

나온 자들이 배운 대로 살지 않기 때문이다. 더 나은 세상, 더 정의로운 세상을 위한 노력보다는 자기 한 몸의 부귀영달을 위해 배움을 사용한 결과다. 놀라운 것은 모두가 그렇게 생각하면서도 자기 자식은 서울대, 명문대에 보내지 못해 안달이 나 있다는 점이다. 내 자식이 배움을 통해 편히 살기를 바라며 오로지 그것을 위해 공부를 시키는 나라에서 지식인과 학벌에 대한 존중은 자라날 수 없다.

우리 사회의 구성원들은 더 많은 소득을 얻기 위해 부동산과 학벌을 좇는다. 강남, 그중에서도 대치동은 이 소득 증대를 위한 세속적 욕망의 집결지다. 이곳 사람들은 부동산을 통한 불로소득과 학벌을 통한 소득 뻥튀기를 통해 재산 증식과 계급 상승을 꿈꾼다. 그 과정에서 일한 만큼의 소득을 얻어가는 노동 윤리의 정당성은 파괴되고, 반지성주의가 자라난다. 누구도 좋은 학벌을 가진 사람들을 믿지 않으면서도 그 학벌을 욕망하는 기이한 현상이 초래된다.

노동의 가치와 지성에 대한 신뢰를
상실하고도 우리는 존귀해질 수 있을까

혹여 누군가는 불로소득이 뭐가 문제냐고 할지도 모르겠다. 노동을 하지 않고도 소득을 얻을 수 있다면 좋은 것 아닌가하고 생각할 수도 있다. 우리가 살고 있는 이곳이 로빈슨 크루소의 외딴 섬이라면 당연히 그렇다. 그러나 우리는 타인의 노동에 기대어 살아가고 있으며, 그 노동은 모두 연결되어 있다. 그래서 애덤 스미스Adam Smith, 카를 마르크스Karl Marx, 심지어 자유무역의 선구자였던 데이비드 리카도David Ricardo에 이르기까지 뛰어난 통찰력을 보여준 많은 경제학자들은 노동이야말로 본원적 화폐이며, 경제적 가치의 유일한 근원임을 강조한다. 이들에 따르면 우리가 누리는 모든 경제적 가치는 오직 노동에서 나온다. 예컨대 포도의 가격은 그것을 생산하고 수확한 농부와 운반하고 보관하여 판매한 상인의 노동력에 대한 대가다. 우리가 볼펜 한 자루에 지불한 1000원이라는 가치는 그 볼펜을 구성하는 모든 요소를 생산하고, 조립하고, 운반하고, 판매한 사람들의 노동 대가를 포함하고 있다. 그렇게 세상은 사물을 매개로 서로의 노동과 노동을 잇대어 유지된다. 특히 오늘날처럼 극도로 분업화, 전문화된 사회에서는 타인의 노동 없이는 단 하루도 살지 못한다. 따라서 누군가 노동하지 않고 경제적 이익을 얻는다면, 그는 타인의 노동이 만들어낸 경제적 가치를 무상으로 취득하는 것이다. 그로 인해 누군가는 노동을 해도 합당한 소득을 얻지 못할 것이다. 이는 보이지 않는 약탈이며 착취다.

　노동은 삶의 다른 말이다. 노동력은 인간의 생명력이자 활력이기에 잠과 적절한 휴식과 영양이 공급되어야 유지될 수 있다. 우리는 노동력을 통해 일용할 양식을 구하고, 휴식과 잠을 청할 거처를 얻는다. 노동은 삶을 가능케 하고, 삶이 지속되어야 노동이 가능하다. 노동과 생명은 동전의 앞뒷면과 같이 한 몸이며 인간의 삶을 구성하는 본질적 가치다. 그러므로 인간의 생명과 삶이 존귀한 것이라면, 그 생명의 발현이자 근거인 노동 역시 마땅히 존귀한 것이어야 한다. 또한 노동은 우리 삶의 과정이자 의미이며 인간의 가장 위대한 스승이다. 일자리를 잃어버린 자의 서러움은 삶의 의미를 상실했다는 데서 온다. 인간은 노동을 통해 자연과 사물의 성질을 이해하고, 사회적 관계를 맺으며, 협력과 배려를 익힌다. 인간의 정신과 육체를 단련시키고, 자기 힘으로 자기 삶을 지탱해본 자만이 누릴 수 있는 주체성을 경험하는 것 또한 노동을 통해서다. 그만큼이나 노동은 존귀한 행위다.

그러나 불로소득을 욕망하는 사회는 노동을 비천한 것, 회피해야 할 것으로 간주한다. 한마디로 노동에 대한 존중이 없다. 이는 인간의 삶과 생명에 대한 존중도 잃어버렸다는 뜻이다. 부동산 투기와 건물주가 아이들의 꿈이 되는 나라가 위험한 이유다. 이런 사회에서는 오직 더 많은 소득만이 유일한 존중의 대상이 된다.

지성과 지식인에 대한 혐오도 마찬가지다. '배운 것들은 자기 이익을 위해 배운 것을 활용한다', '저들은 우리를 이익의 도구로 써먹을 것이다'라는 두려움은 기실 우리 내부에서

5장 불안한 행복을 꿈꾸는 공포의 회전목마

시작되었다. 자녀에게 더 많은 공부를 시키는 이유가 바로 거기에 있기 때문이다. 자기 자식을 그렇게 키워놓았으니 남들도 그러리라 확신하며 사회 전체가 학벌을 가진 자들을 불신하고 지성을 본질적으로 혐오한다. 그리고 시험 잘 보는 능력을 중심으로 키워진 자녀들은 학벌을 통해 주어지는 특권을 당연한 것으로 여긴다. 이른바 능력주의의 거짓 환상이다. 학벌은 자신의 노력과 능력의 표상이므로 그로 인한 이득과 혜택을 누리는 것을 합당한 권리라고 생각하는 것이다. 그렇게 학벌주의는 능력주의라는 이름의 외피로 포장되어 정당한 것인 양 재생산되고, 명문 대학에 다니는 아이들은 학교의 엠블럼emblem이 그려진 '과잠'과 '학잠'을 떼 지어 입고 위세를 부리거나 자신보다 못한 학교에 다니는 이들을 우습게 아는 웃지 못할 일들이 벌어진다. 그 결과 학벌에 대한, 지식인에 대한 사회적 혐오는 점점 강화된다.

그렇게 노동의 정당성에 대한 믿음도 지성에 대한 신뢰도 상실한 채 모든 영역에서 불신과 이전투구泥田鬪狗가 난무하는, 말 그대로 진흙밭 개싸움이 만연한 세상이 되어간다. 그 사회를 살아가는 사람들은 그래서 불안하고 애처롭다. 우리는 저마다 행복의 근거를 찾고자 하지만, 실상 우리 모두는 집이란 무엇인지, 배움이란 어떤 것인지, 우리가 존중해야 할 것은 무엇인지를 잊은 채 자신의 존귀함마저 잃어가고 있다.

대치동이라는 거대한 회전목마, 그리고 사람들

　지난 2020년 9월 문을 닫은 일본 도쿄의 도시마엔 놀이 공원에는 1907년에 만들어진 세계에서 가장 오래된 회전목마 '엘도라도'가 있었다. 근대 기계 유산으로까지 등록된 이 회전목마는 독일의 장인 휴고 하세Hugo Haase가 디자인한 아르누보풍 조각품으로 유럽을 순회하며 인기를 끌었고, 1911년 뉴욕의 코니아일랜드 해변 유원지로 옮겨져 사용되다가 1964년 유원지가 폐쇄될 때 해체되었다. 이를 일본의 도시마엔이 1971년에 구입하여 설치한 후 도쿄 시민의 꿈의 상징이 되어 그 유구한 역사를 이어왔다.

　'캐러셀carousel' 혹은 '라운드어바웃roundabout'이라고도 불리는 회전목마는 놀이공원의 상징이다. 아주 어린 시절을 지나면 좀처럼 타볼 일이 없는 이 놀이기구가 놀이공원의 상징이 된 것은 비잔틴제국 시절에 만들어졌다고 추정되는 그 오랜 역사 덕분이다. 12세기경 아라비아 기병들이 공에 향료를 채워 말을 타고 빙빙 돌면서 주고받는 놀이를 했는데, 그것의 이탈리아어 명칭인 가로셀로garosello가 프랑스로 건너가 카루젤carrousel이 되었다. 이후 17세기 후반 프랑스 기사들이 카루젤을 연습하기 위해 만든 목마가 엉뚱하게 여성과 아이들에게 인기를 끌면서 놀이기구가 되었다. 19세기에 이르면 나무로 만든 다양한 동물들로 꾸민 캐러셀이 등장한다. 2, 3열로 동그랗게 늘어선 말들이 증기기관을 이용해 화려한 마차를 끌며 돌아가는 거대한 회전목마는 프레더릭 새비지Frederick Savage 라는 영국 기술자가 처음 만든 것으로 알려져 있다. 빅토리아 시대 공장과 정미소에서 말 대신 기계를 돌리던 노동자들과 부유한 이들의 마차를 끌던 마부들은 쉬는 날 아내와 아이들을 데려와 회전목마에 태우고 잠깐의 흐뭇함을 느꼈을 것이다. 회전목마는 그 시절 평민들이 계급 상승이라는 이룰 수 없는 꿈을 대리 충족하는 환상의 공간이었다.

　나는 오랜 시간 대치동 거리의 사람들을 바라보며 종종 이곳이 거대한 회전목마 같다고 생각했다. 아이들을 학원으로 배달하는 엄마와 아빠들은 무엇을 꿈꾸고 있을까. 그 소망과 바람은 실현될 수 있을까. 아이들은 기계로 돌리는 말들처럼 쉬지 않고 학원과 학원을 오가며 인생에서 가장 행복해야 할 시절을 고통과 인내의 시간으로 채우다 기계처럼 무감각해져 갔다. 상상할 수 없는 경쟁과 스트레스 속에서도 젊은 생명은 여전히 생글거렸지만, 그들의 눈동자는 회전목마의 초점 없는 눈동자를 닮아가고 있었다. '엘도라도'라는 상상 속 황금의 땅을 찾아간다지만 실은 제자리를 맴돌던 도시마엔의 회전목마처럼 이들도 혹시 제자리를 맴돌고 있는 것은 아닐까?

　앨프리드 히치콕 감독의 1951년 영화 〈열차 안의 낯선 자들〉은 엄청나게 빠른 속도로 도는 회전목마를 통해 긴장과 공포를 자아낸다. 가장 안전하고 심심한 놀이기구인 회전목마는 규칙적인 일상이 반복될 때 나타나는 현실감의 상실이나 일정한 속도와 상하 회전운동의 리듬감이 가져오는 혼란한 시야를 통해 공포를 생생하게 전달하는 장치가 된다. 대치동의 학생들도 그렇다. 규칙적으로 여러 개의 학원을 돌고 돌아 집으로 회귀하는 느릿느릿한 회전운동 속에서 주기마다 나오는 성적표에 따른 상하 이동은 격렬하고 파괴적이다. 반복되는 회전운동과 위아래로 내리꽂히는 상하 이동 사이에서 아이들은 현실감을 상실하고 공포에 휩싸인다.

이곳에서 학부모와 아이들은 온당하지 못한 약탈의 욕망에 사로잡혀 서로의 눈치를 보며 경계하고 불신한다. 이곳 대치동은 겉으로는 평온해 보일지라도 실상 살 떨리는 긴장감이 흐르는 세계다. 모두 얌전한 아이인 척, 신사와 숙녀인 척 살지만 자신의 몫을 지키고 더 많은 몫을 얻기 위해 촉수와 더듬이를 곤두세운다. 자신의 위치가 내려가거나 자기의 몫이 줄어들지도 모른다는 공포감에 파르르 떨며 발톱을 세운다. 이들은 때로는 도박판의 플레이어처럼 성적과 정보를 거짓으로 부풀리고, 때로는 무모하게 원서를 베팅하며 합격을 장담한다. 때로는 구세주를 찾는 맹신도처럼 울며불며 매달리고, 때로는 피도 눈물도 없는 사기꾼처럼 인간을 수단으로 취급하며, 때로는 구도자처럼 모든 정신력을 긁어모아 자신이 목적하는 바에 쏟아붓는다. 학부모들은 행여 좋은 정보를 놓칠세라 각 학원에서 여는 설명회를 전부 신청하고, 자녀가 1타 강사의 강의를 들을 수 있도록 카페 옆자리에 앉은 사람들의 이야기에 귀를 쫑긋 세운다. 아이들은 좋은 자리를 얻기 위해 학원의 복도와 계단에 가방으로 줄을 서고, 허겁지겁 김밥으로 식사를 때운 뒤 아무 말 없이 다음 강의를 들으러 간다. 저녁 9시 50분이면 아이를 데리러 온 학부모의 차로 온 동네가 주차장이 되고, 골목마다 사소한 충돌과 고성이 끊이지 않는다.

이 아수라장 속에서 자신의 욕망을 관철하기 위해 살아가는 이들의 끈질긴 삶을 들여다보는 일은 결코 만만치 않다. 이들은 대한민국에서 가장 치열한 입시 경쟁 드라마의 당사자들로, 자신의 또는 자식의 계급적 도약을 위한 발판을 만들기 위해 모든 수단을 강구한다. 이 절실하고 적나라한 욕망의 주체들은 하나하나가 모두 『적과 흑』의 주인공 쥘리앵 소렐과 같은 실존의 무게를 짊어지고 있다. 3부에서는 바로 이 대치동 사람들에 대해 이야기할 것이다. 이들은 누구보다도 솔직하게 세속적 욕망을 실현하고자 노력하는 사람들이다. 그런 의미에서 이들의 내면을 들여다보는 일은 대한민국의 보편적 무의식과 만나는 일일 수 있다.

대치동 사람들

1장

대치동 엄마들 ①
– 돼지엄마와 카페맘

대치동 카페맘 문화와 전설의 돼지엄마

1999년 7월 신세계와 손잡고 한국에 진출한 스타벅스는 5년 만에 100호점을 냈다. 첫해 6억 원의 매출에서 2004년 550억 매출로 가히 폭발적인 성장을 기록했다. 커피가 아니라 문화를 판매한다는 이 기업의 슬로건은 적어도 대치동에서는 빈말이 아니다.

자녀 교육에 관심이 많은 대치동 엄마의 일상을 들여다보자. 아침 일찍부터 남편의 출근과 아이의 등교로 정신없는 시간을 보낸다. 대략 10시쯤이면 집안일이 어느 정도 마무리된다. 서둘러 단장을 하고 11시경 인근의 브런치 카페나 프랜차이즈 카페로 나가 이웃 엄마들을 만난다. 일상에 대한 이야기를 나누다 대화는 자연스레 아이 이야기로 넘어간다. 아이의 요즘 상태, 보내고 있는 학원에 대한 평가, 앞으로 해야 할 일들에 대한 계획과 정보 교류 등등. 이른바 '카페맘', '아카데미맘'으로 불리는 이들은 2000년대 중반 프랜차이즈 카페의 대유행과 함께 등장했다.

카페맘 문화는 일상의 일을 카페에 모여 나누는 자연스러운 교류에서 출발했지만, 이것이 공적인 시민 사회의 형성으로 이어지지는 않았다. 은밀하고 사적인 네트워크를 기반으로 비밀 유지를 요구하는 정보방의 성격을 띠게 되었기 때문이다. 강남의 카페에서는 중년 여성들이 모여 앉은 테이블마다 최근의 부동산 시세와 전망, 인근의 재개발 아파트나 신도시 투자처에 대한 정보가 은밀하게 오간다. 아카데미맘들의 교류도 이와 유사하다. 11시경 대치동 학원가의 카페에 모인 엄마들은 여러 학원의 팸플릿을 펼쳐놓고 강사진이나 학원 분위기 등에 관해 정보와 의견을 주고받는다. 주위 사람들에게 자신들만 아는 고급 정보가 누설될까 두려워 목소리를 낮춘다.

이런 카페맘들 사이에서 정보를 주도하고 이끄는 사람을 학원가에서는 '돼지엄마'라고 불렀다. 이들은 대체로 전업 주부이고, 큰아이를 SKY나 의대에 진학시킨 경험을 가지고 있으며, 무엇보다 학원의 1타 강사와 입시 정보에 빠삭하다고 알려져 있다. 아이를 좋은 대학에 보냈다는 사실 자체가 엄마들 사이에서는 일종의 '벼슬' 같은 것이어서 이들의 발언은 항상 주목을 받았고 영향력이 있었다. 이들은 아이를 좋은 대학에 보내고 싶은 카페맘들의 롤 모델이다. 카페맘들은 이들의 경험을 주의 깊게 듣고, 세심하게 메모하고, 똑같이 따라 하기 위해 갖은 노력을 다한다.

시간이 지나고 정보가 누적되면서 카페맘들 사이에는 어떤 공식 같은 것이 만들어졌다. 이를테면 이런 것이다. 초등학교 고학년부터 특목고 입시 준비에 들어가야 한다. 과학고(영재고)를 목표로 한다면 초등학교 6학년 이전에 교육청과 일부 대학이 뽑는 과학 영재에 선발되어야 한다. 그래야 나중에 가산점을 얻을 수 있기 때문이다. 채 20명도 선발하지 않는 곳이

3부 대치동 사람들

많지만 경쟁자는 매번 수천 명이다. 중학교 1, 2학년 때 고등학교 공통수학을 시작하고 한국수학올림피아드KMO(Korean Mathematical Olympiad)에 도전하여 수상 실적을 만들어야 한다. 아이가 문과 성향이라면 초등학교 때부터 유명한 철학, 독서논술 수업을 듣기 위해 2, 3년 전에 대기 리스트에 이름을 올린다. 그리고 남편의 해외 근무나 연수, 안식년 등의 기회를 최대한 활용하여 초등학교 5학년 이전에 외국에 한 번쯤 다녀오는 것이 좋다. 그래야 고급 영어학원의 '리터니Returnee(귀국자) 클래스'에 들어갈 수 있고, 그러면 원어민 같은 영어 실력을 어렵지 않게 유지할 수 있기 때문이다. 중학생이 되면 외국어고 면접에 대비해 창의사고력학원과 토플학원에 보내야 한다. 6학년 때부터 토플의 배경 지식과 영작 실력을 쌓아야 중학교 2학년 때 원하는 토플 점수를 얻을 수 있다는 것이 정설이다. 이런 코스를 밟는 틈틈이 내신과 수행평가를 위한 단기 과외도 붙여주어야 한다. 예체능 과목도 뒤처지면 안 되기 때문에 체육과 음악 등의 실기만 따로 대비하는 경우도 있다.

이런 코스는 이제 대치동에서 교육에 관심깨나 있다는 초중등 엄마들 사이에서는 상식이 되었다. 많은 엄마들이 아이가 따라와 주기만 한다면 이런 과정을 밟았으면 한다. 이 과정을 따라 아이가 중학생이 되면 카페맘들은 아이가 고등학교에 진학하기 전까지 자신이 '진짜 돼지엄마' 그룹에 들어가는 것을 목표로 삼는다. '진짜 돼지엄마' 그룹이란 대치동에 즐비한 대입 학원 중에서 진짜로 잘 가르치면서도 상대적으로 덜 알려진 강사와 학원 정보를 쥐고 있고, 이들에게 실질적인 영향력을 행사할 수 있으며, 심지어 이들을 소수 정예 그룹의 과외 강사로 섭외할 수도 있는 사람들을 뜻한다. 카페맘들은 이 그룹에 들어갈 수만 있다면 아이를 원하는 대학에 보낼 수 있다고 믿는다. 이 전설의 돼지엄마들은 어떻게 생겨난 것일까?

돼지엄마의 탄생 배경

앞서 이야기했듯이 2000년대에 들어서면서 대치동의 세대교체가 본격적으로 시작되었다. 1990년대 초중반까지 대치동으로 유입되었던 1세대는 보통 두 자녀의 입시를 치른다고 가정했을 때 평균 10년 미만을 거주했다. 이들 대치동 1세대는 분당과 일산에 신도시가 완성되던 1996년부터 2000년대 초반 사이에 대체로 대치동을 떠났다. 이후 새로 유입된 세대는 1세대에 비해 경제력이 조금 부족했다. 하지만 교육열은 훨씬 뜨거웠다. 넘치는 교육열에 뒤따르는 만만치 않은 학원비를 충당하기 위해 몇몇 엄마들은 영업 수완을 발휘했다. 친구의 자녀 또는 자녀의 친구들로 네트워크를 조직한 뒤 좋은 강사를 보유했으나 아직 소문이 덜 난 학원들을 찾아 협상을 했다. 다시 말해서 단체 수강을 대가로 자녀의 수강료를 할인 혹은 면제받는 것이다. 수강생을 조금이라도 더 많이 유치하려는 학원의 입장과 학원비 부담을 줄이고자 한 수완 좋은 엄마들의 이해관계가 맞아떨어졌다. 학원가에서는 자신의 네트워크를 이용해 많은 수강생을 확보하고 좋은 학원을 찾아내는 이들을 돼지엄마라고 불렀다. 새끼를 잘 치고 냄새를 잘 맡는 돼지의 특성에 빗대어 붙인 이름이지 여성의 외모를 비하하는 의미는 아니었다고 기억한다.

학원가에서 돼지엄마의 영향력이 커질 수 있었던 배경에는 2000년대 초반부터 지속된 중소 규모 학원의 운영난이 있었다. 김대중 정부와 노무현 정부는 지속적으로 사교육비 경감 대책을 추진했다. 실효성을 거둔 정책이 많지는 않았지만 가장 큰 영향을 미쳤던 것은 EBS의 방송 과외 강화였다. 1994년부터 1997년 초까지는 고3 학생을 위한 수능 강의만 제공했던 EBS는 1997년 8월부터 고등학생 전 학년을 위한 수업을 제공하기 시작했다. 특히 2004학년도에는 'EBS플러스1'을 수능 전문 채널로 특화하고, 3500여 종의 수능 강의를 내보내기 시작했다. 그리고 교육과정평가원은 EBS 강의에 맞춰 수능을 출제하겠다는 방침을 발표한다. 참여정부는 이와 같은 사교육비 경감 대책을 강화해나갔다. 이에 따라 학원 수강생이 대폭 감소하는 상황이 되었고, 운영이 어려워진 중소 학원들은 십수 명의 수강생을 몰고 다니는 돼지엄마에게 크게 의존할 수밖에 없었다.

1장 대치동 엄마들 ① - 돼지엄마와 카페맘

수요가 탄력성을 잃고 특정 자원에 의존하게 되면, 자원 공급자들의 규모와 배짱은 커지기 마련이다. 돼지엄마들도 그랬다. 2000년대 초만 해도 알음알이로 10여 명 정도를 데리고 다니던 수준이었으나 점점 더 정보력을 강화하고 전문화되면서 규모도 키웠다. 2004년 이후에는 소문난 돼지엄마의 경우 최소 30명에서 많게는 100명까지 학생들을 몰고 다녔다. 학원들은 돼지엄마에게 매달릴 수밖에 없었다. 돼지엄마 2명 정도의 눈 밖에 나면 작은 학원은 존립 자체가 불투명해지는 상황이었다. 이들은 동창회나 학교 모임 등에서 학원과 강사 수준을 평가한 리스트를 들고 다니며 학원 바닥에 관한 소문을 주도했고, 학원들은 그 평가에 전전긍긍했다.

마침내 2000년대 중반부터 일부 돼지엄마가 학원에 스카우트되기 시작했다. 많게는 수천만 원에서 억대 연봉까지 제안받았다. 실제로 100명의 수강생이 12개월간 2과목씩 수강하며 월평균 60만 원의 수강료를 낸다면 7억 2000만 원의 매출이 오가는 상황이니 충분히 그럴 만했다. 학원들은 경쟁적으로 돼지엄마를 영업실장으로 채용했고, 2000년대 후반에는 대형 학원에서도 십수 명의 학부모 실장을 몰래 채용하고 있다는 소문이 돌았다.

돼지엄마 전성시대

흥미로운 사실은 학원들의 돼지엄마 채용이 비밀리에 이루어지는 경우가 많았다는 것이다. 학원 관계자가 자기 학원에서 수업을 들으라고 권하는 것은 영업으로 느껴지게 마련이므로 돼지엄마들은 자신이 그 학원에서 수수료나 연봉을 받고 있다는 사실을 드러내지 않았다. 학원들도 마찬가지였다. 돼지엄마의 영업 능력을 유지하기 위해서는 학원과의 관계를 비밀에 부치는 편이 나았다.

2000년대 중반부터 대치동 학원가에 들어오기 시작한 대규모 자본은 축소되던 학원 시장의 한계를 돌파하고 규모를 키우기 위해 돼지엄마를 중심으로 한 학부모 네트워크를 조직하고 비밀리에 관리했다. 정시 논술 폐지로 일부 대형 논술학원이 무너지는 상황에서도 대치동 내의 일부 종합단과학원이 급속한 성장을 이룰 수 있었던 동력은 바로 이것이었다. 이 학원들은 돼지엄마와의 밀월을 통해 전국적인 대형 학원 네트워크로 성장하기도 했다. 이후 2008년에서 2013년 사이의 시기가 바로 돼지엄마의 전성시대였다.

돼지엄마들은 상상을 초월하는 영향력을 보이며 입지를 강화해갔다. 자신에게 속한 그룹이 수강하던 대형 학원 강의의 강사를 마음대로 교체하고, 커리큘럼을 엄마들의 요구에 따라 바꾸기도 했다. 이들이 학원 운영의 중심축이나 다름없었기 때문에 학원들은 무리한 요구일지라도 따르는 수밖에 없었다. 이런 학원들은 점점 더 돼지엄마의 네트워크를 중심으로 운영되었다.

돼지엄마들은 자신의 그룹을 모을 때 명문고의 성적 좋은 학생들을 선호했다. 그에 따라 학원들도 특목고와 국제고, 자사고 상위권 학생을 중심으로 움직여야 했다. 대치동 유명 학원들의 수토반은 D외고를 중심으로 편성되었다. 그 학교가 수요일에 수업을 일찍 마치기 때문이었다. 돼지엄마의 팀들로 사전 예약이 이루어지던 이 시간대 반들은 학원 전단지에 항상 '마감'으로 표시되었다. 돼지엄마의 영향력이 커지고, 그에 따라 뛰어난 자원이 몰려들수록 당연히 입시 실적은 좋을 수밖에 없었다. 실제로 2012학년도 서울대 합격생 3100명 중에서 서울 지역 출신은 706명이었고, 강남 3구 출신은 그 과반 이상인 391명을 차지했다. 돼지엄마 신화는 점점 더 강화되었다.

2009년경부터 아이가 입시에서 성공하려면 '할아버지의 경제력과 엄마의 정보력, 그리고 아빠의 무관심'이 갖춰져야 한다는 웃지 못할 우스갯소리가 전국에 회자되었다. 사실 이 우스갯소리의 웃음 포인트는 두 가지다. 첫째는 '할아버지의 경제력'이라는 말이 내포한 계급적 세태에 대한 풍자다. 어느덧 교육과 학벌마저도 계급에 의해 재생산되고 있음이 상식이 된 것이다. 두 번째 웃음 포인트는 '아빠의 무관심'이다. 이 말에서 우리는 자녀의 성인식에 해당하는 입시에 관한 결정에서 아빠가 배제되었다는 것을 알 수 있다. 입시에 관해서는 더 이상 아빠의 권위가 통하지 않는다는 점에서 가부장제적 의사 결정 구조에 대한 통쾌한 도전이라 여기는 사람이 있을지도 모르겠다. 그러나 이 풍자적인 우스갯소리에 엄마들이 좀처럼 웃지 못하는 이유는 입시 정보를 얻기 위해 백방으로 노력해야 하는 책임이 자신에게 떠넘겨졌기 때문이다. 엄마들은 정보력을 갖추기 위해 대치동 돼지엄마를 롤 모델 삼아 사교육 업체들을 찾아다녔고, 그 결과 가계 수입에 비해 과도한 사교육비를 지출하는 가정이 늘어났다. 2013년경부터는 '에듀 푸어'라는 신조어가 등장했고, 엄청난 사교육비와 비싼 대학 등록금으로 부모의 등골을 빼먹고 있다는 학생들의 자괴감을 표현한 '등골 브레이커'[1]라는 언어유희가 유행하기도 했다. 돼지엄마 신화는 전국의 수험생과 그 엄마들에게 자괴감과 죄책감을 안겼다. 특히나 직장생활을 하는 맞벌이 엄마들에게는 두렵고 짜증나는 상황이었다. 그들이 입시를 앞둔 엄마의 롤 모델이라면 자신은 나쁜 엄마일 수밖에 없기 때문이다. 그러나 실상 돼지엄마의 정보력과 영향력은 이 무렵부터 이미 무너지고 있었다.

---

1 부모의 등골이 부러질 정도로 돈을 쓰게 만드는 일을 자조적으로 표현한 신조어. 학생들이 좋아하는 유명 브랜드의 패딩 점퍼나 고가의 논술학원, 등록금이 비싼 대학교 등을 표현할 때 사용되곤 했다.

돼지엄마가 입시 시장에서 밀려난 이유

돼지엄마의 경쟁력은 큰아이의 입시 성공이 주는 후광 효과, 오랜 경험과 시행착오를 통해 누적된 학원 정보 및 강사 네트워크에 있었다. '카페맘'과 '새끼맘'들은 전교 1등을 키운 누적된 경험에 대한 선망 때문에 돼지엄마를 따라다녔다. 그러나 이 돼지엄마들이 학원에서 돈을 받고 있다면? 학원비 할인 정도가 아니라 비밀리에 연봉 계약이 되어 있다면? 그렇다면 상황이 달라진다. 결국 학원 영업에 놀아난 꼴이 되기 때문이다. 돼지엄마들의 취업과 영업이 세간에 알려지면서 이들은 점차 애초의 권위를 상실해갔다.

선지자를 자처하다가 정체가 탄로 난 사기꾼 중에는 스스로 장사꾼임을 선언해버리며 남은 추종자들의 마지막 단물까지 빨아먹으려는 이들이 있다. 돼지엄마 중에도 그런 이들이 상당수 있었다. 마침 이제 막 확대되기 시작한 입학사정관제로 인해 입시 컨설팅 업체들이 조금씩 등장하던 시절이었다. 일부 돼지엄마는 입시 컨설턴트, 입시 코치를 표방하며 영업 전선에 전면적으로 나섰다. 그러나 이해관계가 노골적으로 드러난 이상 이전과 같은 '순수하고 신성한' 권위를 누리는 것은 기대할 수 없었다.

고액의 상담료(당시 일부 돼지엄마 입시 코치는 1회 상담료를 300만 원씩 받았다)를 받는 만큼 실질적인 정보를 줘야 했지만 그것은 쉬운 일이 아니었다. 그나마 기댈 수 있는 것은 엄마들의 네트워크에서 얻는 소문이었다. 입학사정관제의 정성 평가를 통해 턱없이 낮은 성적으로도 명문 대학에 합격한 사례를 소문으로 듣고 전하거나, 부유층의 노력으로 새롭게 만들어진 경진대회 정보를 상위권 학생에게 소개해주는 것으로 간신히 체면을 유지할 수 있었다.

돼지엄마들은 각 전형에 적합한 다양한 입시 전략을 세우는 데는 능하지 못했다. 그동안은 네트워크 속에서 입소문으로 듣고 모은 학원 정보에 의존하여 '전교 1등 따라 하기'를 역설해왔으나 컨설팅 업체를 차린 뒤부터는 예전처럼 자신이 선택한 학생들만 만날 수는 없었고, 학생들의 내신과 비교과, 수능 성적 구조에 따라 다양한 전략을 내놓을 수 있어야 했다. 최상위권 그룹만 상대해왔던 이들이 이런 능력을 갖추기란 간단치 않은 일이었다.

고액의 상담료에 비해 상담 내용이 부실하자 시장의 반응은 싸늘했다. 물론 그중에도 변화하는 입시를 나름대로 열심히 공부하여 학생의 수준에 맞는 대비 방법을 제안한 사람들이 있었을 것이다. 그러나 내가 겪은 돼지엄마들은 대체로 대학 입시에 무지했고 "내가 아이들 SKY 보내봐서 잘 안다"면서 합격 가능성이 없는 성적을 가진 학생과 부모에게 "얘, 너도 할 수 있어!"라며 헛바람만 불어넣는 경우가 태반이었다.

한번은 그런 '부흥회' 같은 상담을 받았던 학생이 우리 학원을 찾아왔다. 나는 첫 상담에서 정확한 입시 정보를 제공하고, 그 시점에 그 학생에게 적합한 입시 전략을 알려주었다. 학생과 그 부모는 헛바람이 잔뜩 들었다가 현실을 직면하고 나니 허탈한 마음이 되었던지, 고액의 상담료를 받고 별다른 근거나 자료도 없이 상담을 했던 돼지엄마 컨설턴트에게 항의성 전화를 했던 모양이다. 그 돼지엄마 컨설턴트가 우리 학원으로 전화를 했다. 그는 "왜 가능성 있는 아이의 기를 꺾어놓느냐, 앞으로 입시 상담 따위는 하지 말고 논술이나 가르쳐라"라며 항의인지 행패인지 구분할 수 없을 정도로 언성을 높였다. 나는 그 전화를 넘겨받아 일단 상대의 흥분을 가라앉히고 그 상담이 왜 잘못되었는지, 왜 아이의 입시를 망치는 상담이었는지를 조목조목 알려주었다. 그리고 상담을 하지 말아야 할 사람은 내가 아니라 당신이라고 차분히 설명해주었다. 통화는 묘한 분위기 속에서 마무리되었다.

재미있는 것은 그 뒤로 그 돼지엄마 컨설턴트가 보여준 모습이었다. 이후로 그는 자신이 상담하기 어려운 학생이 찾아오면 우리 학원으로 데려와 상담을 받게 했다. 한동안 그렇게 학생들을 데려오더니 "내가 지금까지 이 학원에 몇 명을 보냈는지 아느냐"며 생색을 내기 시작했다. 대가를 요구하려나 싶어 관계를 끊을까도 생각했지만, 자기 잘못으로 아이들의 미래를 망칠까 두려워하는 그 최소한의 양심과 나에게 면박을 당하고도 정확한 상담을 해주겠다며 아이들을 데려오는 성의를 봐서 그냥 내버려두었다. 그는 초기의 한동안은 어떻게 상담하는지 보겠다며 학부모와 함께 상담실에 들어왔다. 염탐을 하려는 것인가 싶어 불편한 마음도 있었는데, 내가 수년간 축적한 데이터와 자동 분석 프로그램을 바탕으로 정확한 상담을 하는 것을 확인한 뒤로는 더 이상 상담에 들어오지 않고 수년에 걸쳐 학생들을 우리 학원에 보내주었다.

입시는 점점 복잡해지고 있었다. 2015학년도 이후 학생부종합전형으로 넘어오면서 학교 밖에서 얻은 스펙을 학생부에 기록하는 일이 전면 금지되었다. 그나마 돼지엄마 컨설턴트가 쥐고 있던 외부 활동과 관련한 정보마저도 종잇조각이 되어버린 것이다. 총 3000개가 넘는 대입 전형은 매년 조금씩 달라졌고, 체계적인 분석과 누적된 데이터 없이는 누구도 이 복잡한 입시 체제에 대응할 수 없었다.

입시 전형을 분석하는 일에서는 직장에 다니는 부모가 월등한 능력을 보이는 경우도 많았다. 많은 양의 문서와 데이터를 다루는 직업에 종사하는 부모라면 대입 요강을 꼼꼼히 분석하고 온라인 입시 설명회나 입시 관련 방송을 보는 정도로도 자녀에게 도움이 될 만한 조언을 해줄 수 있었다. 실제로 최근에는 자녀에게 필요한 경험이나 자기 주도적 학습을 추천하여 스스로 학생부를 관리할 수 있도록 코치하는 고학력 직장인 부모가 입시에 성공하는 일이 많아졌다. 그렇게 돼지엄마 컨설턴트는 대입 컨설팅 시장에서 차차 퇴출되었다. 간신히 살아남은 사람들은 대입 컨설팅에서 한발 물러나 시장도 더 넓고 뛰어난 언변으로 어느 정도 버텨낼 수 있는 초중등 교육 컨설팅으로 업종을 변경해나갔다.

대치동에 시장의 구조와 시스템이 자리잡기 전에는 사교 육이란 그저 사적 영역에서 소규모로 거래되는 상품이었다. 돼지엄마는 이 영역에서 상품 거래의 중개자 역할을 담당했던 것으로 볼 수 있다. 이는 공인중개사가 자리잡기 전인 1980년 대까지 '복덕방 할아버지(아저씨)'가 담당했던 바로 그 역할이 다. 카페맘 문화 역시 당시 '복덕방'의 모습과 상당 부분 겹쳐 진다.

복덕방은 동네 아저씨들의 사랑방이었다. 합죽선을 든 복 덕방 할아버지 앞에는 줄창 담배를 피우며 화투짝을 두드리는 동네 가게 아저씨들이 매일같이 둘러앉았고, 토요일이면 일찍 퇴근한 화이트칼라 아저씨들도 양복을 입은 채 합류했다. 이곳 에서는 이웃집의 경제 사정과 자녀 교육에 관한 소문과 정보 들이 오갔다. 복덕방 할아버지는 자연스럽게 동네 사정을 제일 잘 아는 터줏대감이 되었고, 이 자리에서 얻은 소문과 정보를 이용해 외지인들에게 집과 땅을 소개하고 거래를 주선했다.

그러나 1985년부터 공인중개사 자격 시험이 치러지면 서 복덕방이란 간판과 함께 동네의 사랑방도 서서히 사라져갔 다. 기존의 '복덕방 중개인'은 신고를 하면 폐업할 때까지 중 개 업무를 할 수 있었지만 '공인중개사'라는 명칭은 쓸 수 없었다. 결국 이들은 전문성에 대한 신뢰를 상실하면서 점차 시장에서 사라져갔다. 35년이 지난 2020년까지도 2900명가량의 복덕방 할아버지들이 활동하고 있는 것으로 조사되었으나, 그 규모는 이제 전체 중개인의 3퍼센트를 넘지 못한다. 집과 부동산이 재산 증식의 수단이 되어 수시로 거래되고 그 규모가 폭증하자 시장은 거래 중개자의 전문성을 요구했고, 결국 국가의 공적 인증을 받은 공인중개사가 복덕방 할아버지들의 자리를 대신한 것이다.

시장의 규모가 커지고 시스템이 안착하면 기존에 사적 영역에서 소문이나 비전문적 지식, 불확실한 정보에 기초하여 거래를 장악하던 전통적 시장 브로커들의 입지가 좁아진다. 이런 측면에서 보면, 돼지엄마 컨설턴트의 퇴조는 대치동 사교육 시장이 규모를 키우고 시스템을 갖추며 일어난 자연스러운 현상으로 보인다.

살아남은 돼지엄마들의 생존 전략

그렇다고 돼지엄마가 대치동에서 완전히 사라진 것은 아니다. 이곳 대치동은 여전히 극성스러운 교육열을 가진 사람들이 가장 많고, 자녀를 좋은 대학에 보낸 입시 성공담이 크게 부풀려져 쉬 확산되는 곳이다. 매년 새로운 영웅이 끝없이 등장하는 마블 유니버스처럼 대치동에도 매년 새로운 돼지엄마가 유입된다. 그들이 가장 경쟁력을 갖는 부분은 유능한 강사들에 관한 정보와 네트워크다. 공부 잘하는 아이가 잘 가르친다고 인정한 강사들이니 그 정보에는 분명 믿을 만한 구석이 있을 것이다. 그리고 그들에게는 자신을 추종하는 '카페맘', '아카데미맘'의 강력한 네트워크가 있다. 강사와 학생이 이미 준비되어 있으니 공간과 재력만 있다면 비즈니스는 이미 성사된 것이다. 재력이 있는 돼지엄마는 학원을 열었다. 앞서도 언급했지만 대치동 초기 역사에서부터 이런 학원들은 이미 있었다. 전통적인 비즈니스 모델이라고 할 만했다.

2013년부터 2017년 무렵까지 돼지엄마들의 학원 창업 붐이 일었다. 이런 학원들은 소수 정예 반으로 구성되었고, 돼지엄마의 네트워크만으로도 수강 신청이 마감되기 때문에 따로 홍보비를 들일 필요가 없었다. 입시를 준비하는 입장에서 보면, 돼지엄마가 학원장이 되어 해주는 무료 상담은 자녀를 좋은 대학에 보낸 선배 엄마가 해주는 공짜 조언이기 때문에 마음을 열고 어느 정도 신뢰도 가진 채 듣는 경우가 많았다. 전문적인 입시 컨설팅을 하기에는 조금 부족하지만 학원장으로서 무료로 격려 차원의 상담을 하기에는 돼지엄마만 한 적격자가 없었다.

하지만 대치동의 학원 사업은 막대한 임대료와의 싸움이고, 건물주만 돈 버는 게임인 경우가 많다. 처음 사업에 나선 일부 돼지엄마는 이런 압박감을 해소하기 위해 부모들의 불안한 심리를 자극하여 과도한 사교육비 지출을 유도하기도 하고, 웃돈을 받고 성적이 부족한 학생을 상위권 반에 끼워주는 등 원칙 없는 경영을 해서 빈축을 사기도 했다. 그런 과정에서 일부는 사라지고, 일부는 살아남았다.

그리고 또 새로운 사람들이 유입된다. 새롭게 등장한 돼지엄마 후보들은 몇몇 카페맘을 대동하여 입시 설명회를 찾아다니며 이른바 학원 쇼핑을 한다. 설명회를 들으며 정보를 축적하고, 이런저런 질문을 해서 학원의 입시 정보와 지도 방식을 가늠해보기도 한다. 이제 갓 입소문이 나기 시작한 학원들에는 여럿이서 찾아가 세를 과시하며 그들만을 위한 설명회를 요구할 때도 있다. 그런 과정을 통해 어떤 학원이 잘 가르칠 것이라는 확신이 서면 설명회가 끝난 뒤 남아서 원장 직강의 특별 수업을 편성해달라고 은밀하게 요구한다. 돈을 충분히 맞춰줄 테니 '우리 그룹의 아이들'만을 위한 특별 강의를 해달라는 것이다. 공손하게 요청하는 이들도 있지만, 자기 아이들이 명문 고등학교에서 1, 2등 한다는 것을 과시하며 자기들 그룹을 놓치면 학원의 손해라는 말로 으름장을 놓거나 거만한 태도로 무리한 요구를 하는 경우가 많다. 돈은 얼마든지 맞춰주겠다며 학원 강사에게 모욕감을 주는 일도 흔하다. 돈으로 밀어붙이다가 통하지 않으면, 자기가 데려온 아이들이 자원이 좋아서 좋은 대학에 진학할 테니 학원 입장에서도 장기적으로 홍보에 도움이 되지 않겠느냐며 학원 생각을 해주는 것처럼 작전을 바꾼다. "저희는 법인 학원이고, 수강료도 교육청에서 정한 기준으로만 받고 있어요. 이미 다른 수강생이 있는 시간대에 반을 열어달라고 하시면 저희로서는 들어드릴 방법이 없어요"라고 정중하게 거듭 거절을 하면, 자존심이 상해서 역정을 내는 경우도 심심치 않게 있다. 매번 거절을 하는데도 우리 학원 설명회에는 늘 돼지엄마가 되려 하는 일군의 사람들이 섞여 들어왔다.

대치동 엄마들의 불안한 심리 상태

대치동이나 학원 밀집 지역이 아닌 곳의 학부모들은 '돼지엄마'라는 단어를 듣는 것만으로도 혐오 반응을 보이곤 한다. 물론 돼지엄마가 한 사회에 도움이 되는 긍정적인 인간형이나 직업군은 아닐 것이다. 그러나 이들은 우리 사회에 만연한 어떤 세속적 욕망에 가장 솔직하게 몰두하고 있는 사람들이라는 점에서 우리 욕망의 거울이라고 할 수 있다. 이들이 이렇게 세속적 욕망에 몰두하게 된 데는 나름의 개인사가 있게 마련이고, 그 개인사는 또한 가족 구성원들의 관계 구조와 가족 단위의 욕망이 지닌 어두운 단면들을 포함하고 있다.

내가 돼지엄마를 비롯해 학원에 찾아온 극성스러운 엄마

들을 꽤 장시간 인내심을 가지고 상대하는 것을 보면, 데스크 직원이나 아르바이트생들이 항상 신기해했다. 내가 평소 팟캐스트 같은 데서 말했던 내용이나, 학원에서 일하는 사람들에게 무례하게 구는 이들을 내쫓던 것을 생각하면 그런 엄마들도 당장에 쫓아버릴 줄 알았는데 뜻밖에도 친절하게 대하더라는 것이다. 사실 나도 처음에는 이런 극성스러운 엄마들이 끔찍이도 싫었다. 강사로만 일하던 시절에는 교무실에 진을 치고 앉아 무례하게 갑질을 하는 엄마들을 화를 내며 쫓아낸 적도 있었다. 그런데 언제부터인가 이들을 보면 왠지 모르게 안쓰럽다는 생각이 들었다.

내가 무슨 정신분석가나 심리상담가는 아니지만, 20년 남짓 강의와 상담을 하며 경험한 바로는 자녀의 대학 입시에 지나치게 몰두하는 엄마들은 대체로 정서적으로 많이 불안한 상태였다. 이들은 대개 사회생활 경험이 많지 않은 전업 주부이고, 남편이 명문 대학 출신인 경우가 많았다. 그리고 자신의 학벌은 남편보다 못한 경우가 대부분이었다. 다시 말해서 아이가 좋은 대학에 진학하지 못하면 그것이 자기 탓으로 돌아오리라는 불안감을 마음속 깊이 지니고 있는 사람들이었다. 그 불안감이 아이가 사교육 업체에서 받는 대우에 대한 집착과 편집증으로 이어져 학원 관계자들에 대한 무례함으로 드러나곤 했다. 이들의 자녀가 수시전형의 원서를 쓰기 위해 학원에 마지막 상담을 올 때면 남편, 그러니까 아이 아빠가 함께 오는 일이 많았다. 대치동의 아빠들은 앞서 언급한 '아빠의 무관심'을 실천이라도 하려는 듯 그 전까지는 학원에 얼굴을 비치는 일이 거의 없었다(서울 외곽이나 경기권 또는 멀리 지방에서 올라오는 가정에서는 엄마보다 아빠가 입시에 관심을 갖는 경우도 많았는데 이에 관해서는 후술하겠다). 그러다 마지막 상담에 최종 점검이라도 하듯이 등장하는데, 그럴 때면 평소 그렇게 아는 척을 하며 상담에 끼어들던 엄마가 희한하게도 꿀이라도 먹은 듯 조용해졌다. 남편이 학원의 체계적인 정보 관리와 데이터에 흡족해하면, 그 후로는 엄마도 의심을 거두고 우리의 상담 내용을 잘 따랐다.

나는 매년 어김없이 반복되는 이 기이한 풍경 속에서 엄마들의 황폐한 내면을 슬쩍 엿본 것 같다. 명문 대학을 나와 전문직에 종사하는 권위적인 남편은 아내에게 맡겨놓은 자녀 교육을 시찰하러 나온 사단장처럼 굴었고, 그 당당하고 말 많던 엄마들은 잘못한 것도 없는데 주인 눈치를 보는 하인처럼 행동했다. 더 놀라운 것은 상담 자리에서 그 자녀들이 보이는 태도였다. 아들은 대체로 아빠와 비슷한 투로 또는 아빠보다 더 심한 말로 엄마를 아무것도 모르는 사람 취급하며 무시했고, 딸은 창피하다는 듯 엄마가 말을 꺼내려 할 때마다 엄마를 말리거나 엄마의 눈을 피했다. 입시에 몰두하는 엄마들은 그렇게 외로운 사람들이었다. 나름의 방식으로 자녀에게 헌신하는데도 가족 구성원 누구에게도 존중받지 못했다. 그래서 좀처럼 자기 판단을 믿지 못해 주위의 온갖 이야기들에 부화뇌동하고, 그럴수록 자녀들은 더욱 엄마를 신뢰하지 않았다. 엄마가 듣고 온 소문들 덕분에 좋은 선생님을 만나기도 했지만, 그 소문들 때문에 낭비한 시간도 많았던 것이다.

이 무시와 소외의 악순환 속에서 엄마들이 자신의 상처받은 내면을 위로받을 유일한 공간은 다른 엄마들을 만날 수 있는 카페였을 것이다. 그곳에는 자신과 비슷한 처지에서 자녀의 입시에 성공한 돼지엄마가 있었고, 자신의 이야기에 귀를 기울이는 동료들이 있었다. 집에서는 뜬소문이라며 타박이나 들을 이야기에도 카페의 엄마들은 귀를 기울여주었고, 거기에 한마디씩 보태어 가치 있는 정보를 만들기도 했다. 그곳에서는 자신의 존재를, 이야기를 인정받을 수 있었다. "지금은 아이들이 무시하지만 지들이 명문대 가면 고마워하겠지"라며 엄마들은 서로를 위로하고, 아이가 좋은 대학에 합격하면 어쩌면 자신도 돼지엄마처럼 다른 이들에게 대접받을지도 모른다는 기대를 품기도 했다. 한마디로 돼지엄마는 이 세계의 롤 모델이었다.

어느 돼지엄마의 고백

2016년경이었던 것으로 기억한다. 작지 않은 키, 명품 옷에 우아한 태도, 조심스러운 말투를 가진 한 중년 여성이 학원에 찾아왔다. 논술학원은 1월에서 4월까지는 평일에 강의실이 비어 있는 경우가 많은데, 그 기간 동안 강의실 하나를 사용료를 내고 좀 쓸 수 있느냐고 했다. 학원은 전전세轉傳貰나 전대차轉貸借가 원칙적으로 불법이고, 또 우리 학원은 법인이라 강의실 임대는 어렵다고 이야기했다. 하지만 교육청 신고 과목이 맞으면 강의를 열 수는 있는데 무슨 용도냐고 물었더니 강의실을 빌려 자신이 데리고 있는 학생 팀의 강의를 자기가 아는 강사들로 진행하려 한다는 것이다. 돼지엄마였다. 강사 등록을 해서 강의를 열어드릴 수는 있으니 강의실 사용료 수준에서 수익 배분을 해보자고 합리적이고 합법적인 대안을 제시했지만, 결국 일은 성사되지 않았다.

그런데 일이 성사되지 않은 이유는 다른 데 있었다. 자신이 모 병원장의 아내인데, 남편이 이 일을 하는 것을 반대해서 몰래 하고 있기 때문에 내가 제시한 방식으로는 일을 진행할 수 없다는 것이었다. 법인을 통한 수입은 세금 신고 대상으로 잡히기 때문이다. 나는 사회적 지위도 있고, 경제력도 있는 사람이 왜 불법적인 사교육 강의를 추진하는지 이해가 되지 않았다. 더군다나 보통의 돼지엄마들이 가진 사교성이나 좌중을 휘어잡는 말발 같은 것은 전혀 없는 점잖고 수줍음도 많아 보이는 사람이 대체 왜? 그 사람은 대부분 강의실이 남으면 그냥 빌려주던데 전후 사정을 상세하게 알려준 사람은 처음이라며 나중에 식사라도 대접하겠다는 말을 남기고 자리를 떠났다.

공치사일 줄 알았는데 얼마 후 나는 실제로 인근의 격식 있는 식당으로 정중히 점심식사 초대를 받았다. 거듭 사양하다가 더 이상 거절할 수가 없어서 자리에 나갔다. 그 자리에서 뜻밖에도 그 사람의 아주 사적인 이야기를 들을 수 있었다. 자신의 아들은 재수를 해서, 딸은 한 번에 의대에 붙었는데, 둘 다 '빅 파이브(서울대, 연세대, 성균관대, 가톨릭대, 울산대)'가 아니라 서울대 의대를 나온 남편에게 타박을 당하고, 잘난 아이들도 엄마 말은 늘 무시한다고 했다. 하지만 대치동에만 오면 다른 엄마들이 아들딸을 모두 의대에 보낸 엄마라며 자신을 치켜세우고, 강사를 소개해달라거나 팀을 짜달라며 이런저런 부탁을 해와서 스스로 가치 있는 사람이 된 것 같았단다. 그러다 보니 남는 강의실을 현금으로 빌려 다른 사람들이 필요로 하는 일도 해주고, 용돈도 벌게 되었다는 것이다. 병원장 부인이 남편과 가족 모르게 불법 학원 업자가 된 셈이었다. 나는 이런 방식은 누군가 신고라도 하면 문제가 될 수 있고 자칫 집안에 더 큰 분란이 생길 수도 있으니 그만두든지, 아니면 남편과 확실하게 이야기를 해서 아예 학원을 차리는 게 낫다고 조언을 해주었다.

돼지엄마와 입시에 몰두하는 엄마들을 조금 달리 보게 된 것은 그 이후였던 것 같다. 그들은 남성 중심의 사회 구조에 적당히 타협하고 적응하여 중산층 이상의 계급적 지위를 누리며 살아왔지만, 그 내부에서는 남편의 사회적 지위에 종속되어 소외되고 무시당하는 계층이기도 했다. 자녀들이 좋은 학벌을 얻지 못하면 그 책임이 자신에게 돌아올까 두려워 사교육에 과도하게 매진했고, 그 언저리에서 간신히 자신의 존재 의의를 찾은 사람들이었다. 학원장이나 컨설턴트가 된 돼지엄마들은 더 이상 '대치동 엄마'나 '돼지엄마 출신'이라는 말을 듣고 싶어 하지 않았다. 그들은 사업가이자 입시 전문가로서 대우받기를 바랐다.

사회 구조의 모순에 엉겨 붙은 인간의 이 끈적거리고 존엄한 욕망 앞에서 옳고 그름을 함부로 말할 수는 없다. 이 땅에서 학벌주의와 교육열이 사그라지지 않는 한 이 독특한 존재들이 완전히 사라지지는 않을 것이다. 그러나 남성 중심의, 가부장적인 사회 구조가 개선되고 가정 내에서 여성에게 기대하는 역할과 지위에 변화가 생긴다면, 그래서 여성들이 지금보다 더 존중받게 된다면 자녀의 입시에 대한 과도한 집착과 병적인 불안감은 조금 줄어들지 않을까.

| 2장 | 대치동 엄마들 ②
- 대치동 네 종족과
그 엄마들 |

대치동 엄마라고 해서 모두가 극성스럽게 자녀 입시에 열을 올리거나 카페에 모여 앉아 정보를 교환하는 것은 아니다. 새로 유입된 사람들이 높은 교육열을 보이며 대치동의 현재 이미지를 만들고 있는 것은 분명하지만, 사람 사는 곳이 다 그렇듯 대치동과 그 인근에도 다양한 처지의 사람들이 살아가고 있고 엄마들의 성향도 다채롭다. 변화하는 입시 상황을 정확하게 이해하고 아이에게 필요한 것을 찾아주기 위해 노력하는 엄마들도 많고, 여러 가지 이유로 자녀의 입시에 관심을 두지 못하는 엄마들도 있다. 대치동 학원가를 오가는 말하기 좋아하는 사람들은 출신과 계층, 거주 지역에 따라 이들을 4개의 종족으로 구분해 부르기도 한다. 물론 이 명칭은 일부 학원 관계자들이나 카페맘들이 사용하는 은어이지, 대치동 사람들이 일상적으로 사용하는 용어는 아니다.

대치동의 안방마님, 대원족과 연어족

먼저 1970년대부터 아파트를 분양받아 쭉 대치동에 살고 있는 이른바 대치동 원주민(이하 대원족)이 있다. 이들 역시 여러 소득 계층에 분포하고 있어서 그 계급과 성향이 무척이나 다양하다. 그래서 하나의 특성으로 설명하기는 어렵지만, 적어도 대치1, 2동(2009년 이후 대치3동이 대치2동으로 흡수되었다. 그래서 현재 대치동에는 1, 2, 4동이 있다)을 중심으로 거주하는 이들은 고소득층이나 전문직 출신의 고령자가 많다. 특히 선경아파트는 고위직 공무원 출신, 우성아파트는 고학력 대기업 출신이 많은 것으로 알려져 있다. 이들은 은마아파트 주변 상가를 중심으로 대치동 학원가를 일구어낸 세대이며 '돼지엄마'라는 말이 세간에 알려지기 전부터 사교육 트렌드를 이끌어온 합리적 교육 소비자들이자, 사교육의 공급에 직접 개입해온 선구자적 프로슈머였다. 이들은 1987년 과학고, 1992년 외국어고의 특목고 지정이라는 교육 정책 변화를 빠르게 인식하고, 그에 맞춰 자녀를 교육시켰다. 그래서 대원족이라는 이름은 '대치동 원주민' 이외에 대원외고 전성시대를 만들어낸 엄마들을 일컫는 말로 여겨지는 경우도 많다. 단어가 사용 과정에서 중의적 의미를 갖게 된 것이다.

지금은 노년층으로 접어든 대원족 엄마들은 대체로 좋은 학벌을 가진 전업주부였다. 세대적 특성으로 인해 좋은 학벌을 가지고도 전업주부로 살았던 이들은 교육 전문가보다도 발 빠르게 교육 정책의 변화를 파악하여 그에 대응하는 사교육 트렌드를 이끌었고, 이것이 대치동 학원가 발전의 밑바탕이 되었다. 대원족 엄마들의 성향을 잘 보여주는 우스갯소리가 있었다. 아이가 모르는 문제가 있으면 대치동 엄마는 "같이 풀어보자"하고, 압구정동 엄마는 "과외 선생님 붙여줄게"하고, 서초동 엄마는 "아빠 오시면 물어보자"한다는 것이다. 이처럼 대원족 엄마들 가운데는 고학력자가 많았고, 자녀 교육에 관한 한 어지간한 입시 전문가보다 더 나은 식견을 가진 경우도 흔했다.

이제 이들은 학부모가 아니라, 중고생의 조부모 세대다. 흥미롭게도 대치동 사교육의 장점을 잘 꿰고 있는 이들은 손자녀의 교육 문제에까지 영향력을 행사하고 있다. 대치동 며느리들의 고충 가운데 하나는 대원족 시어머니가 손자녀의 교육에 지나치게 개입하는 일이라고 한다. 다른 지역에서 온 며느리들은 사교육에 매진하는 대치동 분위기에 익숙하지 않은 경우가 많은데, '원조 돼지엄마'인 시어머니의 교육열 때문에 아이와 자신이 피곤한 삶을 살고 있다고 하소연하기도 한다. 물론 강남 출신 며느리도 편하지만은 않다. 교육에 관심이 많은 시어머니가 예전에 알고 있던 입시 정보에 기초하여 손자녀의 교육 방향에 개입하거나, 이제는 한물간 학원을 고집하는 통에 소모적인 갈등을 빚는 일이 많기 때문이다. 그러나 대원족 할머니 중에는 대학의 입시 요강을 직접 확인하고, 달라진 내용을 파악하여 손자녀의 입시 전략을 효과적으로 감독하는 이들도 적지 않다.

두 번째 종족은 일명 연어족으로 불리는 대치동 원주민 2세대 엄마들이다. 2000년대 재건축 붐이 일면서 이 지역에 재입성한 사람들로 상당수가 대원족의 자녀다. 현재 40대 중반에서 50대 중반의 연령대에 속하는 이들은 스스로 대치동 사교육의 수혜자였으며, 대치동 교육 인프라에 큰 만족감을 가진 사람들이다. 연어족은 부모 세대가 일군 대치동의 교육 인프라를 어떻게 활용하는 것이 가장 좋은지를 경험적으로 알고 있다. 이들은 주로 도곡동과 한티역 일대의 자기 소유 집에서 거주하는데, 2000년대 중반 유학 등 학업을 마치고 결혼을 통해 부모의 경제적 지원을 받으며 분가했다. 타워팰리스, 역삼래미안, 센트레빌, 도곡렉슬, 롯데캐슬리베 등에 입주한 이 사람들 덕분에 대치동 학원가의 범위가 넓어졌다고 해도 과언이 아니다. 실제로 2021년 현재 대치동 학원가의 중심은 은마사거리 인근에서 한티역까지의 구간으로 여겨진다.

연어족 엄마는 유학을 다녀온 현직 교수, 대기업 임원, 고위직 공무원의 배우자인 경우가 많은데, 이들 가운데 일부는 아이들의 교육을 위해 일상생활에서 영어를 사용하기도 한다. 대치동의 카페나 음식점에서는 연어족 엄마와 아이들이 영어로 대화하는 것을 심심치 않게 볼 수 있다. 2000년대 초중반만 해도 이런 모습은 지나친 교육열이라며 주위의 눈총을 사곤했지만, 이후 영어 유치원이나 영어 키즈카페가 대거 들어서면서 이제는 대치동의 자연스러운 풍경이 되었다. 초등학생들이 길에서 영어로 대화를 나누며 걸어가는 모습도 종종 보게된다.

연어족 엄마들은 교수나 강사 등으로 학계에 몸담고 있는 경우도 상당수이고, 전업주부일지라도 유학을 다녀왔거나

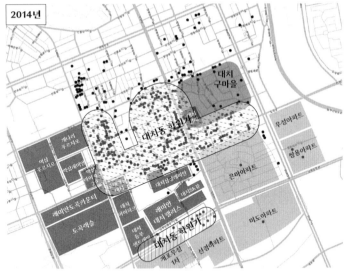

대치동 아파트 단지와
중심 학원가 및 학원 분포 변화.

서울역사박물관에서 발간한 『대치동, 사교육 1번지』
232쪽 지도를 바탕으로 그린 것이다(서울역사박물관 제공).

꽤 오랜 기간 고소득 전문직으로 일한 사람이 많다. 이들은 학력과 학벌이 계급 재생산으로 직결된다는 것을 직접 경험했으며, 자신이 받은 선별된 사교육의 효과와 혜택을 몸소 누린 사람들이기에 좋은 학원과 양질의 정보를 직관적으로 알아보는 경향이 있다. 그래서 이들이 교육에 대해 보이는 관심은 대체로 체계적이고 합리적이다. 이들은 대치동의 카페나 돼지엄마의 입에서 나오는 소문에 쉽게 휘둘리지 않는다. 자신의 경험과 분석력을 통해 소문의 진위를 분별할 수 있기 때문이다. 그래서 자신이 직접 학원에 가서 상담을 통해 강사와 원장의 실력을 확인한 뒤에는 철저한 신뢰에 기반해 관계를 유지하는 경향이 있다. 또한 이들은 자녀의 현재 실력이 학원에 보내야 할 상황인지, 과외가 더 나은지에 대한 판단도 비교적 정확하기 때문에 학원이나 입시 컨설턴트의 입장에서는 현명하고 합리적인 사교육 소비자라고 할 수 있다.

그러나 연어족은 2008학년도에 입학사정관제전형이 실시되고 정성 평가가 대두하면서 문제적 부류가 되기 시작했다. 초기 입학사정관제의 입시 결과가 공개되고 숫자로 나타나는 성적보다 외부 스펙이나 주관적 평가 요소의 영향력이 크다는 사실이 확인되자, 연어족은 새로운 전략을 마련했다. 자신과 부모 세대의 인맥을 총동원하여 외부 스펙을 위한 수많은 대회를 만들고, 대학과 병원, 법조계 등에 고등학생을 위한 학술 체험 및 인턴 과정을 도입하도록 영향력을 행사한 것이다. 실제로 이들이 만든 수십 개의 모의유엔대회와 모의법정에서 그 자녀들이 많은 혜택을 보았다. 이른바 '아빠 찬스', '엄마 찬스'라는 말을 회자시킨 사람들이 바로 이들이다.

2010년경부터는 학교에서도 이들 연어족을 활용하려는 움직임이 나타났다. 학교에서 전문직에 종사하는 학부모에게 학생들이 학술 체험이나 연구 참여, 고교생 인턴 활동 등을 할 기회를 마련해달라고 요청하기 시작했다. 학교 측의 이런 노력은 가능하면 많은 학생에게 외부 활동에 참여할 기회를 주려는 교육적 사명감에서 출발한 것이었지만, 기회는 제한적이었고 상황은 성적이 좋은 학생에게 더 많은 혜택이 돌아가는 쪽으로 움직였다. 경제적으로 여유롭지 않은 가정의 학생들도 일부 기회를 얻기는 했지만, 대다수의 학생은 더 심각한 소외를 경험할 수밖에 없었다. 경제력과 계급적 혜택으로 사교육을 많이 받은 학생들이 대체로 성적이 좋은 현실에서 학교 측의 이러한 노력은 결국 잘사는 집 아이의 스펙 품앗이를 주선하는 것으로 비칠 뿐이었다.

정보력과 네트워크에 기반한 연어족의 입학사정관제 공략은 사회에 이미 존재하고 있던 계급 격차, 교육 격차를 극명하게 드러내는 계기가 되었다. 이러한 교육 불평등은 양적 지표에서도 확연하게 드러난다. 『2019 강남구 사회조사 및 사회지표』[2]에 따르면 대치/개포권의 소득 분포는 극단적 불평등 양상을 보이는데, 월 소득 1000만 원 이상인 사람이 15.4퍼센트를 차지하고 있다. 그 뒤를 잇는 역삼/도곡권은 9.5퍼센트이다. 이는 신사/압구정/논현권이 3.7퍼센트, 청담/삼성권이 4.3퍼센트, 일원/세곡/수서권이 0.3퍼센트인 것에 비추어보면 엄청난 수치이다. 이는 대치동과 도곡동에 몰려 있는 대원족과 연어족의 경제력 수준을 보여주는 결과이다. 상대적 저소득층이 많은 개포동과 외지 출신 직장인이 많은 역삼동을 제외하고 대치/도곡 권역으로 묶어 조사한다면 월평균 1000만 원 이상의 소득자는 25퍼센트를 상회할 것으로 예상된다.

대원족과 연어족은 경제력을 바탕으로 고액 과외나 예체능 사교육 시장, 그리고 입학사정관제 당시의 외부 스펙 시장에서 다른 대치동 엄마들이 흉내 낼 수 없는 진입 장벽을 형성했다. 이들이 확보한 교육 여건은 부러움, 질시, 박탈감의 원인이 되었다. 강남구에서 월 소득 1000만 원 이상인 사람들이 지출하는 월평균 사교육비 총액은 2019년 기준으로 183.72만 원이고, 월 소득 800~1000만 원 이상의 구간에서는 158.42만 원이다. 이는 전국 평균 23.7만 원에 비해 각각 9배와 6배에 달하는 금액이다. 이들의 성공적인 입시 결과는 결국 우리 사회에서 학벌이 경제력과 계급에 의해 세습되고 있다는 서글픈 사실을 명백하게 웅변한다.

2   『2019 강남구 사회조사 및 사회지표』, 서울특별시 강남구, 2019.

굴러온 돌의 고군분투기, 대전족

대전족은 대치동 전세족을 줄여 부르는 말이다. 이들은 '대전살이'라는 표현을 사용하는데, 대치동으로 이사 오면서부터 혹독한 시집살이를 하는 것처럼 삶이 힘들어졌다는 뜻이다. 이들의 거주 분포와 형태는 다양하며 대치동에 국한되지 않는다. 대치1, 2동의 재건축 허가를 받지 못한 좁은 평수 아파트나 대치4동 일대의 오래된 다세대/연립주택에서 전세를 사는 사람들도 있고, 지나치게 높은 전세금 때문에 월세를 끼고 있거나 원룸에 엄마와 자녀 1인만 거주하는 경우도 많다. 집세가 조금 덜 드는 개포/일원/수서 권역에 전세를 얻어 대치동을 오가는 집도 상당수를 차지한다.

이들은 소득 수준이 높지 않은데도 학벌에 대한 부모 세대의 박탈감 때문에, 또는 명문 대학에 보내려면 대치동에 가야 한다는 주위의 권유로 인해 경제적 부담을 감수하고 이곳에 들어온 사람들이다. 여기에는 물론 부모 자신의 사회적 좌절과 학벌, 학력에 대한 열등감도 작용했을 것이다.

이들은 교육에 절박하게 매달리고, 수입의 상당 부분을 사교육비로 지출한다. 『2019 강남구 사회조사 및 사회지표』를 보면 자가 소유자의 월평균 사교육비 총액은 115.08만 원인 데 비해, 오히려 전세 가구는 116.82만 원, 월세 가구는 122.43만 원으로 더 높은 것을 확인할 수 있다. 심지어 월 소

득 200~400만 원 미만의 가구는 79.14만 원으로 수입의 26퍼
센트를 사교육에 쓰고 있는데, 이는 월 소득 400~600만 원 미
만 가구가 사교육비로 지출하는 71.27만 원보다 더 많은 액수
이다. 소득이 600만 원 이상인 가구가 평균 소득의 16~17퍼센
트를 사교육비로 지출하고 있는 것과 비교해보면, 저소득층이
소득의 10퍼센트를 사교육에 더 쓰고 있는 셈이다. 이런 기이
한 통계가 발생하는 이유가 바로 이들 대전족 때문이다. 이는
대전족을 포함한 강남구 내 상대적 저소득층의 삶의 질이 사
교육비로 인해 심각하게 위협받고 있음을 보여준다.

2014년 이후 대치동 네 종족의 주요 거주
분포 개략도(원정족은 외부 거주).

서울역사박물관에서 발간한 『대치동, 사교육 1번지』
232쪽 지도를 바탕으로 그린 것이다(서울역사박물관 제공).

이들 대전족은 대원족이나 연어족과 달리 대치동에서 누적된 경험치나 계급적 네트워크를 통한 정보력을 거의 지니고 있지 않다. 그래서 수많은 학원 설명회를 쫓아다니며 정보를 모으고, 카페 옆자리 엄마들에게서 새어 나오는 이야기를 들으려 필사적으로 귀를 기울인다. 사실상 대치동 카페맘 문화를 만든 것도, 학원과의 거래를 통해 수익을 창출한 '2세대 돼지엄마'도 모두 대전족이다. 상대적으로 열세였던 이들의 경제 여건과 계급적 위치가 결국 대치동의 분위기와 이미지를 바꿔놓은 것이다. 이들은 계급 상승을 향한 열망만큼이나 열성적이었고, 그 열성은 때로 교육을 넘어 부동산에 대한 집착이나 괜한 갑질로 나타나기도 했다.

그러나 열정적인 욕망이 부작용만 낳는 것은 아니다. 더 많은 입시 정보를 얻고자 했던 이들의 요구 덕분에 대치동 학원가는 급변하는 입시 제도를 발 빠르게 분석하는 데 역량을 집중했다. 이곳에서 신속하게 분석된 입시 정보는 인터넷과 뉴미디어(팟캐스트, 유튜브 등)를 통해 전국으로 빠르게 확산되었다. 입시 정보의 분석과 전파가 빠른 속도로 이루어진 데는 이들 대전족이 큰 기여를 했다고도 볼 수 있다.

물론 이들의 과잉 수요 때문에 대치동에 부실한 고액 입시 컨설팅 업체들이 난립하게 된 것도 사실이다. 대전족은 입시 정보에 대한 이해나 분석보다는 주로 입소문에 의존하다 보니 돼지엄마 입시 코치들의 타깃이 되는 일이 많았다. 이들은 상담의 부실함을 잘 알아차리지 못했고, 이들의 소개로 멀리서 대치동을 찾아온 사람들은 생각보다 어설프고 부정확한 상담에 실망감을 느끼곤 했다. 2009년부터 2015년 무렵까지 돼지엄마들이 입시 컨설팅 시장으로 들어오면서 대치동의 입시 정보와 컨설팅에 대한 신뢰도가 낮아지기 시작했는데, 이런 흐름에 대전족 엄마들이 알게 모르게 기여한(?) 셈이다.

매년 대치동으로 새롭게 유입되었다가 입시가 끝나면 대치동을 떠나는 이들은 원래 살던 지역에서 좋은 성적을 받던 아이의 가족인 경우가 많다. 공부 잘하는 아이를 뒷바라지하기 위해 가족 전체가 5, 6년 정도 고생할 각오를 하고 대치동에 전세를 얻어 들어오는 것이다. 전세를 얻을 사정이 안 되면 엄마와 아이만 원룸을 얻어 생활하는데, 그럴 경우 엄마는 아이가 학교에 있는 시간에 본가로 돌아가 살림을 돌보는 등 두 집 살림을 하는 수고를 감당해야 했다.

그렇게 고생을 각오하고 들어온 대치동이지만, 들어오자마자 좌절을 경험할 줄은 몰랐을 것이다. 이들은 보통 국제중이나 특목고 입시를 위해 일찌감치 대치동에 들어오는데, 좋다고 소문난 학원의 수업을 듣기 위해 레벨테스트를 하면 아이가 최하위 등급을 받는 경우가 허다했다. 다른 지역에서는 나름대로 공부를 좀 했던 아이들은 자존심이 상하거나 기가 꺾이고, 엄마들은 자신의 선택이 옳은 것이었는지 불안해지기 시작한다. 이 대치동 입성 트라우마는 아이들과 대전족 엄마들을 편집증적인 불안감으로 몰아간다. 더군다나 이들은 다른 경로를 선택할 여유를 가진 계층이 아니다. 아이가 명문대 입학에 실패했다고 유학을 보내거나 편입을 시켜 학벌 세탁을 해줄 처지는 못 되는 것이다. 때문에 이들은 어느 학원이 좋다고 하면 그곳에 지나치게 집착하며 거기에 들어가지 못하면 큰일이 날 것처럼 조바심을 느낀다.

대전족의 이 조바심은 선행 학습이라는 왜곡된 교육 풍토를 만들어내기도 했다. 이 역시 대원족과 연어족을 모방한 결과였다. 대전족은 외국에 보낼 여유는 없지만 초등학교 입학 전에 영어를 완전히 마스터하고, 중학교 입학 전에 고등학교 공통수학까지는 한 바퀴를 돌려야 한다는 것을 공식처럼 받아들인다. 그러니 계속해서 학원비 지출을 늘릴 수밖에 없다. 선행 학습은 실질적인 학습 능력 증진으로 이어지기보다는 애매한 우월감만 남기는 경우가 많다. 기본이 갖추어지지 않은 채 '나는 이미 한 바퀴 돌았다(한번 공부해보았다)'는 우월감을 갖게 되면, 공교육 정규 과정에 불성실하게 임하거나 자만심에 복습을 게을리하는 등 부정적인 결과를 낳기 쉽다. 아주 특출난 일부 학생을 제외하면 무리한 선행 학습은 대체로 실력 증진보다는 과도한 사교육비 지출과 그로 인한 가정 경제의 어려움을 야기할 뿐이다.

대전족의 삶은 고단하다. 튼튼한 인맥이 있는 것도, 강력한 정보력이 있는 것도 아니다 보니 밤낮없이 입시 정보를 찾아 발품을 팔아야 하고, 엄청난 주거 비용과 사교육비 지출로 저하된 삶의 질을 가족 모두가 견뎌야 하기 때문이다. 불안정한 가정 상황에서 초조하고 예민해진 대전족 엄마들은 시험 기간이 되면 아파트 부녀회에 '시험 기간 아파트 내 정숙'을 요구해 이로 인한 갈등과 싸움이 끊이지 않는다.

얼마 전 술자리에서 최근 대치동으로 이사 온 나의 고등학교 동창 친구가 대전족에 대한 내 이야기에 공감하며 재미있는 일화를 들려주었다. 자신이 살고 있는 아파트 사람들의 옷차림이나 분리수거함에 버려지는 가구와 생활용품, 의외로 적은 택배 박스 등을 보면서 '이곳이 잘사는 동네가 맞나' 하는 생각을 종종 했다는 것이다. 처음에는 '나름 부유한 사람들인데 참 검소하게 사는구나'라고 생각했는데, 내 이야기를 듣고 보니 자신이 느꼈던 의아함이 해소된다는 것이었다.

부유층이 가장 많은 동네에서 심각한 상대적 박탈감을 느끼며 자신의 목표를 위해 죽을힘을 다하는 이들의 실존을 결코 가볍게 비난하거나 평가할 수는 없다. 이들은 한계 상황에 몰려도 포기하지 않는다. 집주인이 전세금을 올려 감당할 수 없는 상황이 되어도 법적 절차를 밟는 동안 잘 버티면 아이의 대입이 끝날 거라며 조마조마한 마음으로 살아가는 안타까운 사연도 간혹 접하곤 한다.

원정족, 그리고 대치동 밤 10시의 풍경

대치동을 오가는 엄마들 중 또 하나의 부류는 원정족이다. 이곳의 특성상 학원생 가운데 대치동이나 강남 3구에 거주하는 비율은 전체의 70~80퍼센트에 그치는 경우가 많다. 특히 논술학원처럼 주로 주말에 수업이 많고 고3 위주로 운영되거나, 돼지엄마나 카페맘과 거리 두기를 해온 학원들은 강남 3구 거주자가 60퍼센트를 밑돌기도 한다. 이는 대치동 학원 이용자의 30퍼센트 내외가 비강남권, 즉 가까이로는 서울 시내, 멀리는 경기 동남부 지역에서 오는 사람들이라는 것을 보여준다. 대치동 학원가에서는 이들을 원정족이라고 부른다.

원정족은 가장 다채로운 계급 구성을 보이고, 대치동을 찾게 된 계기도 천차만별이라 그 특징을 한마디로 정리하기는 어렵다. 대치동 학원에 보내야 아이 성적이 오른다는 이야기를 회사 상사에게서 들은 아빠가 직접 자녀를 데리고 대치동을 찾는 경우도 많다. 이런 아빠들은 상담 중에 자신이 학벌 때문에 불이익을 당했던 경험을 토로하며 아이가 꼭 좋은 대학에 진학하기를 바란다는 이야기를 하기도 한다. 회사 업무를 하듯 대학 홈페이지에서 입시 요강을 다운받아 성실하게 공부하거나, 팟캐스트나 온라인 입시 설명회를 통해 입시를 어느 정도 이해하고 있는 아빠도 많다. 그럼에도 아이가 좋은 학벌을 가졌으면 하는 마음이 크다 보니, 맹목적인 모방 전략으로

3부 대치동 사람들

자녀의 상황에 맞지 않는 입시 전략을 취하는 일도 심심치 않게 볼 수 있다. 입시에 대한 이해도가 높은 아빠들도 자녀의 미래가 걸린 선택 앞에서는 귀가 얇아질 수밖에 없는 것이다.

목동이나 중계동 등 서울의 교육 특구에서 대치동을 찾아오는 엄마들도 많다. 이들은 카페맘이나 아카데미맘 못지않은 교육열을 가지고 있는데, 평균적으로 대치동 엄마들보다 입시를 더 잘 이해하고 있다. 이들이 대치동을 찾는 이유는 크게 두 가지로 압축된다. 첫째는 입시 제도를 제대로 이해하고 나름대로 합리적인 전략을 세운 다음 자기가 사는 지역에서는 부족한 사교육 인프라를 찾아 대치동에 오는 것이다. 목동이나 중계동에도 사교육 인프라가 충분히 갖추어져 있지만, 입시 컨설팅이나 소수만을 뽑는 일부 전형에 대한 대비에는 약한 경우가 많기 때문이다. 둘째로 대치동 강사들이 더 뛰어난 실력을 가지고 있을 것이라는 기대 속에서 대치동 학원 문을 두드리는 이들이 있다. 이들은 상담 중에 자기 지역 학원에 대한 불만을 토로하며, 대치동은 좀 다르지 않을까 기대 반 의심 반으로 답하기 곤란한 질문과 요구를 하는 일이 많다. 자녀의 성적 상승을 보장해달라거나 다른 학생보다 더 신경 써서 지도해달라고 종용하는 식으로 말이다.

이들의 자녀는 엄마, 아빠의 바람을 잘 이해하고 있으며, 열심히 하겠다는 의지를 불태운다. 그러나 처음 찾은 대치동의 낯선 환경과 옆자리 아이들과 인사조차 주고받지 않는 냉

랭한 분위기에 어색함을 느끼거나, 난이도 높은 강의 내용을 아무렇지도 않게 따라가는 아이들에 주눅이 드는 경우도 많다. 주말마다 학원 수강을 위해 장거리를 오가다 보니 파김치가 되어 한두 달 만에 체력의 한계를 호소하는 학생들도 자주 보았다. 그래서 나는 언젠가부터 멀리서 오는 학생과 부모의 입원 상담을 할 때면 학생의 체력에 대한 부모의 판단과 주말 학원 스케줄 전반을 확인하곤 했다. 고3 시기에 체력이 고갈되면 자칫 입시 실패로 이어질 수 있고, 주말 낮 시간의 원거리 이동은 학습 시간 부족을 야기할 수밖에 없기 때문이다. 몸이 허약하거나 대치동 스케줄이 우리 학원 하나밖에 없는 학생은 거주 지역의 학원을 알아보는 쪽을 추천하며 돌려보내기도 했다. 그러나 그들 대부분은 주말 학원 스케줄을 전부 대치동으로 옮기고 다시 우리 학원을 찾아왔다. 그들 입장에서 대치동 학원가는 놓치고 싶지 않은 동아줄이었던 것이다.

그 밖에 송파, 성남(분당), 동작, 관악 등 상대적으로 접근이 수월한 지역에서도 대치동을 많이 찾는다. 아무래도 대치동 학원가가 선택의 폭이 넓기 때문인데, 이런 경우는 부모보다는 학생의 의지로 찾아오는 사례가 더 많다. 이 학생들의 부모는 대개 입시나 사교육에 큰 관심이 없는데 자녀가 스스로 알아보고 함께 가자고 하니 상담에 따라오는 경우가 많았다. 가장 다양한 성향의 부모를 만나게 되는 것은 이 부류다. 첫 상담에서 스스로 선택한 학원이 좋은 곳인지 확인하기 위해 다

3부 대치동 사람들

소 공격적으로 질문하는 학생과 이를 미안해하며 자녀를 나무라는 엄마를 만나기도 하고, 인터넷이나 친구들 사이의 입소문을 통해 확신을 갖고 온 학생과 자녀의 선택을 신뢰하지 못해 까다로운 소비자처럼 이것저것 재보듯 질문하는 부모를 만나기도 한다. 더 멀리 지방에서 좀 더 좋은 강의를 듣기 위해 대치동을 찾는 이들은 온 가족이 차를 타고 대치동에 와서 아이들은 학원을 돌고, 부모는 카페나 식당을 전전하다가 밤 10시 마지막 강의가 끝나면 집으로 돌아가는 일정을 주말마다 소화하곤 한다.

주말 저녁 9시 40분이 되면 이들 원정족 부모의 차량과 대치동 이외의 강남 거주 학부모의 차량으로 양방향 8차선의 도곡로가 빼곡하게 채워진다. 불과 30분 전만 해도 한산하던 도로에 숨막히는 교통 체증이 시작된다. 도곡로와 맞닿은 골목골목마다 자녀를 기다리는 차량과 자녀를 태우고 떠나려는 차량이 서로 다른 이해관계 속에서 치열한 자리싸움을 벌인다. 금방이라도 터질 듯한 이 도로의 동쪽 끝에는 한반도에서 가장 높은 마천루인 롯데월드타워가 찬란한 조명을 밝힌 채 무심하게 서 있고, 그 아래 놓인 대치동은 서로 다른 의지와 방향을 품은 수많은 부모의 차량들로 인해 1시간 동안 몸살을 앓는다.

3장

대치동 아빠들

아빠의 무관심과 기러기 아빠

아빠들은 대체로 교육 문제에서 전면에 나서지 않는다. 자녀 교육은 엄마들의 영토다. 자녀의 양육과 교육의 책임을 전적으로 여성에게 맡겨온 가부장제적 문화를 개별 남성이 깨고 나오기란 만만치 않은 일이다. 초등학교에서 운영되는 학부모회나 녹색어머니회(심지어 이름도 어머니회다)에 어쩌다 아빠가 대신 나가면 어느새 성역할 구분을 학습한 아이들의 반발에 부딪치는 경우도 많다. 뿐만 아니라 대다수의 한국 남성은 여성이 다수인 자리에 끼어 있는 일이 익숙하지 않기 때문에 자녀 교육 문제에서 남성의 입지는 좁을 수밖에 없다.

이런 상황에 익숙해지면 남편이 자녀 교육 문제에 개입하는 일은 일종의 영역 침범이나 쓸데없는 오지랖으로 여겨지기 쉽다. 수입의 상당 부분을 사교육비로 사용하는 가정이라면 이는 특히나 예민한 부분이다. 2016년 잡코리아가 자녀 있는 직장인 1202명을 대상으로 조사한 자료를 보면, 전체의 44.6퍼센트, 중고생 자녀를 둔 직장인의 59.6퍼센트가 자신을 '에듀 푸어', 즉 '교육 빈곤층'이라 여긴다는 충격적인 결과를 확인할 수 있다.[3] 사정이 이렇다 보니 남편이 교육 문제에 사사

---

3 「자녀 둔 직장인 45% "난 에듀 푸어"… 낳고 기르기 두렵다」, 『한국경제』, 2016년 6월 15일자.

건건 개입하고, 사교육비 지출에 감 놓아라, 배 놓아라 하는 일
은 가정의 평화를 위협하는 싸움으로 이어지기도 한다.

엄청난 사교육비가 투입되는 대치동에서는 더더욱 그렇
다. 아빠들이 상상하는 것보다 훨씬 많은 사교육비를 지출하
는 가정일수록 아빠의 개입이 금기시되는 경향이 있다. 대치
동에서 시작되었다는 우스개인 '좋은 대학에 가기 위한 세 가
지 조건'에 할아버지의 재력과 아빠의 무관심이 들어가 있는
것은 이러한 현실을 반영하고 있다. 대치동에서 4인 가족이 살
만한 집을 얻으려면 전세로라도 10억은 필요하다. 여기에 더
해 자녀가 고등학교에 들어가면서부터 급증하는 학원비를 감
당하는 일은 아무리 고액 연봉자라고 해도 만만치 않은 일이
다. 그러니 할아버지의 재력이 절실하고, 아빠는 관심을 꺼주
는 편이 나은 것이다. 공연한 자격지심으로 과도한 학원비 지
출에 반대라도 했다가는 아이의 대학 진학 계획이 어그러질
수 있기 때문이다. 그렇게 대치동 아빠들은 자의 반 타의 반으
로 자녀 교육 문제에서 뒷전으로 밀려났다.

2000년대에 주목받았던 '기러기 아빠' 정도가 교육과 관
련하여 거의 유일하게 호명된 아버지의 이름표였다. 아내와
자녀를 유학 보내고 홀로 남아 그 뒷바라지를 책임지는 이 불
쌍한 아빠들에 대한 동정 여론이 일기도 했지만, 기러기 아빠
의 형편과 처지도 각양각색이었다. 시간이 지나면서 이 말 많
은 동네의 아빠들도 몇 가지로 분류되기 시작했다.

충분한 재력을 보유하고 있어 언제든 가족을 보러 해외에 나갔다 올 수 있는 '독수리 아빠'는 동정이 아니라 부러움의 대상이었다. '펭귄 아빠'는 항공료를 아끼느라 가족을 보러 가지 못하는 아빠들의 처지를 날지 못하는 펭귄에 빗대어 일컫는 말이었다. 외국에 보낼 형편이 되지 못해 대치동에 전세를 얻는 아빠는 '대전족 아빠' 또는 '대전동 아빠'로 불렸다. 그나마도 어려워 작은 오피스텔을 얻어 아내와 자식만 대치동에 보낸 경우는 '참새 아빠'로 불렸다. 이 명칭들에서 확인할 수 있듯이 자녀 교육 문제에서 아빠들을 분류하는 기준은 사교육을 지원할 수 있는 경제력이었다.

대전동 아빠와 참새 아빠들이 사교육비를 감당하기 위해 투잡을 뛰거나 대리운전을 한다는 소문도 종종 들려왔지만, 학원에서 개별 가정의 은밀하고 사적인 경제 사정을 소상히 알기는 어려웠다. 2010년 이전까지 학원에서 강의를 하며 만났던 대치동 아빠들은 대체로 자녀의 학원 셔틀 기사 역할을 군소리 없이 수행하는 사람들이었다.

'라떼는 말이야'를 외치는
학력고사 세대의 아빠들

대다수의 대치동 아빠는 교육에 신경을 끄려 노력하지만,

그럴 수 없는 순간들이 있다. 공부를 잘하거나 원하는 대학에 진학할 가능성이 높은 학생들의 아빠는 마지막 상담까지도 얼굴을 보기 어렵다. 무관심이 좋은 결과로 이어지고 있는데 굳이 이제 와서 관심을 기울일 필요는 없을 것이다. 그러나 자녀의 성적이 심각하게 떨어졌거나, 본인의 기대보다 훨씬 낮다는 것을 뒤늦게 알았을 때 마침내 아빠들이 등장한다. 이 시기는 대체로 고3을 코앞에 둔 시기이거나, 그보다 더 늦으면 대입 원서를 쓸 즈음이다.

아빠들의 관심이 이렇게 늦어지는 이유는 대체로 본인의 경험 때문이다. 2010년대에 고등학생 자녀를 둔 아빠는 대개 학력고사 세대였다. 수능 1세대는 아직 드물었다. 고3 벼락치기로 학력고사 성적을 올린 경험을 직접 가지고 있거나, 그렇게 대학에 진학한 수많은 증거를 목격한 세대인 것이다. 그래서 아이의 성적이 안 좋아도 '공부가 인생의 전부는 아니다', '고3 때 열심히 하면 된다'며 도닥여주는 좋은 아빠가 될 수 있었다. 입시 제도가 조금 바뀌었다고 해도 고3 때 열심히 하면 충분히 회복할 수 있을 거라 믿었다.

이런 아빠들이 고3을 앞두고, 혹은 수시 원서 상담을 위해 고3의 복판에서 자녀, 아내와 함께 학원을 찾는다. 그리고 대체로는 큰 충격에 휩싸인다. 자녀가 고3을 앞둔 아버지와 어떤 상담이 이루어질지 상상해보자. 컨설턴트가 자녀의 현재 성적으로 갈 수 있는 대학의 위치를 보여주면, 아빠들의 첫 반응은 대

250   3부 대치동 사람들

체로 상황을 부정하는 것이다. 우리 애가 성적이 그다지 좋지 않다는 것은 알고 있지만 이게 말이 되느냐는 반응이다. 지원 가능한 대학의 수준이 자신의 기대에 못 미치는 것이다. 아빠들이 그렇게 느끼는 것은 실제로 학생이 공부를 못해서라기보다는 대학 서열에 대한 판단 기준이 과거와 달라진 탓이 크다.

학력고사 세대 아빠들이 대학에 진학하던 시대에는 각 지방의 국립대, 이른바 지방 거점 국립대의 위상이 높았다. 내가 고3이던 1990년대 초중반만 하더라도 내 친구들(문과)은 한양대에 진학할지, 전북대에 진학할지 고민했다. 그러나 2000년대 이후 지방 국립대의 위상은 점점 낮아져 이제 경북대나 부산대는 상위 소수의 몇 개 과를 제외하고는 대부분 경기대학교보다 배치표상 아래에 위치한다. 이 말은 아버지 세대가 알던 한양대와 오늘날의 한양대는 상대적 위치가 비교할 수 없을 만큼 차이가 난다는 뜻이다. 과거에 한양대에 진학하던 학생들 정도의 성적으로는 오늘날 건동홍숙(건국대, 동국대, 홍익대, 숙명여대)에도 턱걸이할 확률이 높다. 이 학교들은 모두 오늘날 전국 상위 16개 대학에 속하지만 아버지 세대의 기준으로는 지방 국립대보다도 낮은 위치의 대학들이라 심정적으로 받아들이지 못하는 것이다. 그 아래 대학들은 말할 것도 없다. 학력고사 세대 아빠들에게 가천대는 처음 듣는 곳이고, 세종대나 단국대는 후기 대학이다.

엄마들도 각 대학의 위상이 달라진 것에 혼란스러워하지

만, 그래도 그간 많은 정보를 접하며 머리로는 어느 정도 이해하는 편이다. 그러나 이 상황을 도저히 믿을 수 없는 아빠들은 고3 때 열심히 하면 정시로 더 좋은 대학에 갈 수 있다면서 아이에게 희망을 주는 쪽으로 태세 전환을 시도한다. 이때 컨설턴트는 침묵해야 할지, 진실의 고지자가 되어야 할지 잠시 고민에 빠진다. 물론 수능 공부를 정말 열심히 한다면 정시에서 기적을 만들 수도 있을 것이다. 하지만 현실이 그렇게 녹록지 않다는 사실을 알려주지 않을 수 없다. 정시모집 비율이 대체로 30퍼센트대, 수시 이월 인원을 포함해야 가까스로 40퍼센트를 넘기는 상황인 데다가 학령 인구의 감소로 상위권 대학은 모집 인원수마저 줄어들어 정시로 합격하기가 바늘구멍을 통과하는 일만큼 어렵다는 사실, 재학생이 정시에서 성공할 확률은 대단히 낮다는 사실을 알려주어야 한다.

고3에 올라가기 직전 겨울 방학에 정말 열심히 공부를 해서 3월 학력평가에서 꽤 큰 폭의 성적 상승을 이루었다고 해도 이것은 재학생 집단 내에서의 위치일 뿐이다. 6월 모의평가에서 6만여 명의 N수생이 들어오면 1차로 성적이 하락한다. 아무래도 객관식 학력평가의 특성상 오래 공부한 학생이 유리할 수밖에 없을 뿐만 아니라, 재수생은 중간·기말고사와 수행평가의 부담이 없기 때문에 수능에만 전념할 수 있고 더 많은 사교육의 혜택을 받고 있기 때문이다. 그다음 9월 모의평가에서는 1만 명 이상의 반수생이 들어온다. 반수생의 과반 이상

3부 대치동 사람들

은 이미 꽤 좋은 대학에 진학했으나 SKY 등 더 상위 대학에 진학하고자 하는 학생들이라 이들 중 상당수가 최상위권에 포진하니 재학생의 상대적 위치는 또 한 번 내려간다. 여기에 실제 수능에는 5만여 명의 N수생이 추가로 들어온다. 이뿐만이 아니다. 재학생 가운데 대학에 갈 생각이 없는 학생들이 있다. 학교에서 의무적으로 치르는 모의평가에서는 한 줄로 내리 답을 찍고 깊은 수면을 취하던 이 학생들은 실제 수능에는 응시하지 않는다. 이들의 수가 매년 5만 명 이상이다. 다시 말하면 겨울 방학에 열심히 공부해서 성적을 좀 올린다 해도 모의평가에 참여하는 N수생 수가 증가하고, 소위 '바닥을 깔아주던' 재학생들이 실제 수능에서 빠져나가면서 대다수 학생은 다시 성적이 하락한다. 실제로 전 과목 4등급 이상을 받는 재학생 가운데 고2 11월 모의평가의 성적과 비교해 수능 성적이 큰 폭으로 상승한 학생의 비율은 십수 년째 극히 미미하다.

나는 설명회와 상담 때마다 교육과정평가원과 교육청의 통계 자료를 분석하며 이 사실을 강조했지만 부모 세대, 특히 아빠들의 생각을 바꾸기는 쉽지 않았다. 사람은 대체로 위급한 상황이 닥치면 객관적인 정보보다 경험을 신뢰하기 때문이다. 내비게이션이 이 길이 막히니 다른 길로 가라고 알려주어도 자신이 가보았던 길을 고집하다가 시간이 지체되는 것처럼 말이다.

다시 말하지만, 학력고사 시절과 지금의 입시는 다르다.

한 번의 주입식 암기형 시험으로 전국의 학생을 서열화하던 그 시절의 입시는 단순하고 명료했다. 그러나 입학사정관제의 도입과 함께 시작된 정성 평가는 사람들을 혼란에 빠뜨렸다. 수능 시험 이외에도 준비해야 할 것이 많아졌다. 부모들은 이른바 전공 적합성을 보여줄 수 있는 활동을 마련하기 위해 2, 3년간 갖가지 노력을 기울인다. 전공 적합성을 위한 활동은 암기식 교과 공부보다 재미있고 의미 있게 여겨질 뿐 아니라 친구들과의 소모임 등을 통해 책임감, 성취감을 느낄 수도 있어서 학생의 입장에서도 이쪽에 매진하게 되는 경우가 많다. 그러나 문제는 정성 평가가 더 이상 비교과 활동만을 평가하는 것이 아니라는 데 있다. 2015학년도 학생부종합전형 도입 초기 비교과 활동만으로 명문 대학에 합격했던 꿈같은 이야기는 이제 사라졌다. 합격자들의 교과 내신 성적 통계는 각 대학에서 학생을 선발할 때 내신 하한선을 어느 정도 정해놓고 있다는 사실을 입증한다. 내신 성적을 관리하지 못하면 2, 3년간 비교과를 위해 들인 노력이 헛수고가 되어버리는 것이다. 자녀의 지원 가능 대학 목록에 충격받은 아빠 옆에는 이러한 이유로 또 다른 충격을 겪고 있는 엄마와 학생이 있다.

대다수의 아빠는 데이터를 확인하면 지금까지의 전략이 오류였음을 빠르게 인정하지만, 그렇다고 자녀의 지원 대학 수준을 낮추려고 하지는 않는다. 가능성이 희박하더라도 정시에 매달린다. 학벌 자원을 획득하는 인생의 첫 경쟁에서 아이가 패배하지 않기를 바라는 부모의 마음이야 십분 이해할 수 있다. 계급의 유지 또는 상승을 위해 학벌은 포기할 수 없는 자원이기 때문이다.

아빠들이 정시를 고집하는 또 한 가지 이유는 사교육에 대한 부정적인 윤리적 선입견 때문이다. 사람의 가치 판단 기준과 취향 체계는 사회화 과정에서 대체로 정립된다. 부르디외에 따르면 계급적 성향 체계는 신체적 습관으로 각인되는 엑시스hexis적 요소와 도덕적 판단 체계를 형성하는 에토스ethos적 요소에 의해 형성되는데, 이는 모두 사회화 과정에서 반복되는 계급적 경험 속에서 체득되어 굳건하게 자리 잡는다. 대치동 아빠들도 그렇다. 대치동에서 일찍부터 사교육을 접한 학력고사 후기의 일부 연어족 아빠를 제외하면, 과외는 물론 재학생의 학원 수강 자체가 금지되었던 1980~1990년대 초에 청소년기를 보낸 대다수 아빠들의 에토스는 사교육을 일종의 사회악으로 여기는 방향으로 형성되었다. 대학 진학 이후 학생운동 등의 영향 속에서 이러한 윤리적 판단 기준을 내면화한 경우도 많다. 그러니까 이들 입장에서는 자신은 학원 한 번 다니지 않고도 대학에 잘만 갔는데 이렇게 엄청난 돈과 시간을 들여 아이를 고생시키는 것이 마땅치 않은 것이다.

이들은 사교육에 대한 근본적인 불신을 품고 있다. 그동안은 이런 생각을 꺼냈다가는 세상 물정 모르는 사람 취급을 당하고, 부부간의 불화로 이어지기 때문에 학원 셔틀 기사나

하며 잠자코 협조했으나 결정적인 순간에 이 불신을 다시 꺼내들고 만다. 사교육 업체의 입시 컨설팅을 믿지 못하는 것이다. 내 자녀가 원하는 대학에 진학할 수 없을 거라고 이야기하는 컨설턴트의 말을 무시한 채 학종과 논술이라는 현실적인 선택지를 모두 버리고 자녀를 정시에 올인하게 한다. D외고 등 학생들의 학력 자원이 좋은 학교들조차 정시 올인 전략을 택한 학생의 입시 성공률이 30퍼센트를 밑돈다는 사실을 알려주어도 이 아빠들의 고집은 잘 꺾이지 않는다.

경제적 형편이 좋아서 한두 번의 입시 실패는 재수나 유학으로 만회할 수 있다고 믿는 가정이라면 이런 선택이 나쁘지 않을 수도 있다. 그러나 안타깝게도 경제적으로 여유로운 쪽보다는 대전족이나 원정족 아빠, 참새 아빠일수록 정시 올인에 대한 고집이 강하다. 다른 선택지 없이 코너에 몰리다 보니 가능성이 적더라도 요행을 바라게 되는 것이다. 이는 심리 경제학적 인지 편향 중 손실 회피 편향에 따른 비합리적인 판단인데, 학벌이라는 자원의 상실(손실)을 회피하기 위해 정시의 성공 확률을 과대평가하여 그것을 합리적 선택이라고 착각하는 것이다. 그렇게 대치동 아빠들의 무리한 정시 올인 판단은 강남의 재수 선택 비율을 높이는 원인 중 하나가 되었다.

정보력으로 입시 판을 바꾼
소수의 연어족 아빠들

그렇다고 대치동 아빠들이 모두 입시에 무관심하거나 고집스럽게 비합리적인 전략을 강요하는 것은 아니다. 논술이 강화되고 입시 제도가 점차 복잡해지기 시작한 2000년대 후반부터 대치동에도 조금씩 다른 유형의 아빠들이 나타났다. 엄마들밖에 보이지 않던 입시 설명회에 아빠들의 모습이 하나둘 눈에 띄기 시작했다.

2010년을 전후해서 대입 시장에 등장하기 시작한 이 아빠들 중 상당수는 변호사, 의사, 교수 등 전문직 종사자들이다. 이들은 자신의 분야에서 갈고닦은 정보 이해 방식을 동원하여 돼지엄마가 주축이 되어 움직이는 카페맘 커뮤니티에 의존하지 않고, 독자적으로 정보를 입수하고 분석하기 시작했다. 이들 가운데는 대치동 출신이 많았는데, 그 자신이 사교육과 학벌의 효과를 경험한 당사자였기에 입시와 사교육에 대한 이해도가 대단히 높았다. 스스로 입시 요강을 세밀하게 분석하고, 지원 성향에 관한 통계까지 입수하여 어지간한 입시 전문가 뺨치는 수준으로 입시 제도를 이해하고 있는 아빠도 있었다. 실제로 이러한 아빠들 중에는 자녀가 의대 입시 등에 성공한 이후 입시 전문 온라인 카페 운영자나 입시 컨설턴트로 활동하는 사람도 있다.

학원 설명회에 자주 참석하는 대치동 아빠도 소수 있었는데, 새로운 정보를 얻기 위해서라기보다는 학원의 입시 이해 수준과 강사들의 실력을 확인하기 위한 경우가 많았다. 학원의 정기 상담에 매번 아내와 함께 찾아오는 소수의 아빠들 중 절반 정도는 대치동 토박이, 그러니까 연어족이었다. 이들은 1990년대에 사교육의 혜택을 직접 경험한 세대라 학원의 실력을 확인하고 나면 무리한 요구 없이 학원의 방침을 따르는 편이다. 학원 운영자 입장에서는 착한 소비자들이라고 할 수 있다.

2008학년도 이후 입학사정관제가, 2015학년도 이후에는 학생부종합전형이 도입되면서 이들 연어족 아빠의 영향력이 더 커졌다. 학생의 적성과 잠재력을 정성 평가하는 새로운 전형은 기존의 학원 시스템을 통해서는 대비하기가 어려웠다. 학생마다 다른 특기와 적성을 이해하고 발전시키는 것이 목표가 된 상황에서 전교 1등이 다니는 학원, 수능 공부를 잘 가르치는 학원을 찾는 것은 더 이상 의미가 없어졌다. 기존의 엄마 커뮤니티의 정보력이 떨어지기 시작했다. 엄마들이 달라진 환경에서 전전긍긍하는 사이 소수의 연어족 아빠들은 최신 입시 정보를 수집하여 아이들이 당장의 학과 성적 및 점에 연연하지 않도록 중심을 잡아주었다. 이런 아빠를 둔 아이들은 주위의 입소문에 많이 휘둘리는 엄마보다 아빠와 이야기하는 것을 편하게 여기는 경우가 많았다. 학과를 선택하거나 전공 적합성에 대한 이야기를 나눌 때는 특히 그랬다. 자녀가 어렸을 때부터 친구 같은 아빠로 지내온 이들은 자녀들의 의사와 판단을 존중하면서도 그 판단에 근거를 댈 것을 요구했다. 상담 과정에서 아빠와 아들딸 사이에 진지한 토론이 벌어지기도 했다. 이들은 친근하고 합리적인 아빠였다. 이 새롭게 등장한 대치동 아빠들은 엄마가 전담하던 교육 문제의 부담을 함께 지기 시작했다. 이런 서술이 성별에 대한 편견에 기초한 것은 아닌가 생각하는 독자도 있을 텐데, 사실상 대치동은 그런 편견에 충실하게 따르며 움직이는 곳이다.

이들 소수의 연어족 아빠들은 전문직으로서 또는 직장과 사회생활에서 얻은 경험을 살려 자녀의 진학에 도움을 주었다. 초기 입학사정관제의 도입으로 중요해진 전공 적합성 관련 활동을 찾아주거나, 자신의 학벌과 인맥을 동원해 그러한 활동을 직접 마련하기도 했다. 이들은 이른바 '아빠 찬스'라고 불리는, 초기 입학사정관제가 지닌 모순의 발원지였다. 자녀의 교육 문제에 관심을 갖고, 아이의 취향과 적성에 맞는 활동을 찾아주기 위한 아버지의 노력을 잘못되었다고 할 수는 없다. 자신의 인적 네트워크를 통해 아이들이 선망하는 직업과 분야에서 체험의 기회를 마련할 수 있는데도 사회적 정의를 이유로 이를 외면할 부모는 아마 별로 없을 것이다. 문제는 그 활동 기회가 모두에게 주어질 수 없을 뿐만 아니라, 제도적으로 공인되지 않은 것이기에 임의로 운영되거나 기록을 남기

　　　　　　　　　　　　　　　　3장 대치동 아빠들

기 위한 형식적이고 허술한 활동에 그치는 일이 많았다는 것이다.

특히 문제가 되었던 것은 봉사 활동과 논문 활동이었다. 활동 시간을 부풀리거나 심지어 하지도 않은 봉사 활동의 확인서를 끊어주는 일도 있었다. 통계 정리와 같은 단순 업무를 도왔다는 이유로 논문 공저자로 이름을 올려주는 일도 암암리에 있었다. 앞서 언급한 것처럼 이러한 활동이 실제로 대학의 입시 사정에서 상당한 영향력을 갖는다는 사실이 확인되면서 학교에서도 이 아빠들을 교육 활동 자원으로 활용하려는 움직임이 나타났다. 물론 그 혜택은 대부분 비슷한 계층의 자녀들에게 돌아갔지만 말이다. 아빠들의 이러한 노력은 특권층의 도덕적 해이와 불법적 비리로 나타나기도 했지만, 만약 그 과정이 투명했다면 적어도 자녀 교육에 관한 고정된 성 역할을 무너뜨린 것으로 평가해볼 수도 있을 것이다.

하지만 이런 사례는 극히 일부일 뿐 대치동에서 자녀 교육에 관심을 보이며 구체적인 개입을 하는 아빠는 여전히 소수에 불과하다. 이들 연어족 아빠와 앞서 언급했던 원정족의 일부 아빠 정도가 대치동의 새로운 아빠 역할 모델을 만들어 가고 있다.

아빠의 중심 잡기가 어려운 세 가지 이유

대치동 학원가를 벗어나서 보면 양육 과정에서 아빠의 역할에 대한 다양한 고민과 화두가 있다. 아이들의 정서적 안정을 위해 자연과 친숙해지도록 돕는 '스칸디 대디', 친구 같은 아빠를 표방하는 '프렌들리 대디' 등 의미 있는 노력과 논의들이 있는 것으로 알고 있다. 그러나 입시라는 현실적 압박 속에서 당당하게 '좋은' 아빠의 길을 주장하고 실천할 수 있는 사람은 드물다.

자녀 교육 문제에서 아빠의 중심 잡기가 어려운 첫 번째 이유는 가부장적인 사회 구조 속에서 충분한 경제력을 확보하지 못한 아빠들의 자격지심 때문일 것이다. 자녀들이 앞마당에서 눈사람을 만들고 눈싸움하는 모습을 보면서 더 큰 마당을 마련해주지 못하는 것을 애석해하는 아버지의 낭만적인 슬픔 같은 이야기를 하려는 것은 아니다. 경제적 안정을 남성의 책임으로 여기도록 배우고 성장한 세대로서 느끼는 자괴감 같은 걸 말하는 것이다. 자신은 사교육을 부정적으로 여기지만 (이것이 과연 타당한 인식인지는 뒤에서 다시 논의하겠다) 자녀가 학벌을 얻기 위해서는 사교육이 불가피한 현실을 억지로 받아들인 이 아빠들은 엄마와 아이의 노력을 경제적으로 온전히 지원해주지 못하는 참담한 마음에 도움은 못 되어도 방해는 하지 말아야겠다고 마음먹는다. 그런 생각이 이들을 교육 문제

3장 대치동 아빠들

에서 한발 물러서게 한다. 이런 자격지심은 엄마와 아이의 노력이 실패했을 때 더 어려운 전략을 고집스럽게 강요하는 왜곡된 권위주의로 발현된다.

두 번째 이유는 남성 중심적 사회 구조의 폐해 때문이다. 자본주의적 경쟁의 진화 발전 과정에서 남성과 여성의 성 역할은 왜곡된 방식으로 분화되고 고착되었다. 성 평등이 사회적 화두가 되고, 상층 계급 여성의 사회적 지위 상승이 괄목할 만한 수준으로 일어나고 있지만 여전히 대다수 여성은 주변부에 있다. 우리나라는 OECD 국가 가운데 여성 저임금 근로자 비율이 가장 높은 수준이고, 남녀의 평균 임금 격차도 좀처럼 좁혀지지 않고 있다. 이런 상황에서 자녀의 양육과 교육은 여전히 여성의 몫으로 간주되고, 남성이 자녀 교육에 개입하는 것은 남자답지 못한 것으로 여기는 문화도 잔존하다 보니 '아빠의 무관심'이 마치 당연한 일처럼 받아들여진다. 개별 남성이 이러한 사회 분위기에 저항하기는 쉽지 않을 것이다. 이를 내면화한 남성들은 가부장이라는 허울뿐인 권위를 내세우며 최종적인 관리자나 인허가자로 군림하는 태도를 취하는 경우가 많다.

세 번째 이유는 위의 두 가지 이유가 초래하는 교육과 입시에 대한 무지 때문이다. 무지는 과거의 제한적인 경험에 인간을 붙들어두고 현재에 적합하지 않은 판단을 합리적이라 착각하게 만든다. 물론 이러한 무지를 개별 부모의 잘못이라고

만 보기는 어렵다. 교육과 입시 제도가 지나치게 복잡하고 너무 빨리 변화해 따라잡기 어려운 상황이라면, 정확한 정보를 이해하기 쉽게 제공해 개인의 결정을 도울 수 있는 사회 시스템이 마련되어야 한다. 이런 시스템이 부재한 상황에서 진위를 알 수 없는 입소문과 무지가 결합하면 누구도 합리적 판단을 하기 어렵다. 아빠들의 교육 참여가 이른바 전문직 특권층에서만 가능한 이유도 여기에 있다. 그들은 훈련된 정보 습득과 이해 능력을 바탕으로 합리적이고 전략적인 판단이 가능한 사람들인 것이다. 이와 같이 대치동 아빠들이 겪는 문제들 안에는 이 사회의 교육과 그것을 둘러싼 사회 시스템의 모순이 고스란히 담겨 있다.

4장

대치동 학원가 사람들 ①

– 학원장

대치동 학원 비즈니스 구조의 변천사

메가스터디의 성공 신화를 계기로 2000년대 중반부터 대규모 투자 자본이 대치동 '사교육 비즈니스'에 흘러들기 시작했다. 2000년대 초반까지 학부모들의 교육열에 운동권 출신, 전교조 출신 등의 진정성이 결합하면서 만들어졌던 대치동 학원가의 열기도 그 색깔과 강도에 변화가 일기 시작했다. 대형 자본은 기존 학원들의 커리큘럼과 시스템, 강사 네트워크를 비롯한 무형의 자원을 표준적인 시스템으로 대체하기를 원했다. 비즈니스의 규모를 확대하기 위해서는 전문 역량을 표준화할 필요가 있었기 때문이다. 이 과정에서 학원가 사람들이 맺는 관계와 네트워크의 성격도 변화하기 시작했다. 과거 알음알음 맺은 관계를 바탕으로 하던 학원 사업 방식을 낡은 것으로 여기는 분위기가 만들어졌다. 2008년 이후 대입 제도가 급격히 변화하면서 이러한 인식이 빠른 속도로 퍼져 나갔다. 정보를 체계적으로 축적하여 입시에 적용하는 시스템을 갖추지 못한 대부분의 중소형 학원은 점차 사라질 운명에 처했다.

실제로 2000년대 후반 이후 대치동에서 학원을 열고 운영하는 일은 더 이상 개인이 만만하게 뛰어들 사업이 아니었다. 상상을 뛰어넘는 높은 지대와 임대료, 매년 바뀌는 교육 소비자로 인한 불안정한 수익 구조, 정권 교체에 따른 교육 정책의 급선회와 시장 상황의 가파른 변동성 등으로 학원 운영은 상시적인 위기 상황에 놓여 있었다. 특히 입소문의 영향을 크게 받는 대치동의 특성상 이러한 변수에 적절하게 대응하지 못하면 언제 사라져도 이상하지 않은 것이 대치동 학원이었다. 그런 상황에서 강사 개인이 운영하는 학원은 점점 줄어들었다. 소규모 교습소가 아니라 교육청에 등록해야 하는 학원의 경우 일정 규모 이상의 공간을 확보해야 하기 때문에 학생을 동원할 수 있는 확실한 기반이나 안정적인 자금 지원 없이는 새롭게 오픈할 엄두를 내기 어려웠다. 2010년 즈음해서 대치동에서 중소 규모 학원의 영향력은 현저히 줄어들었다. 거대 자본이 투입된 대형 학원과의 경쟁 속에서 이들은 통폐합의 압력을 받기 시작했다.

이전까지 대치동 학원들은 1타 강사나 돼지엄마 등 개인의 역량에 따라 흥망성쇠가 좌우되는 경우가 많았다. 반면 대규모 자본이 운영하는 새로운 학원들은 개인이 축적한 역량을 시스템화하여 장기적인 사업적 안정성을 확보하는 방향으로 움직였다. 그러나 초중등부를 상대로 하는 영어학원과 일부 수학학원은 큰 성공을 거두기도 했지만 고등부로, 대입전문학원으로 올라갈수록 신규 대형 학원의 성공 확률은 극히 낮았다. 2006년 이후 대치동에 들어온 외국계 자본은 이곳의 특성과 상황을 제대로 파악하지 못해 대부분 실패로 귀결되었다. 고등부로 갈수록 학생들의 상황이 다양하고, 대입 제도가 점점 더 복잡해지면서 표준화된 교육 서비스가 시장의 선택을 받기는 어려웠다. 더군다나 빠른 자금 회수를 원하는 투기 자본의 특성은 인적 네트워크와 개개인의 역량이라는 무형의 자원에 기초한 학원 사업과 조화를 이루지 못했다. 결국에는 자본금 회수에 따른 부도나 법정 소송으로 치닫는 일이 많았다.

이러한 상황에서 대치동 학원가는 2010년대 초 이후 기존의 인적 네트워크를 충분히 활용할 수 있는 새로운 학원 사업 모델을 만들었다. 이 모델은 자본에 의한 학원의 대형화에 대응하고자 중소 학원들이 합병이나 전략적 제휴를 선택하면서 성립했다. 구체적으로 말하면, 뛰어난 상담 인력을 조직하여 입시 센터를 만들고, 이곳에서 학부모와 학생들의 다양한 수요를 파악한 뒤 이를 중소 학원의 전문적인 교육 서비스로 연결하는 비즈니스 모델이 등장한 것이다. 입시 센터와 온라인 입시 카페 등이 플랫폼이 되어 입시 및 학습 상담을 제공하고, 강사 네트워크나 강좌 프로그램과 연계하여 수요자들에게 맞는 교육 서비스를 찾아주었다. 대치동 학원가는 전통적으로 중소 규모 학원의 전문화된 서비스가 강점이었고 상담실장, 강사, 입시 전문가 등 개인의 역량이 큰 힘을 발휘하는 공간이었기에 이러한 사업 모델은 크게 각광받으며 대치동 교육 서비스의 성격을 근본적으로 바꾸어놓기 시작했다.

대치동 학원가 사람들은 이러한 변화 과정에 대한 이해를 바탕으로 바라볼 필요가 있다. 그래야 그들이 무엇을 하는 사람들인지, 어떤 욕망과 문제 속에 놓여 있는지를 파악할 수 있다.

학원장, 대치동 시스템의 설계자들

대치동에서 학원을 운영하는 사람들의 일상은 고단하다. 불법적인 영업을 하지 않는 경우라면, 평일에는 학교 정규 수업이 끝나는 오후 시간부터 밤 10시 사이에 주로 강의가 이루어진다. 그러나 고등부 학원 데스크는 오전 10~11시에 문을 여는 경우도 많고, 일부 영어나 수학학원은 새벽반을 운영하기도 한다. 그리고 주말에는 하루 12~15시간의 강의를 거의 휴식 없이 소화한다. 일부 수능이나 논술 전문 강사는 내신 기간에 휴식을 취하기도 하지만, 학원은 그 기간에도 상담과 설명회를 진행해야 하기 때문에 1년 365일 쉬지 않고 돌아간다. 학원 운영자들, 그러니까 각 학원의 원장들은 연간 일정이라는 쳇바퀴 안에서 움직이는, 대치동 학원가라는 거대한 회전목마를 움직이는 중심축이다.

중소 규모 학원은 일반적으로 원장과 행정 직원, 상담실장, 고용 강사진으로 구성된다. 그러나 대치동은 대형 자본의 유입과 상담 플랫폼의 등장으로 학원 운영진의 역할과 위상이 다변화되었다. 먼저, 학원의 자본 소유주나 설립 법인이 따로 있는가에 따라 고용 원장과 오너 원장으로 나뉜다. 그리고 현재 강의를 진행하고 있는가에 따라 강사 출신 원장과 비강사 출신 원장으로 나뉜다. 자본 소유주나 법인의 방침에 따라 고용 원장 가운데도 강의를 하는 사람이 있고 전문 경영인도 있다. 오너 원장도 강사 출신 오너인가, 상담실장이나 학부모 출신 오너인가로 구분해볼 수 있다.

강사 출신 고용 원장은 강사로서 얻은 유명세를 바탕으로 중소 규모의 학원을 열어 운영하다가 전문성을 인정받아 외부 투자를 유치하면서 고용 원장이 된 경우가 많다. 투자 과정에서 적지 않은 돈을 벌었지만 계약상의 조건 때문에 현직에 남아 있는 이들이 대부분이다. 2000년대 후반까지 투자 실패의 경험을 축적한 자본 시장은 대치동 학원 사업이 인적 자원에 높은 의존성을 보인다는 것을 이해하게 되었고, 그래서 투자 시 오너 원장이나 현직 경영진에게 경영 책임 유지를 조건으로 거는 일이 많아졌다. 물론 드물게는 교육적 사명감 때문에 현직을 유지하는 사람도 있다. 이 고용 원장들은 장기간에 걸친 입시 경험을 가지고 있고, 학원 운영을 시스템화하는 방법을 고민하면서 입시 제도 자체를 정확하게 이해하게 된 경우가 많지만, 학부모 등 교육 소비자와 직접적인 접촉은 적은 편이다. 간혹 원장의 직접 상담을 수익 모델로 삼고 있는 학원도 있으나 대체로는 입시 설명회 준비, 상담 역량 제고, 뛰어난 고용 강사 확보, 1타 강사와의 계약 등 시스템의 문제에 집중하고 사업 규모를 확대하는 데 더 많은 노력을 기울인다.

대체로 교습소를 간신히 면한 소규모 학원일수록 강사 출신 오너 원장인 경우가 많다. 이들은 뛰어난 강의 능력이 입소문을 타면서 영향력을 확보한 사람들로 자신의 실력이나 경험에 대한 자부심이 남다르다. 그러나 입시에 관해서는 개인이 얼마나 노력했느냐에 따라 능력 차가 크다. 자신이 강사로서 일했던 대형 업체와의 교류 능력, 오랜 입시 경험을 통해 확보한 네트워크와 정보력을 바탕으로 현행 입시를 정확하게 이해하고 있는 이들도 있지만, 자신의 과목 말고는 감에 의지해 부정확한 정보를 유포하는 이들도 종종 있다.

원장이 직접 강의를 하고, 그 직강반이 수강 신청 마감이 되었더라도 대치동의 높은 임대료 때문에 그것만으로는 학원 운영이 불가능하다. 2010년경까지만 해도 원장이 직접 모든 강의를 하며 데스크 직원 한 사람만 두고 운영하는 학원이 일부 남아 있었지만, 이런 학원들은 각 지역에서 이름 난 강사들이 자신이 대치동에 있는 자기 소유 학원에서 강의를 하고 있음을 입증하기 위해 적자를 감수하고 있는 경우가 많았다. 이런 강사들은 평일 낮에는 강남의 재수종합반 학원에 출강하고, 저녁에는 대치동의 자기 학원 혹은 몇몇 강사들과 함께 운영하는 학원에서 한 타임 정도씩 강의를 진행했다. 주말에는 서울이나 지방(유독 대구가 많았다)의 자기 지역으로 옮겨가 대형 강의를 진행해 수입을 충당했다. 그러니까 대치동 학원은 이들에게 자신이 대치동 1타 강사임을 주장하며 자신의 주력 지역에서 이름을 알리기 위한 현장 존재 증명용 알리바이였던 셈이다. 그러나 임대료 압박이 커지며 이런 학원들은 점차 사라져갔다.

　　　　　　　　　　3부 대치동 사람들

강사 출신이 아닌 고용 원장은 일종의 전문 경영인이라고 볼 수 있는데, 2010년대 초반 이후 거의 사라져 찾아보기가 어렵다. 학원 업계 경험 없이 대치동 학원에 투입되었던 이들은 이곳 학원가의 독특한 서비스 생태계를 이해하지 못한 채 일반 기업처럼 학원의 독립적 내실을 기하려다 중요한 인적 자원을 놓치고 경영 실패에 이르는 경우가 많았다.

강사 출신이 아닌 오너 원장은 대체로 상담실장이나 돼지엄마 출신이었다. 각 학원에서 학부모 상담과 홍보, 입시 전략 연구 등을 담당하며 정보력과 노하우를 축적한 상담실장 가운데 자기 돈을 들여 학원을 창업하는 사람들이 있었다. 이들은 광범위한 강사 네트워크와 학부모 조직 방식을 이해하고 있어 좋은 성과를 거두는 경우가 많았다. 상담실장은 대치동의 중요한 구성 주체이기 때문에 이들에 관해서는 다음 장에서 상세하게 설명할 것이다. 돼지엄마 출신 원장들은 자신을 따르는 카페맘들을 중심으로 안정적인 수요층을 확보해 초기 2, 3년간 성공적인 학원 운영을 하기도 했다. 그러나 입시 제도 변화에 신속히 대응하거나 학생 개개인에 맞춤한 전략을 수립하는 데 미흡하여 큰 학원으로 성장하는 사례는 많지 않았다. 이는 입시 제도가 단순하고 상가의 임대료 상승률이 상대적으로 완만하던 1990~2000년대 초반 학부모 출신 원장들이 학원 사업의 대형화에 성공했던 것과는 대비되는 모습이다.

출신과 무관하게 오너 원장들은 임대료의 압박에서 누구

도 자유로울 수 없었다. 재개발이 완료된 아파트가 늘어나면서 대치동의 지대 상승이 가속화되던 2000년대 중반 이후, 오너 원장들은 학원 운영에 어려움을 겪었고 자기 건물을 갖지 않는 한 큰 이익을 기대할 수 없었다. 또한 2008년 이후 내내 입시 정책이 요동치면서 대치동의 학원가에는 스산한 바람이 잦아들 날이 없었다. 논술학원은 문을 닫거나 규모를 점차 축소했고, 수능 중심의 단과 학원이 내신 중심의 중대형 학원으로 통폐합되는가 하면, 독학재수학원이나 독서실 카페 등으로 업종 전환을 하는 경우도 많았다. 학원의 이전과 업종 변경이 잦아지면서 학원 전문 부동산 중개인의 수가 점차 늘어났다. 대치동 골목골목의 오너 원장들은 학원 운영의 조언자를 자처하던 일부 학원 전문 중개인과 친분을 쌓으며 오묘한 공생 관계를 유지하기도 했다.

학원장들의 영향력

대치동에서 학원장은 강사 출신이든 아니든, 오너이든 아니든 그 역할은 별반 차이가 없다. 역할만으로 보자면 학원을 유지하기 위한 기반을 마련하고 운영 전반을 관리하는 사람일 뿐이다. 이들은 각자의 이해관계 속에서 현행 입시 제도를 파악하고, 이에 대비하기 위한 사교육 프로그램과 강좌를 기획하며, 그에 따라 강사와 교육 소비자들을 조직해온 사람들이다.

그러나 이들 학원 운영진은 대치동에서 가장 영향력 있는 스피커라는 사실을 기억할 필요가 있다. 원장들은 입시 설명회와 여러 상담 공간에서 학부모와 학생을 상대로 입시와 교육에 대해 발언할 수밖에 없고, 그 발언 내용은 사람들의 입시에 대한 이해와 전략 선택에 실질적인 영향을 미친다. 그 내용이 얼마나 타당하고 설득력 있는가도 중요하지만, 이들의 발언이 갖는 힘은 말한 사람의 배경과 출신에 더 큰 영향을 받는다. 입시 전문가를 자처하는 이 원장이 1타 강사 출신인지, 돼지엄마 출신인지, 아니면 대형 업체의 입시 전문가 출신인지에 따라 이들의 말은 다른 후광 효과와 선입견 속에서 소비된다. 이러한 담화가 생산되고 소비되는 구조 속에서 대치동은 물론 대한민국 사교육의 입시 전략이 그 모습을 갖추어간다.

대치동 원장들의 영향력이 어떤 강제성이나 실질적인 압력을 통해 나타나는 것은 아니다. 그 작동 방식은 담론의 권력 구조 안에 있다. 대치동의 교육 소비자들 중에서 입시 요강을 직접 읽고 분석하여 현행 입시 제도를 이해하는 사람은 극히 드물다. 대개는 카페맘들 사이에 떠도는 정보를 통해 입시를 이해한다. 그리고 이 떠도는 정보의 원천은 설명회와 학원 발품이다. 다시 말해서 설명회에 연사로 서는 학원장과 운영진의 이해와 판단이 교육 소비자들의 원천 정보가 되는 셈이다. 이는 부동산 매물의 물색과 거래 과정에서 강남 여성들이 공인중개사가 제공하는 정보와 시세 및 정책 전망에 기초해 시장을 판단하고, 그들이 제공하는 매물 가운데 자신의 투자처를 선택하는 것과 상당히 유사하다. 그렇게 대치동 교육 소비자의 상당수는 학원장들이 자신이 이해한 바를 바탕으로 설계한 사교육 프로그램 가운데 자녀의 현실에 적합하다고 생각하는 것을 골라 소비하는 방식으로 자녀 교육을 수행하고 있다.

역으로 보면, 대치동 학원장들은 대치동 교육 소비자들에게 현 상황을 이해하는 방식과 더불어 해법까지 제시해주는 사람이어야 한다. 대학 입시에 몰두하고 있는 부모들의 무수한 돌발 질문에 명쾌하게 답하고, 입시를 앞둔 학생이 각양각색의 고민을 돌파할 수 있도록 대책을 제시하는 학원을 만들어야 한다. 따라서 이들은 누구보다 입시를 정확하게 이해하기 위해 노력하고, 입시 당사자의 관점에서 가장 좋은 선택이 무엇일지 고민하며, 충실한 사교육 프로그램을 만들고 좋은 강사를 섭외하기 위해 노력한다. 결과적으로 이들은 대치동에서 공유하는 교육에 관한 관점과 태도, 사교육 비즈니스의 구조를 만들어온 배후 세력이며, 대치동이 움직이는 방식과 문화를 형성한 설계자들인 셈이다. 이들의 영향력을 긍정적으로 보느냐 부정적으로 보느냐를 떠나서, 이들이 대한민국 사교육의 유행과 문화를 선도해왔을 뿐만 아니라 입시 및 사교육 정책의 방향과 변화에 실질적인 영향력을 행사해온 사람들이라는 점은 부정할 수 없다.

그러나 이들이 대치동 학원가의 주인공은 아니다. 물론 학원의 재무를 관리하고, 직원을 배치하고, 강사를 섭외하는 일의 모든 책임은 원장에게 있다. 다시 말해서 이들은 시장의 입지를 분석하고, 분위기를 파악하고, 적절한 곳에 멍석을 깔아 무대를 만들고, 화려한 말발로 호객을 하는 사람인 것이다. 그 무대에 서는 주인공은 따로 있다. 어떠한 경우에도 학원의 실질적인 콘텐츠는 강사들(물론 원장 자신이 강사인 경우는 여기에 포함된다)이다. 운영진이든 원장이든 상담실장이든 강사라는 상품이 없으면 존재할 수 없다. 강사는 사교육의 존재론적 중심이다. 대치동의 사교육 네트워크와 생태계의 주인공도 역시 강사다.

5장

대치동 학원가 사람들 ②
- 강사

대형 강사, 스타 강사,
그리고 대치동 1타 강사

　사교육이든 공교육이든 가르치는 일은 그것을 수행하는 사람을 변화시킨다. 어떤 의미에서든 가르치는 사람은 배우는 사람에게 진실을 전달해야 한다는 일종의 도덕적 책임감에서 자유로울 수 없기 때문이다. 이 도덕적 책임감과 그것으로 돈을 버는 일 사이의 괴리는 인간에게 존재론적 모순을 경험하게 한다. 전교조 초기부터 지금까지 교사들의 노동자성이 사회 통념상 인정받지 못하는 이유도 여기에 있다. 어쩌면 전교조 교사들이 스스로 노동자성보다 참교육을 앞에 내세웠던 이유도 여기에 있을 것이다. 이러한 도덕주의적 캐치프레이즈는 초기에는 전교조의 힘이 되었지만, 이후에는 결국 전교조의 세속적 정당성을 인정받는 데 장애물이 되어왔다고 생각한다. 어찌 되었건 가르치는 일의 숭고함과 돈 버는 일의 세속성 사이에서 균형을 잡기란 결코 만만치 않은 일이다. 학원 강사는 더더욱 그렇다.

　서문에서도 말했지만, 처음부터 학원 강사를 꿈꾸는 학원 강사는 없다. 각자의 사정으로 우리 사회에서 일종의 사회악으로 취급되는 사교육에 종사하게 된 이들은 다른 한편으로는 가르치는 일에 흥미를 느끼고 가르치는 행위에서 자신의 적성을 발견한 사람들이기에 그 숭고함과 세속성 사이에서 나름의 존재론적 고민을 안고 있다. 그렇다 하더라도 이왕지사 학원판에서 일을 하기로 했다는 것은 이 세속성을 받아들이고 이용하기로 한 것이고, 이후 남들보다 큰돈을 벌 방법을 찾는 것은 자연스러운 일이다. 여기서는 이들이 사교육 서비스의 공급자로서 갖게 되는 세속적 욕망의 층위에 관해서만 논의하고자 한다.

2000년대 초중반까지 전교조, 운동권 등 다양한 경로를 통해 강사진이 유입되면서 대치동 학원가가 중흥을 맞았을 때, 강사들의 목표는 대형 강사가 되는 것이었다. 전국을 누비며 한 번에 100~250명의 수강생을 앞에 두고 강의를 하는 대형 강사들은 실제로 큰돈을 벌어들였다. 2000년대 이후 온라인 사교육 기업이 등장하면서 대형 강사들의 수입도 그 규모가 점점 커졌다. 한 달에 십수 억을 버는 강사들도 등장했다. 전국적으로 10만여 명이 수강하는 8만 원짜리 온라인 강의의 강사가 20퍼센트의 수익 배분을 약속받는다면 16억 원의 수입을 올릴 수 있었다. 이른바 초대형 강사의 시대가 열린 것이다. 손주은(사회탐구), 조진만(논술), 이범(과학탐구), 이만기(국어) 등 메가스터디 초기 멤버들의 전설적인 수입은 그 신호탄이었다. 사실 2000년대 중반까지만 해도 대치동 1타 강사들도 비슷한 길을 걸었다. 그들은 대치동에서 얻은 명성을 바탕으로 대형 학원이나 온라인 교육 업체에서 높은 수입을 올리는 강사가 되고자 노력했다.

그러나 모든 플랫폼 경제는 소비자들에게 선택받기 위해 많은 정보를 손쉽게 제공하는 탓에 공급자 간의 수익 배분 구조에서 파레토 법칙[4]을 강화하는 경향이 있다. 온라인 교육 업체들이 대거 등장하면서 그 내부에서도 상위권 강사와 나머지 강사들 사이의 수입 격차가 점점 커졌다. 강사들 간의 불평등이 점차 심화되었다.

급부상한 온라인 교육 업체들은 소수의 스타 강사에 의존한 매출 구조의 불안정성에서 벗어나기 위해 더 다양한 강의를 깔아 소비자들의 선택지를 늘려야 했다. 이른바 롱테일 전략[5]으로 선회하기 시작한 것이다. 롱테일 전략을 취한 업체들 덕분에 강의 수는 늘어났고, 그만큼 온라인 강의에 진출하는 강사들도 많아졌다. 강의 수가 늘어난 만큼 학생 수도 늘었지만 온라인 강의 업체 웹사이트의 포털(대문)에 노출되는 강의 수는 제한적이었다. 포털에 걸리지 않는 대다수 강사들은 실질적인 수입을 기대하기 어려웠다. 온라인 교육 업체의 1타

4　이탈리아의 경제학자 빌프레도 파레토Vilfredo Pareto는 소득 분포의 불평등도를 설명하면서 상위 20퍼센트가 전체 경제적 자원의 80퍼센트를 점유하는 경향이 있음을 주장했다.

5　80퍼센트의 '사소한 다수'가 20퍼센트의 '핵심 소수'보다 더 높은 가치를 창출할 수 있다는 롱테일 법칙에 기초한 마케팅 전략. 파레토 법칙에 반대되는 원리로 여겨진다. 그러나 20퍼센트의 핵심 고객을 확보한 기업들이 상품 다양성을 높여 80퍼센트의 다양한 고객 니즈까지를 충족시키려는 전략으로 활용될 수 있어 기업의 관점에서는 파레토 법칙에 입각한 마케팅 전략의 성공 이후 보완 전략으로 활용하는 경우가 많다.

강사와 2타, 3타 강사의 수입 차이가 10배가 넘어가기 시작했으니 나머지 강사들은 말할 것도 없었다. 인지도를 높이기 위한 강사들의 노력은 치열했다. 아르바이트 인력을 고용해 포털 사이트의 연관 검색어와 지식 공유 서비스의 내용을 조작하는 일이 벌어졌고, 이를 전문으로 하는 마케팅 업체까지 등장했다. 인터넷 여론 조작에 대한 사회적 경각심이 커지고, 이에 대한 포털 사이트 자체의 자정 노력이 시작되면서 외국에 회사를 세우거나 해외 서버를 이용해 댓글 조작을 대행하는 업체들이 활동한다는 소문이 업계에 파다했다. 강사들은 이와 관련한 무수한 제안과 권유를 받았다. 인터넷상의 수험생 커뮤니티마다 1위 강사를 깎아내리기 위한 비방과 설전, 마타도어가 횡행했다. 이제 온라인 강의 시장 자체가 레드오션이 되었다.

이러한 과잉 경쟁 속에서도 대치동 1타 강사들은 손쉽게 상대적 우위를 유지할 수 있었다. 2010년대 초중반까지만 해도 대치동의 1타 강사는 강남구청 인터넷 수능 방송 등을 거쳐 온라인 강의에 데뷔하면 순식간에 온라인 사교육 업체 섭외 1순위로 부상했다. 기존 업체 내의 경쟁 구도를 거치지 않고 바로 최상위 수입을 올리기도 했다. 이 시기 다양한 매체를 통해 노출된 대치동 1타 강사들은 청소년이 선망하는 대상으로 떠오르면서 지상파 TV 예능 프로그램으로까지 활동 범위를 넓혔다.

그러나 대치동 1타 강사의 생명은 그리 길지 않다. 소규모의 다양한 강의가 개설되는 대치동의 특성상 길어야 4, 5년이면 새로운 강사에게 자리를 내주어야 한다. 때문에 1타 강사는 그 기간 안에 자기만의 콘텐츠를 시스템화하고 브랜드 가치를 확보하여 대형 학원에서 안정적인 스타 강사로 자리 잡거나, 더 큰 온라인 교육 업체들과 계약을 맺어야 한다는 압박감을 느낀다. 이 또한 쉬운 일이 아니다. 2010년대 초중반에 접어들면서 대형 온라인 교육 업체들도 스타 강사를 재생산하는 나름의 시스템을 갖추기 시작했다. 쇼비즈니스 마케팅 방식을 도입해 '아이돌'처럼 강사를 발굴하고 육성했다. 시각 매체에 익숙한 세대에게는 잘 가르치는 것 못지않게 강사들의 외모가 중요했다. 실제로 젊고 호감형인 외모를 가진 강사들이 내는 매출이 점차 증가하여 무시할 수 없는 비중을 차지하게 되었다. 이들에게 해당 업체가 보유한 지적 재산과 강의 노하우를 집약적으로 전수한다면 더 확실한 수익을 올릴 수 있었다. 이렇게 온라인 스타 강사들이 육성되기 시작했다. 애초부터 아이돌 오디션을 보듯 스타성이 있고 비주얼이 좋은 젊은 강사들을 발굴했고, 이들에게 대규모 연구진이 오랜 시간 축적한 커리큘럼과 교수법 등 무형의 자원을 집중적으로 투입했다. 이렇게 되자 대치동 1타 강사가 대형 온라인 업체의 스타 강사로 진입하는 일은 점차 줄어들었다.

이와 더불어 대치동의 상황도 조금씩 변해갔다. 대치동

에는 초기부터 소규모 그룹 강의, 일대일 과외를 전문으로 하는 학원들이 있었지만, 이른바 '소수 정예'를 위한 수업은 2008년 이후 대입 제도가 다양해지면서 더 폭발적으로 늘어났다. 논술의 경우 대규모 온라인 수업으로는 개인의 글이나 문제 풀이 과정을 첨삭 지도하는 데 한계가 있었기 때문에 소수 정예반이 각광받기 시작했다. 입학사정관제의 도입과 함께 APAdvanced Placement[6]반도 성행했다. 그 밖에 수학, 과학 올림피아드 같은 경시대회나 TESATTest of Economic Sense And Thinking(경제이해력검증시험)을 비롯한 학생부 기재 가능한 자격증 시험에 관한 강의가 깔리고 이를 대비할 수 있는 곳도 대치동이었다. 전공 적합성과 관련한 다양한 소양을 쌓기 위해 뇌과학, 의공학, 언어공학 등 융합 학문 분야의 소논문 지도나 소수 언어(아랍어, 베트남어, 심지어 아제르바이잔어)에 대한 수요까지 있는 시장이다 보니, 이곳의 강사들은 자기 분야를 전문화하여 인정받는 것만으로도 꽤 괜찮은 대우를 약속받았다.

이 과정에서 대치동 1타 강사와 온라인 스타(아이돌) 강사의 의미가 달라지기 시작했다. 스타 강사는 더 넓은 시장, 그러

---

6 미국의 대학위원회에서 실시하는 이 시험은 고등학생이 대학 과정을 미리 수강하고 시험을 치르는 것으로 미국 대학 입시에서 학생의 학업 능력을 평가하는 지표로 쓰인다. 대치동의 AP반에서는 이를 대비하기 위한 거시경제학, 미시경제학, 심리학, 미국사, 미적분학, 예술사 등 다양한 과목의 수업이 이루어진다.

니까 다양한 성적대의 학생들을 대상으로 하는 온라인 강의의 스타들이었다. 온라인 강의가 늘어나면서 강사들이 가진 콘텐츠의 질적 차이는 현격하게 줄어들었다. 수많은 강의가 인터넷에 공개되어 있기 때문에 기존의 강의 콘텐츠를 얼마든지 모방할 수 있었다. 온라인 대형 강의에서 콘텐츠로 진입 장벽을 만들기란 어려운 일이 되었다. 이제 아이돌처럼 보이는 외모와 세련된 이미지, 능숙한 언변과 물 흐르는 듯한 진행 능력이 중요해졌다.

그러나 대치동은 달랐다. 대치동에서만큼은 콘텐츠를 통한 차별화가 가능했다. 과학고나 영재고, 특목고의 내신 준비는 높은 수준의 이해도를 요구했고, 이를 충분히 다루는 인터넷 강의는 없었다. 입학사정관제, 학생부종합전형 등에서 요구하는 전문적인 지식도 대치동에서만 감당할 수 있었다. 대치동 강사들은 이런 강의들을 통해 실력 있는 강사로 인정받았고, 이는 이 시장에 신규 진입하는 강사들이 쉽게 넘어설 수 없는 진입 장벽이었다. 이곳의 강의는 쉽게 모방할 수 없었다.

상황이 이렇다 보니 대치동 강사들에게는 자기 분야에서 1등이라는 평판을 얻는 것이 중요했다. 다른 사람이 흉내 낼수 없는 자기 분야의 최고, 1타 강사, 우수한 학생들로만 마감을 치는 강사가 되는 것이 이들의 목표였다. 1타 강사가 되면 무수한 러브콜을 받을 수 있었다. 수능 일반 과목 강사들은 대치동은 물론 강남과 그 인근, 또는 다른 교육 특구의 대형 학원이나 온라인 업체로부터 큰 규모의 계약금을 제안받았고, 소논문, 구술 면접, 외국어 에세이 등 특수 과목 강사들은 비밀스러운 고액 과외나 고가의 그룹 지도 제안을 받기도 했다.

이 과정에서 1타 강사들은 학원 한 곳에 소속될 필요 없이 독자적인 생태계를 구축할 수 있게 되었다. 이는 돼지엄마와 카페맘이 주도하는 대치동 특유의 입소문과 정보력, 그리고 학부모들의 조직력 덕분이었다. 즉 상위권 학생을 많이 보유한 대치동의 어느 중소형 학원에서 누군가 1타 강사로 이름이 나면, 학부모들은 그 강사가 어느 학원에서 언제 개강을 하는지에 촉각을 곤두세운다. 대치동 강사의 상당수는 특정 학원에 소속되지 않은 채 강좌별로 계약을 맺고 움직이기 때문에 한 사람의 강의가 여러 학원에 깔릴 수 있다. 돼지엄마들은 자신이 꾸린 팀의 학생들에게 이 강사의 강의를 제공하고자 경쟁을 벌이고, 카페맘들은 수강 신청 시작 몇 시간 전부터 건물 밖까지 길게 줄을 늘어선다. 다양한 주체들이 1타 강사의 제한된 시간을 사기 위해 경쟁하면서 그 강의는 순식간에 완판되고 만다. 그러니 학원들은 1타 강사를 섭외하는 데 사활을 걸 수밖에 없다. 어느 1타 강사의 강의실에 망할 위기에 처한 학원장이 난입해 생떼를 썼다더라 하는 소문이 대치동에서 끊이지 않는 이유다.

1타 강사가 된 사람들은 대치동에서 독립적인 지위를 갖는다. 대형 학원이나 온라인 업체, 고액 과외나 그룹 지도를 통해 얻은 경제력을 바탕으로 이들은 독립적인 연구소를 만들고, 여러 강사를 고용해 세력화를 시도한다. 이른바 새끼 강사라고 불리는 연구원들을 통해 콘텐츠를 보강하고, 커리큘럼을 체계화하며, 학생 관리 시스템을 만들어 관리의 접점을 넓히기 위해 노력한다. 젊은 강사 지망생들은 이런 연구소나 조직에 연구원 또는 연구 보조원으로 들어가 커리큘럼 설계와 교수법을 배우고 인맥을 넓힌다. 그리고 이를 활용해 수도권 각지의 여러 학원에 출강하며 경력을 쌓는다. 이런 팀은 처음에는 대학생, 대학원생 아르바이트나 단기 고용 형태로 조직되는데, 대치동에 강사로 유입되는 사람의 상당수가 이러한 과정을 거친다.

1타 강사의 연구 조직은 학부모 출신 원장이 운영하는 학원과 밀접한 협력 관계를 맺고 있는 경우가 많다. 이들은 좋은 콘텐츠와 강사진을 확보하고 있고, 학부모 출신 원장이 운영하는 학원은 대체로 돼지엄마나 학부모 출신 상담실장이 오랜 시간 구축한 교육 소비자 네트워크를 가지고 있기 때문에 서로의 사업적 니즈를 충족시키며 윈윈의 결과를 낼 수 있기 때문이다.

대치동의 진짜 주인공,
1타 강사를 꿈꾸는 개인 사업자 강사들

대치동에 1타 강사만 있는 것은 아니다. 1타 강사들이 대형 학원과 온라인 강의 업체에 두루 출강하며 자유로운 계약 관계 속에서 높은 수입을 보장받는다면, 그 밖의 강사들에게는 그런 기회가 별로 주어지지 않는다. 일반 과목을 담당하는 대다수 강사들은 다른 지역과 마찬가지로 특정 학원과 전속 계약을 맺고 일하며 다른 학원 출강은 금지된다. 이들은 1타 강사의 보조 강사(혹은 새끼 강사)로 시작해 나름의 파이를 얻고 안주했거나, 학원 시스템이 요구하는 강의를 할당받아 일하는 강사들이다. 일정 수준의 수입을 얻지만, 내신 대비 특강이나 방학 특강 또는 파이널 특강 시즌에는 식사 시간도 제대로 보장받지 못하는 살인적인 노동 강도를 요구받기도 한다. 이들 전속 강사는 1타 강사의 강의를 듣지 못하는 학생들의 수준별 맞춤반을 담당하는 경우가 많은데, 수강생들이 놀라운 성적 향상을 이루어내 입소문을 타지 않는 한 이들이 1타 강사가 될 일은 거의 없다.

그러나 이들 역시 대치동에서 가장 많은 강사 유형이 아니다. 1타 강사나 전속 계약 강사는 사실 소수에 불과하다. 대치동의 학원 문화와 생태계를 형성하고 움직이는 대부분의 강사는 여러 학원과 단과 강좌 형태로 계약을 맺고 강의를 진행하는 개인 사업자 강사들이다. 이들은 나름대로 뛰어난 강의 능력을 인정받아 온라인 교육 업체에서 동영상 강의를 찍은 이력을 갖고 있지만 스타 강사는 아닌, 다시 말해서 롱테일 전략에 속하는 여러 강의를 찍는 바로 그 강사들이다. 외모나 스타성은 부족하지만 뛰어난 실력을 지닌 이들은 스타 강사나 대치동 1타 강사를 꿈꾸며 열심히 일한다.

이들 개인 사업자 강사들은 대치동에서 개설한 강좌만으로는 충분한 수입을 올리지 못한다. 대치동에서는 주말 중 하루 또는 주중의 3일 정도를 출강하는데, 소규모 강의가 많은 대치동의 특성상 그렇게 번 수입은 다른 지역에 비해 오히려 적은 경우가 많다. 그렇다고 해서 이들의 총수입이 적은 것은 아니다. 이들은 대치동에서 출강하고 있다는 경력을 내세우며 주중의 낮에는 각 지역의 재수종합반이나 기숙재수학원에서 강의를 하고, 대치동에 출강하지 않는 평일이나 주말의 다른 날에는 다른 지역에서 더 많은 학생들을 상대로 강의를 진행한다. 대치동에 출강하는 강사라는 커리어는 이들에게 현재와 미래의 자산이다. 이들은 대치동에 출강하는 동안에 학생들에 관한 다양한 정보와 경험을 축적하고, 자신만의 커리큘럼을 마련해 이런저런 시도와 실험을 수행한다. 언젠가 자신도 강의 능력과 콘텐츠를 시장에서 인정받아 대치동 1타 강사가 될 수 있을지 모른다는 희망의 불씨를 키워나가는 것이다.

이들이야말로 대치동 강사들이 지닌 세속적 욕망의 전형

5장 대치동 학원가 사람들 ② - 강사

을 온몸으로 보여주는 인물들이다. 마치 영업사원처럼 학원에서 만나는 강사와 상담실장, 원장과의 관계를 잘 유지하여 더 넓은 인맥을 만들기 위해 노력하고, 이를 바탕으로 더 많은 기회를 잡고자 애쓴다. 사비를 들여 자신의 강의를 홍보하고, 불법과 탈법 사이에 있는 바이럴 마케팅 업체 정보를 공유하며, 강의가 끝나고도 사적인 모임을 통해 여러 네트워크를 관리하는 놀라운 강도의 일상을 살아간다. 그러면서도 강의 콘텐츠를 개발하고 발전시키기 위해 노력하는 초인적인 에너지를 가진 사람들이다.

지근거리에서 지켜보는 이들의 삶은 치열하다 못해 때로는 안쓰럽기까지 하다. 이들이 바로 가장 전형적인 대치동 강사들이다. 대치동에서 달라진 입시 제도와 새로운 문제 유형을 발 빠르게 분석해 다양한 대응 전략을 수립할 수 있는 것은 이들의 노력 덕분이라고 해도 과언이 아니다. 다른 한편 이들의 세속적인 욕망은 때로 인터넷 댓글 조작과 같은 불법적이거나 비도덕적인 수단과 결탁하여 사회적으로 물의를 일으키기도 한다. 타인의 평가와 인기를 갈구하는 모든 직종의 종사자들이 그렇듯 이들은 내면의 상처로 인해 쉽게 자신의 영혼을 잠식당한다.

다음 장에서는 대치동 학원가 생태계의 독특한 구조와 역동적 변화를 만들어내는 데 기여하는 또 다른 주인공들을 만나볼 것이다.

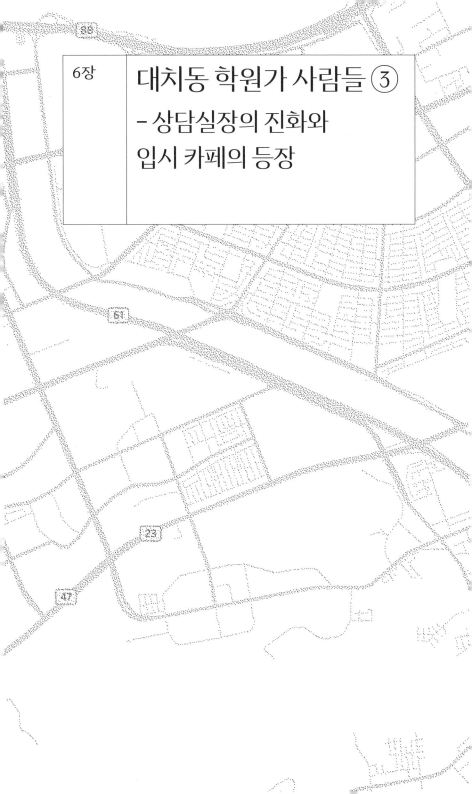

6장

대치동 학원가 사람들 ③
– 상담실장의 진화와 입시 카페의 등장

대치동 변화의 주역, 상담실장

이들을 부르는 명칭은 다양하다. 상담실장이라는 직함에서 짐작할 수 있듯이 이들은 처음에는 학원에 고용된 직원이었다. 상담실장이나 부원장이라는 이름으로 고용되었던 이들은 점차 다양한 명칭으로 불리면서 영향력을 확대해나갔고, 이제는 대치동 학원가의 생태계를 구성하는 독립적인 주체로 자리 잡았다. 자칭 타칭 입시 멘토, 입시 코치, 입시 컨설턴트, 입시 상담가, 상담소장 등 수많은 명칭으로 불리는 이 사람들이야말로 2008년 이후 대치동의 가장 큰 변화를 이끌어온 인물들이다. 입시 판의 가장 훌륭한 안내자와 가장 악질적인 마케터가 섞여 있는 집단이기에 이들을 한마디로 규정하기는 어렵다. 이들을 이해하기 위해서는 대치동에서 이들이 어떤 역할을 했는지, 어떤 계기를 통해 다양한 명칭으로 분화하며 순기능과 역기능을 극단적으로 드러내게 되었는지를 들여다볼 필요가 있다.

이들이 부원장이나 상담실장이라는 이름으로 고용되기 시작한 것은 2000년대 초반 논술이 입시의 중심으로 부상하면서 대치동에 논술학원이 들어서던 시기였다. 원래는 정시전형에서 수능과 대학별 논술 시험을 함께 치르던 구조였는데 이 무렵 특차전형이 확대되며 수시의 비중이 늘어났다. 일부 수시전형에서는 구술 면접과 논술을 높은 비중으로 반영해 대치동의 학원 프로그램이 복잡해지기 시작했다. 논술, 구술 강의 프로그램을 운영하는 학원들은 수시전형이 무엇인지 이해하지 못하는 학력고사 세대 학부모에게 수시전형의 평가 요소와 이를 대비하기 위한 프로그램을 안내해줄 사람이 필요했다.

당시 이들의 역할은 대형 재수종합학원의 입시 연구소장이나 상담소장과는 확실히 달랐다. 대형 학원의 입시 연구소장은 체육관이나 강당에서 부흥회 수준의 대규모 입시 설명회를 진행해야 하다 보니 대형 강사 출신 남성들이 많았다. 이들은 입시 정보와 통계 자료를 축적하고, 연구원들의 분석을 바탕으로 신뢰도 높고 확실한 정보를 제공했다. 요즘도 입시 관련 단골 인터뷰 대상인 대성의 이영덕 소장이나 유웨이의 이만기 소장 같은 인물이 대표적인 사례라 하겠다. 이들은 스타강사 출신이라는 이력, 대형 학원에서 쌓은 오랜 입시 연구 경력과 강의 및 설명회로 다져진 쇼맨십을 통해 입시 전문가의 이미지를 형성했다.

그러나 2000년대 초중반, 논술학원이나 단과학원의 상담실장은 좀 달랐다. 당시 학부모는 모두 학력고사 세대였고, 자녀가 맞닥뜨린 새로운 입시 제도를 경험해본 적이 없었다. 1994학년도 수능 도입 이후 본고사 도입과 폐지, 논술의 부상 등 입시 제도가 급변해온 상황에서 대부분의 학부모는 입시 상황을 제대로 이해하지 못했다. 이들을 대상으로 이해하기 쉽게, 또 친절하게 입시 상황을 설명하고 학생에게 필요한 학원 프로그램을 추천하는 것까지가 이들의 역할이었다. 업무의 특성상 여성의 수가 좀 더 많았다.

지금도 많은 지역의 학원들이 그렇지만 당시에는 대치동의 논술학원도 다수의 첨삭 강사를 붙여 중규모 이상의 단과 수업으로 진행하는 경우가 많았다. 평상시에는 15명 이상, 파이널 기간에는 80명까지도 한 강의실에 밀어 넣었고, 강의가 끝나면 강사는 바로 다음 강의로 이동해야 했기 때문에 유명 강사와 학부모, 학생이 직접 의사소통을 하기는 어려웠다. 이 때 상담실장은 그 사이에서 불만을 처리하고, 강사에게 피드백을 하는 역할을 맡았다. 자녀의 입시를 코앞에 둔 예민한 학부모들의 불만을 감당하는 일은 엄청난 노동 강도를 동반하지만, 동시에 인간관계를 풀어가는 내공을 키우는 훈련이 되기도 했다. 뛰어난 강의 능력과 말발로 무장한 강사들과 소통하며, 이들에게 학생의 불만을 전달하고 강의 내용을 조정하는 일 역시 마찬가지였다. 상상을 초월할 만큼 긴장감 높은 환경에서 단련되며 상담실장은 대면 서비스 업무의 달인으로 성장해갔다. 이렇게 3, 4년 이상을 일하면 적어도 수시전형과 학원 수강에 관해서는 상당한 수준의 이해도를 갖게 된다. 이들은 입시에 관한 통계나 자료를 체계적으로 이해하고 정리하여 종합적인 판단을 내리는 업무보다는 학부모와 1차 상담을 진행하고 불만 사항을 해결하며 친밀도와 신뢰감을 쌓았다. 그리고 강사와 강좌가 확정되면 학부모 네트워크를 동원해 학생을 모으고 반을 개설하는 일을 도맡으며 학원 운영의 실질적인 중추 역할을 담당했다. 특히 이미 학부모로서 입시를 경험한 적이 있는 중년의 여성 상담실장은 학부모들과 공감대를 형성하며 학원 운영에 혁혁한 공헌을 하기도 했다.

상담실장이 독립적인 역량을 확보할 수 있었던 것은 대치동 학원 생태계를 움직이는 두 축인 강사 네트워크와 학부모 네트워크를 좌우할 수 있었기 때문이다. 정신없는 강의 스케줄 속에서 식사조차 제대로 챙기기 어려운 강사들을 지원하고 격려하는 이들 상담실장에게 강사들은 호의적일 수밖에 없었다. 더구나 상담실장이 전해주는 학부모와 학생의 피드백을 통해 강의를 향상시킬 방향을 모색할 수도 있으니 강사들은 이들에게 크게 의존했다. 대치동의 특성상 한 강사가 여러 학원을 돌기 때문에 상담실장들은 폭넓은 강사 네트워크에 접촉할 수 있는 일원이 되어갔다.

학부모들 역시 마찬가지였다. 친화력이 좋은 상담실장은 속된 말로 학부모를 거의 '구워삶는' 수준으로 다룰 수 있었다. 마치 베테랑 간호사가 상습적인 장기 입원 환자의 불합리한 요구를 능수능란하게 처리하듯이 이들은 특유의 소통 능력을 발휘해 불만 사항에는 맞장구를 치며 공감해주고, 어쩔 수 없는 학원의 입장도 설명하며 향후 대책이나 보완책을 제시했다. 학부모 입장에서도 이들은 고마운 사람이었다. 이렇게 상담실장은 학부모와 강사 네트워크를 잇는 연결 고리가 되었다. 2000년대 후반이 되면 중소 규모의 단과 중심 학원은 사실상 이들 상담실장이 운영의 주축인 경우가 대부분이었다.

여기에는 2008년 이후 입시가 복잡해지며 시장 상황이 급변한 사실도 영향을 미쳤다. 정시 논술의 갑작스러운 폐지로 그간 대치동을 주름잡았던 대형 논술학원 브랜드들이 축소 경영에 들어가거나 파산하면서 많은 상담실장이 인력 시장에 나왔다. 운영난에서 벗어나기 위해 돼지엄마 출신 학부모 실장을 모시기에 여념이 없던 학원들 입장에서 보면 어떤 면에서는 이들이 훨씬 더 나은 자원이었다. 대체로 자기 자녀와 관련된 한정된 경험밖에 없는 돼지엄마보다는 상담실장 출신이 다양한 학생을 상대한 경험을 바탕으로 입시를 폭넓게 이해하고 있었기 때문이다. 게다가 이들은 탄탄한 강사 네트워크를 보유하고 있기도 했다. 결국 상담실장 가운데 일부는 다른 학원에 스카우트되었고, 일부는 스스로 학원을 설립했다.

상담실장으로 오래 일한 사람들은 학원 관련 법과 행정에 밝아 이런저런 사업을 벌이기도 했다. 각 학원의 시즌별 강의실 사정을 훤히 꿰고 있었기에 비어 있는 강의실을 빌려 강사와 학부모를 직접 연결해 강의를 알선하는 불법적인 영업 전선에 나선 이들도 있었다. 물론 이것이 불법임을 잘 알고 있었기에 이런 형태는 곧 사라지고, 고액의 컨설팅료를 받는 입시 컨설팅 업체가 등장했다. 강남교육지원청이 입시 컨설팅업을 학원의 업종과 과목으로 지정하고 분당 상담 비용을 5000원

선으로 정한 2015년 이전까지 이에 관한 법적 기준은 전무했다. 상담실장들은 법의 이런 맹점을 이용해 학원은커녕 교습소 허가도 나올 수 없는 작은 사무실에서 개인 사업자 자격으로 입시 컨설팅 서비스를 제공하고 제한 없는 상담료를 받기도 했다. 교육지원청의 단속이 시작되자 뒤늦게 학원을 연 사람도 있지만, 대부분은 기존 학원들과의 인맥을 이용해 학원 홍보를 약속하고 수수료와 컨설팅 매출을 보장받는 조건으로 학원 조직에 흡수되었다.

이들이 현재 대치동과 전국 사교육의 핵심 수익 모델인 입시 컨설팅의 창시자라고 해도 과언은 아니다. 2013년을 전후해 일부 돼지엄마가 학부모 실장에서 벗어나 입시 컨설턴트, 입시 코치, 입시 멘토 등의 이름으로 독립할 수 있었던 것도 바로 이 상담실장과 부원장 출신들이 먼저 닦아놓은 길이 있었기 때문이다.

돼지엄마 출신 컨설턴트가 명백한 한계를 지녔던 것과 달리 상담실장 출신은 강사 및 학원장 네트워크를 활용해 신뢰할 만한 정보를 체계적으로 수집할 수 있었다. 특히 남성 상담실장 가운데는 젊은 나이에 데스크 직원이나 입시 연구원에서 시작해 학원가에서 잔뼈가 굵은 사람이 많았고, 이들은 특유의 성실함과 놀라운 친화력으로 실력 면에서 괄목할 만한 성장을 이루었다. 여성 상담실장 가운데 자녀를 좋은 대학에 보낸 사람은 돼지엄마의 대우까지 더해져 시장에서 큰 영향력을 갖기도 했다. 이들은 2015년 무렵까지 놀라운 확장세를 보였다.

　그러나 부작용도 많았다. 이들은 나름대로 학원 경험을 통해 알게 된 전문 데이터를 활용하긴 했다. 각 대학의 입시 요강을 일목요연하게 정리하고, 강사나 학원장 네트워크를 통해 입수한 대형 학원의 입시 정보나 진학지도협의회의 자료[7]를 수합해 입시 컨설팅이라는 이름으로 고가의 상담을 진행했다. 이런 자료를 잘 활용한다면, 복잡한 전형의 홍수 속에서 길을 잃은 교육 소비자들에게 유익한 조언을 해줄 수 있다. 그러나 자료를 자신의 영업적 필요와 구미에 맞게 왜곡하는 사람도 많았다. 내신 대비 학원과 영업 제휴를 맺은 경우에는 일부 학생부교과전형 등에서 3학년 내신 비중이 높게 반영되는 것을 지나치게 강조하여 합격 가능성이 없는 학생을 3학년 1학기까지 내신에 올인하도록 밀어붙이는 일도 있었다. 교과 성적 구조나 학생부 비교과상으로 해당 학교의 지원 단위에 합격할 가능성이 거의 없는 학생에게 "이런 학생일수록 자기소개서가 중요하다"며 고가의 대필 강사를 소개하는 일도 많았다. 각 전형을 대비하기 위해 필요한 모든 요소, 즉 포트폴리오, 소논문, 면접 대비는 물론 교사의 영역인 학생부와 추천서까지 세분화

7　2015년 이전에는 대학에서 합격, 불합격 자료를 공개하는 경우가 거의 없었기 때문에 대형 학원의 자료와 서진협(서울진학지도협의회), 전진협(전국진학지도협의회) 같은 진학 지도 교사 모임에서 수합한 데이터가 가장 신뢰할 만한 자료였다.

하여 각각에 고가의 과외와 대필을 주선했다. 학생의 필요보다 자신이 제휴하고 있는 학원이나 강사 조직의 영업 방침에 맞춰 프로그램을 추천한 것이다. 상황은 대입 전형의 목적과 취지가 훼손되는 방향으로 흘러갔다. 시간이 갈수록 입시를 위한 컨설팅이 아니라, 브로커로서 과외나 학원 강의를 영업하는 컨설팅으로 변질되어갔다. 특히 논술학원 쪽 상담실장과 부원장 출신은 다양한 전공의 고학력 강사 네트워크와 직접적으로 연결되어 있었기 때문에 이런 영업에 더 적극적이었다.

외견상 독립적인 연구소나 사업체처럼 보였기 때문에 교육 소비자들은 이들의 컨설팅이 객관적이리라 여기며 고가의 상담료를 감수했다. 그러나 실제로는 학원이나 강사 조직과 밀접하게 얽혀 있는 경우가 많아서 적절한 입시 전략을 얻기보다는 영업에 넘어가 등골이 빠지는 사례가 더 많았다.

나는 내가 운영하던 논술학원 재원생에게 무료로 제공하던 입시 컨설팅을 2015년 외부 학생들에게 유료로 제공하기로 결정한 뒤부터 다른 학원을 일절 소개하지 않았다. 논술, 구술 준비가 필요한 경우가 아니라면 우리 학원 수업도 권하지 않고 돌려보내려 노력했다. 컨설팅을 유료화한 이상 다른 영업과는 무관하게 진행해야만 학생에게 도움이 되는 객관적 컨설팅이 될 수 있다는 나름의 원칙이었다. 이런 원칙 덕분에 나를 더 신뢰하는 학부모도 많았지만, 왜 학원을 소개해주지 않느냐며 화를 내거나 좋은 학원을 알고 있지 않느냐며 생떼를 부리는 부모도 종종 만났다. 나의 경험상 컨설팅을 다른 영업과 연계하면 상담자는 자기도 모르는 사이에 판단 기준이 흐려지거나 어떤 방향으로 쏠리기 쉽다. 거꾸로 말하면, 교육 소비자가 컨설팅의 신뢰도를 판별하기 위해서는 상담자의 영업 여부를 살피는 것도 좋은 방법이라고 할 수 있다.

입시 카페로 흡수된 상담실장, 컨설턴트라는 이름의 마케터가 되다

2015년, 자소서 및 추천서 가운데 표절이 의심되는 사례가 7000건 이상이라는 보도가 나가면서 자소서 대필을 부추기는 컨설팅 업체에 대한 집중 단속이 시작되었다. 추천서를 쓰는 일조차도 방기한 학교와 교사에 대한 책임론도 일었지만, 이를 부추기는 입시 컨설팅 업체를 철저히 단속해야 한다는 지적이 힘을 얻었다. 대치동에 문을 연 입시 컨설팅 업체의 대부분은 개인 사업자로 등록한 무허가 업체였다. 정시 지원할 대학 3개를 찍어주는 데 500만 원, 대학이 추가될 때마다 200만 원을 요구하는 업체도 있었다. 이런 상황을 좌시할 수 없었던 교육부는 2015년과 2016년에 입시 컨설팅에 대한 특별 점검과 단속에 나섰다. 상담실장 및 부원장 출신 입시 컨설턴트들은 이제 불법적인 영업을 접어야 했다. 그러나 이들과 제휴를 맺어 수강생을 조달하던 학원이나 강사 조직은 여전히 이들이 필요했다. 결국 이들은 학원 조직으로 흡수되었다.

때마침 박근혜 정부는 입학사정관제를 학생부종합전형으로 바꾸는 것에 그치지 않고, 수시전형을 전면적으로 늘리고 학종을 확대하겠다고 공언한 상황이었다. 수능 중심의 수업 구조로 안정적인 입지를 구축하고 있던 대형 학원들은 변화를 모색해야 했다. 그러나 수능 중심의 사교육 시스템이 하루아침에 갑자기 수시 중심으로 전환되기란 쉬운 일이 아니었다. 학종에서 학생부 교과(내신)의 중요성을 강조해 기존의 수능 강사 조직을 내신 강의로 재배치하고, 내신 대비반을 확대하는 것이 한 가지 방법이었다. 이를 위해서는 입시 컨설턴트의 입을 통해 내신의 중요성이 강조되어야 했다. 이는 최상위권의 학종 전략에도 실제로 부합하기 때문에 상위권을 선망하고 '전교 1등 따라 하기'에 익숙한 대다수 수험생과 학부모에게 가장 설득력 있는 입시 전략이 될 수 있었다. 추후 학종을 위한 다양한 프로그램을 마련해가더라도 이를 필요에 맞게 연결해주는 입시 컨설팅이 학원 영업의 전면에 배치될 필요가 있었다. 이러한 이유로 대치동의 중대형 학원들이 이들 입시 컨설턴트를 대거 영입하기 시작했다. 실제로 이러한 모델을 가지고 등장한 신흥 학원 브랜드가 중대형 학원을 위협하기 시작했기 때문이다.

그 결과 대치동에는 전에 없던 새로운 간판이 등장했다.

이른바 입시 센터라는 이름으로 대형 학원들이 1층에 로비와 십수 개의 상담실을 마련한 것이 그 신호탄이었다. 2015년 이전까지 대치동의 학원들은 주로 2층 이상에 입점했다. 어느 지역이나 그렇듯 1층은 자동차 판매점, 옷 가게, 카페, 음식점 등 상품 노출이 필요하거나 접근성이 좋아야 하는 업종 간의 경쟁으로 인해 더 높은 임대료를 내야 하기 때문이다. 그러나 2015년을 기점으로 하여 대치동의 중대형 종합 학원들이 1층에 입시 센터를 오픈하기 시작했다.

때마침 대치동 곳곳에 스터디 카페가 늘어나고 있었다. 어느덧 문화가 바뀌어 고등학생도 카페에 자유롭게 드나들게 되었지만 성인 고객 중심의 카페에서 고등학생이 장시간 공부하는 것은 여전히 눈치가 보이는 일이었고, 학생들도 이제는 답답한 독서실보다는 개방적인 카페 공간을 선호한다는 수요 속에서 등장한 것이 스터디 카페였다. 스터디 카페는 일반 카페와 거의 비슷하지만 대부분의 고객이 혼자 오기 때문에 자연스럽게 합석이 이루어지고, 카페 곳곳에 대입 학습용 참고 서적이나 인근 학원의 교재들이 꽂혀 있다. 또 스터디 룸이 있어 예약을 하면 그룹 스터디를 진행할 수도 있다.

스터디 카페가 호황이라는 소문이 나자 중대형 학원들이 이 사업에 뛰어들기 시작했다. 몇몇 학원은 스터디 카페와 입시 센터의 기능을 결합해 입시 카페를 만들고, 이곳에 새로 영입한 컨설턴트를 대거 상주시켰다. 이들에게는 상담실로 사용

3부 대치동 사람들

할 수 있는 개방적인 방이 제공되었다. 한편 80명 안팎이 관람할 수 있는 무대 공간에서는 낮에는 입시 콘서트 혹은 학습 콘서트라는 이름으로 학부모를 대상으로 한 교육 세미나 프로그램을 운영했다. 대형 학원이 나서서 학부모들을 조직하기 시작한 것이다. 이곳에서 입시 정보를 학습하며 학부모의 신뢰를 얻은 입시 컨설턴트는 안정적인 고객층을 확보할 수 있었다.

뿐만 아니라 입시 카페에서는 공부하러 온 학생들을 돕는 보조 강사를 배치하여 개별 학습의 어려움을 해소하고 필요한 경우 입시 상담으로 연결했다. 학생 각각의 상황에 따라 자소서, 소논문 등 개인 지도가 필요하면 스터디 룸을 이용한 개인 지도 과외를 알선하기도 했다. 때문에 대부분의 스터디 룸은 별도 예약 없이는 이용하기 어려웠고, 자소서 마감이 임박한 시기 등 특정 시즌에는 예약 자체가 불가능했다.

중대형 학원 수강생은 할인을 받고 이 공간을 이용할 수 있었는데, 학원에서는 일종의 복지라며 생색을 내는 동시에 수강생을 다양한 상담 프로그램에 수시로 노출시켜 수익 창출의 기회로 삼았다. 각 소셜 미디어 플랫폼이 유저의 사용 시간을 늘려 끊임없이 광고에 노출시키는 것과 유사한 마케팅 방식이다.

상담실장 또는 부원장 출신의 입시 컨설턴트는 이렇게 여러 과정을 거쳐 서서히 중대형 학원의 입시 카페 컨설턴트로 자리 잡기 시작했다. 이들은 중대형 학원의 우산 아래에서 학부모 네트워크를 활용해 더 많은 컨설팅 기회를 얻었고, 중대형 학원의 영업 전략에 협력하며 서로의 사업 기회를 확대해 나갔다. 바로 이들에 의해 학생부 교과, 즉 내신에 대한 학원의 마케팅이 대폭 강화되었다. 2010년대 초반 4주 정도 진행되던 내신 프로그램은 이제 8주로 늘어났다. 1년에 두 학기, 학기마다 중간고사와 기말고사가 있으니 총 4회, 회당 8주. 즉 32주에 걸친 내신 프로그램 덕분에 정시의 축소에도 불구하고 수능 중심 중대형 학원의 영향력은 오히려 확대되었다. 여기에 상담실장 출신 컨설턴트의 강사 및 학부모 네트워크를 흡수해 자소서와 소논문 지도 등 개인 과외 시장까지 사업 범위가 넓어졌다. 중대형 학원이 출자한 스터디 카페의 매출 장부에 스터디 룸 대실료라고 기록되어 있을 이 계정 항목은 보이지 않는 사교육 시장의 일부에 해당한다.

이제 입시 카페 컨설턴트라고 불리는 이들이 대치동 학부모들과 가장 근거리에서 만나며 학벌을 향한 욕망의 방향타를 쥐게 되었다. 이들이 자신에게 공간을 마련해준 중대형 학원과 마케팅 방향을 합의하면, 대치동 학부모와 수험생의 상당수는 그것이 자신에게 맞든 아니든 여러 가지 압력 속에서 그 방향으로 자신의 입시 전략을 조정하게 된다. 게다가 이들은 강사 네트워크만 장악한 것이 아니다. 이제는 대형 입시 정보 업체와도 정보를 교환하면서 입지를 강화해나가고 있다. 인맥을 바탕으로 성장한 이들은 관계를 정보로 바꾸고, 정보를 거래하여 돈으로 만드는 방법을 터득했다. 이제는 대학의 입학 사정관, 심지어 입학처 관계자들까지 이 네트워크에 포섭하려 다방면의 노력을 기울이는 것으로 알려져 있다.

물론 입시 카페 컨설턴트 가운데는 신뢰할 만한 정보와 통계 자료를 축적하고, 합리적인 입시 전략을 제공하는 진지한 사람들도 많다. 이들은 중대형 학원이 학생의 필요에 맞는 다양한 사교육 프로그램을 기획할 수 있도록 좋은 아이디어를 제공하기도 한다. 그러나 이들이 중대형 학원의 마케팅 수단으로 기능하는 한 교육 소비자의 합리적 선택을 가로막는 장애물이 될 운명을 완전히 벗어나기는 어렵다.

7장

왜 대치동의 '사람들'에
주목해야 하는가

세속적 욕망을 직시해야 하는 이유

앞서 살펴본 바와 같이 대치동 학원가는 우연한 사회경제적 조건에 의해 특정 지역에 밀집한 학원이라는 틀로만은 설명할 수 없다. 그 내부의 수많은 행위자들은 자신의 욕망을 향해 치열하게 움직이고, 이곳 학원가는 이들의 의지와 행위의 결과물로서 존재한다. 모든 삶의 현장에는 이면의 복잡한 구조와 속사정이 있기 마련이지만, 대치동의 행위자들은 사회적 지위 향상 또는 계급 재생산을 위한 가장 노골적이고 치열한 경쟁의 한복판에 위치한다는 점에서 독특함을 갖는다. 대치동 학원가의 생태계와 구조, 그 행위자들의 관계를 이해하는 것은 우리 사회의 세속적 욕망의 본질을 이해하는 단초가 될 수 있다는 점에서 중요하다.

정책을 마련하고 실행하는 목적이 자원을 적절히 분배하여 구성원들의 욕망을 충족하는 것이라면, 구성원의 세속적 욕망을 제대로 파악하지 못하는 것은 정책 실패의 주요 원인이 된다. 집단의 세속적 욕망은 쉽게 포착되지 않는다. 행위 주체의 아비투스에 녹아 있는 도덕적 판단, 즉 에토스를 거쳐 표현되는 까닭에 은밀하게 작동하며, 행위자의 발화와 행위의 모순 속에서 작용하기 때문일 것이다.

한국 사회에서 교육과 관련된 사람들의 욕망을 이해하려면 자녀를 잘 교육하고자 하는 신성한 바람 속에 깊이 감추어진 계급 상승의 욕망을 읽는 것에서 출발해야 한다. 개개인은 자신의 행위와 욕망을 정당화하고 합리화하려 시도하지만 그 것은 각자의 영혼과 정신적 안정에 필요한 나름의 원리원칙이나 철학적 바탕이 될지는 몰라도, 사회 구조를 파악하거나 정 책적 필요에서 인간을 이해하려 할 때는 오히려 방해가 될 수 있다. 욕망의 본질은 적나라한 세속성에서 뚜렷하게 확인된다. 강사나 학원 업자들도 마찬가지다. 이들 역시 가르치는 일 자체가 주는 도덕적 책임감에서 자유롭지 못하지만, 그들 욕 망의 가장 본질적인 부분은 사교육의 상업적 세속성에서 드러 난다. 이들이 부단히 교육 소비자들의 니즈를 파악하고, 새로 운 전략을 마련하고, 프로그램을 개선하는 것은 돈을 벌기 위 해서다. 이런 노력이 학생들에게 도움이 되고 그들 인생에 적 지 않은 영향을 미치는 것은 사실이지만, 이들의 뛰어난 실력 과 경쟁력은 도덕적 책임감이나 진정성이 아니라 더 큰 부와 명예를 얻으려는 욕망에서 나온다.

따라서 우리 사회의 비정상적 교육열의 실체를 이해하기 위해서는 조금은 위악적일지라도 도덕적 정당화에서 벗어나 우리의 세속적 욕망을 그대로 성찰할 필요가 있다. 이러한 관 점에서 행위자들의 선택과 행동을 이해해본다면, 우리는 좀 더 나은 교육 정책을 위한 실마리를 얻을 수 있을지도 모른다.

대치동 학원가 생태계

대치동의 학원들은 설립 자본의 이해관계와 운영자의 아비투스에 의해 특정한 규칙을 가진 공간으로 만들어진다. 일견 교육 서비스 공급자로만 보이지만, 사실상 구조적으로는 참여자들이 각기 고유한 행위 규칙에 따라 움직이는 일종의 행위 공간, 장champ으로 기능한다. 교육 서비스의 실질적 공급자인 강사와 수요자인 학부모는 각자의 분명한 목표 아래 세력과 네트워크를 형성한다. 그 복잡한 상호 관계 속에서 서로에게 도움이 되는 파트너를 적극적으로 찾아다니며 고군분투한다. 다음 쪽의 그림을 통해 확인해보자.

다양한 출신과 계층의 학부모들은 입시라는 목적을 공유하며 카페맘 문화라는 담론의 장을 형성하는데, 대치동 학원가의 고유한 분위기를 만드는 모든 관계는 이곳에서 시작된다. 카페맘/아카데미맘 문화는 이들이 소비자를 넘어 교육 생산에 개입하는 일종의 프로슈머의 지위로 진입하는 관문이 된다. 실제로 이들은 학원 설명회, 방문 상담 등을 통해 얻은 정보와 인맥을 바탕으로 학원의 정책 및 프로그램에 간접적인 영향력을 행사한다. 학원은 이들의 피드백과 요구 사항에 맞춰 프로그램과 커리큘럼을 조정해나간다. 학부모 가운데 자녀의 입시에 성공하여 돼지엄마가 된 사람들은 경계를 넘어 상담실장이나 독립 컨설턴트 등 사교육 공급자로 변신하기도 한다.

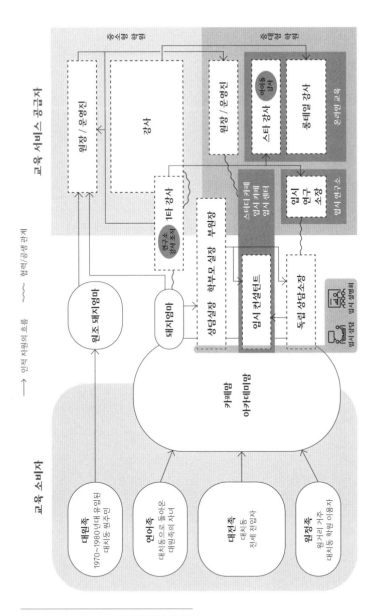

대치동 학원가 생태계의 구조와 행위자들의 관계도.

3부 대치동 사람들

학원장 및 운영진의 출신이나 특성, 보유한 자원 등에 따라 각 학원은 다른 성격을 띠게 되는데, 이곳에서 흘러나오는 다양한 형태의 발화와 네트워크 방식, 공간의 정의와 규칙 등이 대치동 학원가의 모든 주체에게 근본적인 영향을 미친다. 학원장과 운영진의 사회적 실천 중에 가장 주목해야 할 부분은 설명회나 상담에서 이루어지는 발화 행위와 그것을 통해 만들어지는 담론의 구조다. 이들에게서 흘러나오는 입시와 사교육에 관한 여러 이야기는 옳든 그르든 대치동 학원가 생태계의 주요 행위자들이 입시 제도를 이해하고 그에 대응하는 기준이나 잣대가 된다. 입시 제도가 복잡해져 일반의 접근성이 떨어질수록 이들이 형성하는 담론 구조는 사람들의 판단에 큰 영향을 미친다. 이들은 강사처럼 전면에 나서는 행위자는 아니지만, 다른 행위자들의 실천을 위한 공간을 마련하고 그들이 상황을 파악하고 행위를 결정하도록 지식과 관점, 룰을 제공한다. 그런 점에서 행위 공간의 설계자이자 선이해를 제공하는 배후의 조종자라고 할 수 있다. 물론 이들은 자신의 이해관계와 아비투스에 기초하여 행동할 뿐이다. 그러나 자신도 인지하지 못하는 사이에 다른 행위자의 인식 틀에까지 근본적인 영향을 미친다.

학원이라는 장이 마련한 많은 규칙 속에서 강사들은 여러 학원과 온라인 업체를 오가며 사교육 서비스의 구체적인 콘텐츠를 제공한다. 이들은 각자 나름의 사정과 고민을 안고 있지

7장 왜 대치동의 '사람들'에 주목해야 하는가

만 공통적으로 1타 강사 혹은 스타 강사가 되기 위해 전력투구하는 삶을 산다. 강사들은 대개 자신의 세속적 욕망과 각기 다른 경제적 현실 사이에서 선택을 하는데, 아주 특별한 경제적 이익이 보장되는 상황이 아니라면 결코 대치동을 떠나려 하지 않는다. 대치동이라는 공간에 속해 있다는 것 자체가 현재와 미래의 잠재적인 이익 증진에 기여한다고 느끼기 때문이다. 이들이 대치동에서 끝끝내 버티며 만들어내는 콘텐츠와 전략 덕분에 대치동 사교육은 나날이 진화하고, 대치동 고유의 독특한 공급 구조가 완성된다.

대치동 학원가 생태계의 마지막 퍼즐을 완성하는 이들은 바로 상담실장 출신의 입시 전문가들이다. 상담실장, 부원장, 입시 컨설턴트, 독립 상담소장 등 여러 이름으로 활동하고 있는 이 사람들은 대치동의 복잡다단한 교육 소비자 네트워크와 그만큼이나 다양한 공급자들의 연결 고리이자 가장 문제적인 집단이다. 이들은 사교육의 수요자인 학부모와 공급자인 강사들에게 실질적인 도움을 준다. 때문에 학부모와 강사들이 가장 신뢰하고 의존하는 사람들이기도 하다. 입시를 잘 모르는 학부모에게는 입시 이해의 기초를 제공하고, 학생에게는 개별 상황에 맞는 사교육 프로그램을 소개하며, 강사에게는 학원 강의나 개인 과외를 연결해주는 고마운 사람들인 것이다. 최근에는 중대형 학원에서 운영하는 입시 카페의 컨설턴트로 진출하면서 학부모 대상 설명회와 입시 콘서트의 주인공으로 부상했으며, 중대형 학원의 마케팅 전략을 직접 실현하며 사교육 수요자들의 인식을 그에 부합하도록 변화시킬 만큼 영향력을 키운 집단이기도 하다. 상황이 이렇다 보니 일부는 시장 행위자들의 합리적 판단을 가로막는 역기능을 수행하기도 한다.

이 상담실장 출신들이 세력과 규모를 확장하며 점차 대치동의 주인공으로 떠오르고 있다. 그 이유를 주목할 필요가 있다. 2008년 이후 입시가 점점 더 복잡해지면서 사람들은 대치동의 사교육 인프라를 더욱더 부러워하게 되었다. 아무리 복잡한 입시라도 대치동에서는 충분히 대응할 수 있었기 때문이다. 그런 대응이 가능한 것은 바로 이 상담실장 출신들 덕분이다. 이들은 복잡 다양한 입시와 사교육의 미로 속에서 수요와 공급의 연결 고리, 즉 중매자 역할을 하며 각 행위자들이 가야 할 길을 분명히 제시하는 안내자로 활약하고 있다. 여러 부작용, 문제점에도 불구하고 모든 사람의 필요에 부응하며 시장 내에서 지위를 확대해가고 있다. 그렇다면 다른 지역에서는 왜 이와 같은 사람들이 성장하기 어려운 것일까? 그것은 사교육 업체의 서비스 구조 자체가 대치동만큼 조밀하고 다양하지 않기 때문이다. 다시 말해서 1990년대부터 소규모 전문 학원 중심의 네트워크와 강사진이 밀집해 있던 대치동이라는 특수한 환경에서만 이들은 제 기능을 수행할 수 있는 것이다.

대치동의 효율성과 역기능

이렇게 여러 행위자들의 욕망이 한데 얽혀 대치동 학원가의 독특한 생태계를 구성하고 있다. 이곳이 사람들에게 주목받는 가장 큰 이유는 바로 효율성 때문이다. 대치동은 형성 초기부터 구성원의 경제적 조건과 인맥을 바탕으로 전문화된 소규모 사교육 서비스가 다양하게 자리 잡았다. 여기에 대치동 거주자들의 대학 입시 성공담과 부동산 신화가 함께 작용하면서 대한민국의 모든 세속적 욕망이 집결하는 '욕망의 중심지'가 되었다. 교육을 통한 계급 상승에 몰두하는 수많은 사람들이 몰려들면서 이곳에는 노골적인 경쟁 구조가 만들어졌고, 그 구조 안에서 소비자는 효율적인 시장 선택을 위해 정보를 획득하고 교환하는 네트워크를 스스로 형성해나갔다.

대치동 학원들은 이들의 깐깐한 안목에 부응해야 생존할 수 있었기에 치열한 노력을 경주했다. 논술과 입학사정관제를 거치며 복잡해진 입시 제도 아래서 다른 어떤 지역도 흉내 낼 수 없는 사교육 공급자 인프라를 구축하고 강화해나갔다. 이 과정에서 스스로 진화해온 상담실장 출신 입시 컨설턴트는 소비자들에게 복잡한 교육 서비스를 효과적으로 안내하는 역할을 담당하면서 영향력을 키웠다. 독립 상담소장 등으로 활동하는 이 사람들은 중대형 학원의 러브콜을 받으며 입시 카페, 입시 센터의 컨설턴트로 고용되었다. 이제 이들은 중대형 학원에서 새로운 입시 프로그램을 기획하고 시장 전략을 수립하는 싱크탱크로서, 동시에 시장의 분위기를 의도한 방향으로 이끄는 마케팅 인력으로서 활약하고 있다. 이렇게 대치동은 매우 유연하고 효율적인 사교육의 수요 공급 구조를 실현하게 되었다.

온전히 시장 구조에 의해서만 제공되는 교육 서비스는 아무리 효율적이어도 접근이 제한되기 마련이고, 사회적 자원의 불평등한 분배에 기여할 수밖에 없다. 대치동은 효율적인 만큼 평등한 교육이라는 이상을 파괴하고, 그 바깥의 사람들에게 상대적 박탈감을 자극하는 곳이 되었다. 그곳을 막연히 비난하기보다는 비판적인 관점에서 그 효율성과 역기능을 온전히 이해하고, 각 행위 주체들의 네트워크 방식과 역할을 파악할 수 있다면 공교육과 대학 입시에도 어떤 변화를 가져올 수 있지 않을까? 좀 더 유연하고 효율적인 교육 서비스를 더 많은 사람이 누릴 수 있지 않을까?

10여 년 전 논술, 구술 강사 시절 의과대학의 수시 면접 파이널 수업을 듣기 위해 지방에서 올라온 한 학생은 수강생이 8명밖에 되지 않는 소규모 수업에서 첫 강의 내내 적대적인 눈으로 나를 쏘아보았다. 그리고 이틀 후 누그러진 눈빛으로 강의가 끝난 뒤 나를 찾았다. 실은 자기 집 사정이 많이 어렵고 엄마는 식당 일을 해서 한 번도 학원에 다녀본 적이 없는데, 준비하는 전형이 그해에 처음 생긴 것인 데다가 면접은 어떻게 대비해야 하는지 아무런 도움을 받을 수가 없어서 대치동 학원에라도 와보고 싶었단다. 그래서 할머니가 어렵게 돈을 빌려 대치동 학원에 등록하고 친척집에서 다니고 있는데, 만약 돈만 많이 받고 가르쳐주는 것이 없으면 정말 화가 날 것 같았다고 했다. 그런데 사흘간 강의를 들으며 이것저것 많은 생각을 하게 되었고 배운 것도 많다며, 첫날 강의 때 불편하게 쳐다보았던 것을 사과하고 싶다는 것이었다. 이후 그 친구는 '빅 파이브'에 들어가는 모 의대에 훌륭한 성적으로 입학했다. 나는 그 친구가 보냈던 분노의 시선을 충분히 이해한다. 그것은 박탈감이 주는 계급적 분노다. 그러나 그 계급적 분노를 해소하는 방법이 대치동 사교육을 없애는 것은 아닐 것이다. 나는 그 친구가 대치동 수업을 들으며 느꼈던 그 속 시원함을 다른 친구들도 함께 경험할 수 있는 사회가 좋은 사회라고 생각한다.

나는 대치동에서 보낸 20년 가까운 시간 동안, 때로는 강사로 때로는 원장으로 때로는 상담가로 여러 행위자를 접하며 이들의 열정에 자주 탄복했다. 이들의 솔직한 욕망과 시장의 열기가 만나 효율적인 결과를 낳았기 때문이다. 이들이 노력해 만들어낸 정보와 전략은 시장의 원리에 따라 일정한 대가 없이는 공개되지 않는다. 이것은 시장의 규범에는 맞는 일이지만 사회적으로는 부정의를 초래한다. 교육의 기회가 가진 돈에 따라서만 분배되는 사회는 결코 정의롭지 않다. 그러나 부정의에 맞서기 위해 효율성을 억압하는 것 역시 좋은 방법은 아니다. 더 많은 사람이 다양한 교육의 기회를 누릴 수 있는 사회를 만들고자 한다면, 대치동 사람들이 실현한 이 희한한 교육적 효율성을 더 넓은 범위로 확대할 방안을 고민해야 하지 않을까?

더 나은 입시, 더 행복한 교육을 위하여

1장 사교육 사용 설명서 ①
– 사교육은 사회악인가

사교육을 둘러싼 모순된 인식

2019년 한국교육개발원에서는 전국 성인 남녀 4000명을 대상으로 교육여론조사(KEDI POLL 2019)를 온라인으로 실시했다.[1] 조사 결과의 많은 내용이 눈길을 끌었지만, 특히 고등학교에 대한 평가가 충격적이었다. 초등학교의 경우 45.7퍼센트가 '보통이다'라는 유보적인 답변을 선택하긴 했지만 '잘하고 있다'가 32.4퍼센트, '잘 못하고 있다'가 22.0퍼센트로 긍정적인 평가가 좀 더 많았다. 그러나 상급 학교로 갈수록 부정적인 평가가 치솟았다. 고등학교에 대해서는 '잘하고 있다'가 9.6퍼센트에 그쳤으며, '보통이다'는 40.1퍼센트, '잘 못하고 있다'는 응답은 50.4퍼센트로 나타났다. 응답자를 초중고 학부모로 한정하면 고등학교에 대한 긍정적 평가는 8.5퍼센트로 줄어들고, 부정적 평가는 50.8퍼센트로 소폭 증가한다. 공교육에 대한 우리 사회의 불신은 이 조사가 시작된 이래 계속 증가 추세를 보여왔다.

교육부가 발표한 「2019년 초중고 사교육비 조사 결과」[2]에 따르면 학생 1인당 월평균 사교육비는 32만 1000원으로 조

---

1 「한국교육개발원 교육여론조사(KEDI POLL 2019)」, 한국교육개발원, 2019.

2 「2019년 초중고 사교육비 조사 결과」, 통계청 보도자료, 2020년 3월 10일자.

사 실시 이래 가장 높았으며, 총 사교육비는 20조 9970억 원을 기록했다. 'KEDI POLL 2019'에 나타난 사교육 실태에 관한 인식도 이를 뒷받침한다. '2~3년 전과 비교해볼 때 현재 초·중·고등학교 학생들이 받고 있는 사교육(학원 수강, 개인·그룹과외, 학습지 등)이 어떻게 변화했다고 생각하십니까?'라는 질문에 별다른 변화가 없다는 의견(51.9퍼센트)이 가장 많았고, '심화되었다'가 42.5퍼센트(학부모는 45.2퍼센트), '줄어들었다'가 5.8퍼센트(학부모는 5.3퍼센트)의 응답률을 나타냈다.

위의 조사 결과들을 통해 우리 사회가 전반적으로 공교육을 불신하고 있으며, 사교육이 점차 확대되는 추세임을 알 수 있다. 그러나 이런 현실과는 반대로 언론이나 일반의 인식에서는 사교육을 마치 척결해야 할 대상처럼, 사회악처럼 여기는 경우가 많다. 'KEDI POLL 2019'의 사교육 인식 조사 항목에서도 사교육이 '줄어들었다'의 반대말은 '늘어났다'가 아니라 '심화되었다'이다. '창궐했다'라고 쓰지 않은 게 다행이라고 해야 할까. 다시 말해서 우리나라는 사회 전반적으로 공교육과 학교에 대한 불신이 커서 전체 학부모의 98퍼센트가 자녀에게 사교육을 받게 하면서도 사교육을 사회악으로 여기는 모순된 인식을 보이고 있는 것이다.

사립학교의 발전

사교육은 공공 교육기관이 아닌 사적인 기관이나 개인이 하는 교육을 의미한다. 엄밀히 말하면 사립학교 역시 이런 기준에서는 사교육에 해당될 것이다. 그러나 역사적으로 사립학교는 민주 공화정의 공공 교육 정책과의 타협을 거치며 그 공공성을 인정받았다.

역사적으로 서구 나라들에서 근대 교육을 시작한 것은 대개 개인이었다. 국가 주도적인 교육 체계나 이른바 의무 교육은 한참 뒤에야 만들어지고 시행되었다. 대중 교육의 중요성을 강조하고 초등 교육을 의무화하려는 시도는 종교 개혁가들이 먼저 시작했다. 루터파의 영향 속에서 작센-고타공국의 영주 에른스트 1세[3]가 발표한 1642년의 고타교육령이 그 최초의 시도였으며, 칼뱅파 역시 교육을 강조했다. 가톨릭교회의 경전 독점에서 벗어나 평신도 중심의 교회를 만들고자 했던 신교에서는 평민에 대한 교육을 의무화하길 원했다. 수많은 개신교계 사립학교는 이렇게 탄생했다. 가톨릭교회도 이에 대응

3　작센-고타공국Herzogtum Sachsen-Gotha은 튀링겐Thüringen 지역에 위치한 에른스트계 공작령의 일부로 1640년 에른스트 분할 조약에 따라 작센-바이마어 공국에서 분리된 소국이다. 1640~1674년까지 35년간 에른스트 1세Ernst I 에 의해 통치되었으며, 에른스트 1세 사망 후인 1675년 7명의 아들에 의해 7개의 공국으로 다시 나뉘었다. 그 자손 가운데 작센코부르크고타의 에른스트 1세(1784~1844)와는 다른 인물이다.

해 사립학교 설립을 늘렸다. 이후 1791년 프랑스의 계몽주의 자이자 백과전서파인 니콜라 드 콩도르세Nicolas de Condorcet가 입법의회의 공공교육위원회에 제출한「공공 교육의 전체 조직에 관한 보고서와 법안」은 루소 이후 근대적 공공 교육에 관한 계몽주의자들의 고민을 집대성한 결과였다. 그러나 이 법안은 결실을 맺지 못하고 무산되었다. 사립학교를 운영하던 왕당파 귀족들과 가톨릭교회의 반발 때문이었다.

　국가 차원에서 공교육이 제도화된 것은 한참 뒤의 일이다. 프랑스는 콩도르세의 개혁안이 실패한 이후 1833년에야 초등교육법을 마련했으며 초등교육이 의무화된 것은 50년 후인 1883년이었다. 독일도 1794년 프리드리히 빌헬름 2세Frie-drich Wilhelm II가 일반지방법을 통해 교회의 학교들을 국가의 감독 아래 두겠다고 선언했지만, 실제로 프로이센이 교육 관련 정부 부처를 설치한 것은 1807년이 되어서였고, 일부 지방에서 시도되던 의무 교육이 전국으로 확대된 것은 1919년 바이마르공화국헌법 제정을 통해서였다. 오히려 미국은 신교(칼뱅파)의 영향을 받은 호레이스 만Horace Mann의 적극적인 교육 운동의 결과, 매사추세츠주에서 1852년에 의무 교육이 세계 최초로 입법화되었다. 그러니까 아무리 길게 잡아도 공교육의 역사는 200년을 갓 넘긴 셈이며 지구상에서 의무 교육이 실시된 지는 170년 정도밖에 되지 않았다.

　이후 19세기를 관통하면서 다듬어진 유럽의 교육 정책은 사립학교를 운영해온 종교 세력 및 기득권 세력과 무상 공공 교육을 실시하려는 민주주의자 사이의 길항과 타협의 산물이었다. 그 타협의 균형점은 대강 이러하다. 사립학교는 민주 공화정의 구성원을 길러내는 공공의 기능을 담당할 것을 약속했다. 그러니까 공립학교와 마찬가지로 공화정의 정신과 정치체가 합의한 시민성 교육을 담당하기로 한 것이다. 대신 그들은 종교 교육의 자유, 합의된 교육 이외의 독자적인 커리큘럼과 교육법을 보장받았으며 공립학교에 준하는 일정한 재정적 지원을 받게 되었다. 그 범위나 지원 규모는 국가와 지역마다 다르지만, 이런 과정을 통해 사립학교는 공공성을 인정받으면서도 공립학교보다 자유로운 교육과정과 그에 따른 수혜자 부담의 추가 학비를 책정할 수 있는 권리를 얻었다.

유럽과 영미권의 시민 사회에서 이러한 합의가 도출된 이유는 첫째, 모든 시민은 교육받을 권리를 가지므로 더 좋은 교육을 받기 위해 노력할 자유가 있으며 국가는 이를 존중해야 한다는 신념 때문이었다. 둘째, 자유롭고 독립적인 학교가 다양하게 있어야 전체 공립학교 시스템이 질적으로 향상될 것이라는 사회적 인식과 합의가 역사적으로 존재했기 때문이다. 실제로 사립학교와 자유학교는 혁신적이고 가치 지향적인 커리큘럼을 제공하여 사회 발전에 기여하고 있으며, 교육 수요자들에게 다양한 선택의 기회를 제공하고 있다.

서구에서는 사립학교의 교육 성과에 대한 사회적 신뢰가

높은 편이다. 그 신뢰가 타당한 것이 지난 2009년에 보도된 바에 따르면 영국의 중등교육자격검정시험GCSE에서 5개 과목 이상에서 C등급 이상을 획득한 학생의 비율이 사립은 74.5퍼센트, 공립은 43.6퍼센트로 확연한 차이를 보인다.[4] 코로나 19로 인해 기존의 대입 시험을 취소하고 모의고사와 학교 성적, 수업 태도 등을 반영한 TAGsTeacher Assessed Grades로 대학 입시를 치른 2020년과 2021년에도 최고 등급인 A와 A*를 획득한 학생 가운데 60~70퍼센트가 사립학교 학생이었다고 한다.[5] 독일과 프랑스, 미국에서도 사립학교는 자체적으로 커리큘럼을 구성할 자유가 상당 부분 허용되어 있고, 그 교육적 성과에 대한 신뢰 역시 높다.

그러나 대개 무상으로 제공되는 공립학교 교육과 달리 사립학교는 연간 3000만 원에서 1억 원까지 수업료를 받는다. 경제적으로 상층 계급이 아니면 꿈꾸기 어려운 수준이다. 물론 예외도 있다. 독일에서는 연방기본법 7조 4항에 따라 사립학교라도 부모의 재산 상태를 기준으로 학생을 선발한다면 인가 자체가 금지된다. 사립학교 학비는 부모들의 수입 규모에 따라 다르게 책정되며, 학교에서 정한 최저 수업료조차 감당

4　「세계 주요국의 사교육 대책 ③ 영국」, 연합뉴스, 2009년 6월 28일자.

5　「영국, 대입 성적 인플레에 "내년부터 대입 시험 다시 치를 것"」, EBS뉴스, 2021년 9월 14일자.

할 수 없는 경우라도 사립학교 입학의 필요성이 인정된다면 정부에서 수업료를 지원해준다. 독일에서 이렇게 사립학교를 지원하는 이유는 사립학교가 지닌 역동성이 교육의 다양성, 다원성을 증진하고, 이는 공립학교의 개혁과 발전에도 도움이 된다고 믿기 때문이다. 서구의 여러 국가들은 이렇게 교육에서 자유와 다원주의가 중요하다는 신념을 공유하며 나름대로의 교육철학을 가진 부자들의 사립학교 설립을 지지해왔다. 오늘날 영미권과 프랑스, 스위스 등에서는 사립학교가 부유층을 위한 특권 학교로 발전한 경우가 많고 부작용도 적지 않지만, 일부 사립학교는 혁신적이고 실험적인 시도를 통해 다양한 교육의 가치를 실현하고 있다. 독일의 발도르프 학교나 영국의 서머힐이 대표적인 사례다.

우리나라 사학의 아쉬운 역사

우리나라의 사립학교, 즉 사학의 역사도 뿌리가 깊다. 역사가 오래되긴 했으나, 대체로 과거 시험을 위한 수단으로 여겨졌고 그 과정에서 국학 등 국가가 운영하는 학문 기구와 대립 관계를 형성하는 경우가 많았다. 우리나라 최초의 사학은 고려의 구재학당九齋學堂으로, 당시 국립 교육기관이었던 국자감의 부실함을 안타깝게 여긴 최충이 자기 집에 사숙을 열어 제자를 받아들인 것이 그 시초였다고 한다. 최충의 집에는 전국에서 사람들이 몰려들었는데, 철학적 궁리보다는 과거 시험 대비를 중심에 두어 큰 인기를 끌었다. 이후 구재학당은 문헌공도文憲公徒로 이름을 바꿨고, 이를 시작으로 사학십이도私學十二徒가 생겨나고 여기서 수많은 과거 시험 합격생을 배출하면서 가히 사학 전성시대가 열린다. 당시에도 국학, 국자감 등 공교육의 부실함과 과거 시험에 매달리는 사회 풍조가 사학 융성의 원인이었다.

조선시대의 서원도 마찬가지다. 서원 역시 과거 시험을 위한 사교육 기관으로 기능했다. 조선 후기에는 서원이 난립하여 내내 정치적 부패와 혼란의 원인이 되었고, 오늘날 학벌의 폐해 못지않은 많은 문제를 낳았다. 결국 흥선대원군은 사학 자체를 뿌리 뽑는 서원 철폐라는 극단적인 조치를 내리기에 이른다. 서구의 사학은 지식과 예술에 대한 지배 계층의 필요와 후원에서 출발하여 종교개혁 이후 신교도들의 교육에 대한 열망과 근대 계몽주의 교육의 이상 속에서 발전했다. 이와 달리 우리나라의 사학은 과거 합격이라는 세속적 교육열을 바탕으로 설립 유지되었으며, 국가에서 세운 교육 기구와의 대결 구도 속에서 부패와 혼란의 온상으로 지목되어 철퇴를 맞곤 했다.

근대 초기 계몽주의자들과 민족 자본이 설립한 연희전문, 보성전문, 이화여전 등의 사립학교가 이후 명문 대학으로 발전하기도 했지만, 이 몇몇 사례를 제외하면 해방 이후 급속하게 증가한 사립학교 가운데는 종교 재단을 표방하는 학교 법인을 통해 부정한 일을 저지르는 경우가 많았다. 친일파 출신의 경력 세탁용, 부정 축재자의 돈 세탁용으로 설립된 사립학교들은 끊이지 않는 내부 비리로 불신의 대상이 되었고, 교육적 가치의 실현이나 혁신을 기대하기 어려웠다. 오랜 기간 군부 독재를 거친 한국 사회는 시민 사회의 부재 속에서 국가가 공공성을 전면적으로 담당하며 민간과 시장의 변화를 강제해왔는데, 이 사학 재단들은 국가주의적 권력과의 결탁 속에서 그 명맥을 이어왔다.

교육의 공공성과 가치를 실천해오던 일부 명문 사립학교도 국가 주도의 정책에 의해 자율성을 상실해갔다. 앞서 살펴본 것처럼, 1970년대 박정희 정부는 수도 도시 계획의 일환으로 명문 사립고등학교를 강남으로 강제 이전했다. 1980년대 전두환 정부는 아파트 분양을 위해 학교를 강제로 재배치하는 과정에서 명문 학교를 이용하는 한편 학력고사와 고교 평준화 제도를 도입해 사학의 자율성을 크게 위축시켰다. 김영삼 정부 시절에는 대학 설립 자유화 정책으로 사립대학이 우후죽순 세워지고, 김대중 정부 때는 사학법 개정으로 자율성을 빙자한 사학 법인의 이익 구조가 강화되면서 사립학교를 돈벌이에 이용하는 현상이 극에 달했다. 이처럼 한국 사회에서는 사적 영역과 공적 영역의 경계에 위치한 사립학교의 특성이 법질서를 우롱하고, 개인의 이익을 위해 악용되면서 새로운 교육 철학을 제시하거나 교육적 다양성을 확보하는 역할을 수행하지 못했다.

이런 상황을 타개하기 위해 2005년 집권 여당인 열린우리당이 국회의장 직권 상정으로 사학법을 개정했다. 그러나 한나라당과 기독교 단체, 보수 언론이 이를 날치기로 규정하며 노골적으로 기득권 세력의 밥그릇 지키기에 나선 결과, 2007년 법안이 상당 부분 완화되면서 개혁은 후퇴하고 말았다.

통제할수록 자라나는 학원 사교육

그러나 한국 사회의 교육열은 국가의 통제와 현실의 한계를 언제나 뛰어넘었다. 1970년대에는 서슬 퍼런 군부 독재의 상황에서도 경기고 이전 반대를 위해 졸업생들이 연판장을 돌렸고, 1980년대에는 강남 불법 전입자에 대한 대대적인 단속에도 불구하고 자녀를 명문 고교에 보내기 위해 부모들은 위장전입을 감행했다.

사립학교의 혁신을 기대하기 어려운 상황에서 1990년대 초 학원 수강이 허용되자, 이 끈질기고 살벌한 교육열은 학원 사교육으로 몰려들기 시작했다. 역사적으로도 과거 시험 합격이라는 개인의 영달에 초점이 맞춰져 있던 한반도의 교육열은 자연스럽게 학벌 획득을 위한 명문대 진학으로 향했고, 학원 사교육이 그 중심을 차지했다. 대치동은 그 흐름을 가장 잘 보여주는 상징적 공간이다.

한국의 학원 사교육은 공공성의 외부에서 오로지 시장의 논리에 기초하여 발전하고 성장했다. 공공성을 애초에 결여하였으니 시장의 부정적 효과를 고스란히 지니게 된 것은 당연한 결과였다. 이런 부정적인 면을 강조하며 국가는 오랫동안 사교육을 사회악으로 규정하고 단속의 대상으로 여겨왔다. 모두가 원하니 허용은 하지만, 본래 문제가 많고 언제든 과도해질 수 있으니 통제 아래 두어야 한다는 것이다.

사교육은 좁게는 「학원의 설립·운영 및 과외교습에 관한 법률」이 적용되는 학원, 온라인 교육, 개인 과외 등을 의미하지만, 친족이 하는 교습 행위(홈스쿨링), 봉사 활동에 속하는 교습 행위도 일반적으로 사교육의 범주에 넣는다. 이렇게 학원 수강과 학교 밖의 과외 활동을 전부 사교육으로 인식하고 이를 단속의 대상으로 여기는 나라는 많지 않다.

교육은 국가가 개인에게 부여한 의무이기 이전에 개인의 권리다. 국가는 개인이 원하는 방식의 교육을 선택하고 누릴 수 있는 권리를 침해해서는 안 된다. 물론 그것이 사회적으로 심각한 불평등이나 부정의를 초래하는 경우가 아니라면 말이다. 사교육에 대한 우리 사회의 왜곡된 인식은 국가의 부당하고 자의적인 개입으로 말미암은 것이며, 이는 스스로 교육을 선택할 수 있는 개인의 자유 및 권리와 상충하는 까닭에 사람들은 사교육을 사회악으로 여기면서도 한편으로는 열망하는 모순된 인식을 갖게 되었다.

이런 점에서 이명박 정부의 고교 다양화 프로젝트는 많은 문제에도 불구하고 교육 정책의 변화 방향에 관해서는 시사하는 바가 있다. 이 프로젝트는 사립학교를 통해 교육의 다양성을 증진하려는 시도로 우리나라에서 자유주의적 교육관에 입각해 추진한 첫 번째 정책이었다. 공공성은 국가의 영역이고 이에 도전하는 개인은 공공성을 훼손하는 사회악이라는 권위주의 시대의 이분법에서 벗어났다는 측면에서 일면 고무적인 시도였다. 그러나 결과는 참담했다.

새로 생긴 수십 개의 자립형 사립고등학교(약칭 자사고)는 기존의 평준화 시스템을 와해하며 학교 교육의 불평등을 심화했고, 더 큰 사회적 박탈감을 초래했다. 사학재단이 태생적으로 지닌 모순과 구조적인 부패, 부실화 가능성이 제도적으로 보완되지 않은 상황에서 추진한 이 정책은 애초에 성공 가능성이 희박했다. 실제로 많은 자사고에서 부실 운영으로 인한 문제들이 발생했다.

그럼에도 불구하고 자사고에 대한 교육 수요자들의 선호는 폭발적이었다. 이 지독한 학벌 사회에서는 내 자녀가 불안정 고용과 저임금 일자리, 고단한 노후가 예정된 삶에서 벗어날 수 있다면 학교가 얼마나 내실 있게 운영되는지, 얼마나 좋은 프로그램을 가지고 있는지는 전혀 중요하지 않다. 성적 좋은 학생이 모여 있고 명문 대학 합격자 수가 많다면 다른 것은 상관없다. 사람들은 학교를 믿는 것이 아니라 성적 좋은 학생들 간의 경쟁의 힘을 믿는 것이다.

고교 다양화 프로젝트의 실패는 학원 사교육 문제와 관련해서 우리에게 적어도 두 가지 사실을 확인시켜주었다. 첫째, 학원 사교육은 좋은 사립학교를 만든다고 해서 사라지지 않는다. 자사고에 진학하기 위해 더 강화된 사교육을 더 일찍부터 시작하게 되었다는 점이 이를 뒷받침한다. 학원 사교육은 최종적으로는 더 좋은 대학에 가기 위해, 즉 학벌을 얻기 위해 필요한 것이니 더 좋은 고등학교를 만들면 더 일찍부터 학원에 보내게 될 뿐이다.

둘째, 좋은 고등학교에 다닌다고 해서 학원 사교육을 덜 받는 것은 아니다. 내 경험에 비추어볼 때 자사고 학생은 연평균 800만 원이 넘는 학비를 지출하고도 일반고 학생보다 더 많은 학원 사교육비를 쓴다. 사교육 인프라가 많은 수도권 지역에서는 특히 더 그렇다. 교육 투자의 최종 목적은 좋은 학벌을 얻는 것이기 때문에 중학교 때부터 투자를 많이 한 사람이 계속 더 많은 돈을 쓰게 되어 있다. 일찍부터 많은 돈을 쓸 수 있는 집 아이들이 결국 더 상위의 학교에 진학하게 된다.

다시 말해서 사교육이 공교육의 몰락이나 교육 불평등을 초래하는 것이 아니다. 사교육의 범람이든 공교육의 몰락이든 모두 학벌주의라는 사회적 모순의 결과이며, 교육 불평등은 그 부산물일 뿐이다. 그런데 학벌주의는 능력주의라는 이름으로 정당화되고, 우리 사회는 이를 짐짓 외면하며 학원 사교육을 때려잡으려고만 하고 있다. 학원을 누른다고 학교가 부활할 리 만무하다. 공교육과 사교육을 대립 관계에 놓는 것은 학벌주의와 교육 불평등 문제를 해결하는 데 아무런 실효성이 없다는 사실을 직시해야 한다.

사교육을 사회악으로 여기는 한 공교육의 미래는 없다

한국의 학교 교육, 즉 공교육은 양적 지표상으로는 괄목할 성장을 해왔다. 2008년 30조 원대이던 교육부 예산은 2016년에 50조 원을 넘어섰고, 2019년에 70조 원을 넘었다. 같은 기간 학생 수는 지속적으로 감소하여 교사 1인당 학생 수도 줄어들었다. 중등학교는 교사 1인당 학생 수가 2008년 18.8명에서 2021년 11.9명으로 감소했으니 OECD 평균 13명보다 적은 수준이다. 물론 강남 지역 학교로 학생이 몰려드는 현상은 여전히 해결되지 않고 있으나 이는 사교육 인프라의 영향 탓이 크다. 이렇게 양적 지표의 성장에도 불구하고 공교육에 대한 사회적 신뢰는 점점 낮아지고 있고, 사람들은 학원 사교육을 찾는다. 학교의 몰락은 이제 기정사실로 여겨지고 있다. 이런 상황에서 정부는 사교육을 공교육 몰락의 주범으로 규정하고 통제하려고만 하니 헛힘을 쓰고 있는 셈이다.

다시 말하지만, 공교육의 몰락은 학원 사교육 탓이 아니다. 공교육과 사교육은 애초에 목적이 다르다. 공교육은 일정 정도의 지성과 사회 참여 의지를 가진 시민을 육성하고, 그 시민이 각자의 개성과 적성을 살려 행복하고 가치 있는 삶을 살아가도록 하는 데 목적을 둔다. 입시에서의 성공만을 목표로 하는 학원 사교육과는 본질적으로 다른 것이다. 다른 말로 하면, 학교가 치열한 경쟁 속에서 입시에만 전념하는 학원보다 더 나은 입시 결과를 만들기는 불가능에 가깝다. 설사 그것이 가능한 일이라고 해도, 즉 학교가 효율적인 입시 학원처럼 된다면 그것이 과연 좋은 일인가? 나는 그렇게 생각하지 않는다. 학교는 공교육의 가치를 실현하면서 대학 입시를 치르지 않는 학생에게도 의미 있는 학습의 공간이 되어야 한다. 세상에 공부가 시험공부, 입시 공부만 있겠는가. 나는 매년 학원 설명회 자료집을 만들며 서울대를 비롯한 명문 대학 합격 인원을 기준으로 한 전국 고등학교 순위표를 실었다. 이는 각 고등학교의 입시 실적을 알아야 입시 지도와 컨설팅을 할 수 있기 때문에 학원 사교육 종사자로서 한 일이지, 이것이 공교육 기관인 학교를 평가하는 기준이 되어서는 안 된다.

공교육과 사교육을 대립 관계로 놓고 학원 사교육을 억압하는 정책이 성공할 리도 없다. 학벌주의가 엄연히 존재하고, 자본주의적 계급 질서가 한층 공고해진 상황에서 학벌을 통해 계급 상승 혹은 재생산을 하려는 열망은 점점 더 강력해질 것이다. 학원 사교육을 망치로 내리누르면, 두더지 같은 욕망은 다른 구멍으로 고개를 내밀 것이 자명하다. 더 좋은 대학에 진학하려는 학생의 욕망, 자녀가 좋은 학벌을 얻기를 바라는 부모의 욕망은 이미 존재하는 현실이다. 이것이 다 틀렸다고, 없애야 한다고 말할 수는 없지 않은가.

그렇다면 공교육, 즉 학교에서도 학생들이 입시에 효율적으로 대응할 수 있는 길을 어느 정도는 마련해야 한다. 이 분야에서 가장 효과적인 기술을 발전시켜온 곳은 다름 아닌 학원 사교육이다. 그런데 왜 교육 정책 담당자들은 학원 사교육의 장점과 인적 자원을 흡수하여 공교육을 변화시키려 하지 않는 것일까? 학원 사교육을 적대시하고 배척하는 것으로 공교육을 더 나아지게 할 수 있는가? 사회 구성원의 상당수가 욕망하는 것을 죄악시하는 위선적이고 이중적인 태도를 왜 버리지 못하는지 나는 이 지점이 좀처럼 이해되지 않는다. 학원 사교육이 더 나은 성취의 방법을 가지고 있다면, 공교육에서 그것을 적극적으로 수용해 자양분으로 삼을 수도 있지 않을까?

2장	# 사교육 사용 설명서 ② ## – 학원 사교육을 어떻게 ## 활용할 것인가

사교육에 대처하는 G2의 고민

사교육은 알고자 하는 의지를 가진 인간의 자연스러운 활동으로 나타난다. 세계 어디에도 사교육이 없는 나라는 없다. 특히 최근 들어 계급 사회가 노골적으로 심화되면서 상층 계급에 진입하고자 하는 열망이 교육과 학벌에 대한 집착으로 표출되고, 그 결과 사교육의 기형적 진화가 세계 도처에서 나타나고 있다.

미국의 사교육 시장도 그 확장세가 만만치 않다. 산업조사기관 아이비스월드IBISWORLD의 2018년 보고서에 따르면, 미국 사교육 시장은 약 230억 달러(약 26조 원) 규모로 5년간 연평균 4.1퍼센트의 성장률을 보였다. 우리와 다른 점은 예체능 활동 및 봉사 활동, 단체 활동의 비중이 높다는 것, 사교육의 핵심 주체가 사립학교나 비영리 단체라는 것이다. 실제로 전체 시장에서 사립학교의 비중은 11퍼센트이고, BGCAThe Boys & Girls of America, ASASAfter-School All-Stars, YMCA 등 종교 단체나 비영리 기구들이 40퍼센트 이상의 비중을 차지하며 엄청난 매출을 올리고 있다. 이는 미국 대학들이 입학 전형에서 인간관계 및 리더십을 평가하기 위해 스포츠 활동이나 단체 활동, 봉사 활동 등을 강조하고 있다는 점과 관련이 있다.

그러나 최근 보충 학습과 관련된 사교육(48.1퍼센트)이 두드러지게 증가하고 있으며 대입을 위한 컨설팅 역시 빠르게 늘어나는 추세다. 미국의 독립교육컨설턴트협회IECA에 따르면 명문 대학교 입학을 희망하는 학생 및 학부모의 수가 지속적으로 증가함에 따라 입시 전문 컨설턴트의 수도 빠르게 늘어나고 있다. 2018년을 기준으로 미국에서만 약 8000명 이상의 컨설턴트가 활동하고 있고, 이는 10년 전과 비교할 때 4배가량 증가한 수치이다. 조용히, 하지만 급격히 진행된 이 변화는 결국 사회 문제로 불거졌다.[6]

지난 2019년 3월에 터진 미국 역사상 최대 규모의 대학 입시 비리 스캔들은 미국판 '스카이 캐슬'로 불리며 미국 사회를 발칵 뒤집어놓았다. 유명 할리우드 배우와 실리콘밸리의 최고 경영자들이 연루된 체육 특기생 위장 입학 비리 사건이었는데, 전문 입시 브로커가 대학의 운동부, 시험 관리자까지 매수한 정황이 드러났으며 이들 사이에 오간 뒷돈의 규모가 무려 2500만 달러(약 283억 원)에 달해 화제를 모았다. 이 스캔들은 현재 진행형이다. 2020년에는 서부 명문인 캘리포니아주립대학교의 입시 비리가 적발되었다. 캘리포니아주 감사국은 부정 입학생 64명을 찾아냈는데 그중 42명이 캘리포니아주립대 버클리캠퍼스 학생이었다. 적발된 학생의 대부분은 백인이었고, 가계 연소득이 15만 달러 이상이었다. 캘리포니아주 감

---

6 「미국에도 스카이 캐슬이 존재할까 – 미국 사교육 시장 동향 및 전망」, KOTRA 해외시장뉴스, 2019년 7월 29일자.

사국은 현재 400여 명의 체대생에 대한 전수 조사에 착수한 상태다. 그러나 기부금 입학을 허용하는 극단적 자유주의의 나라에서 입학 비리란 돈과 자격이 부족한 자들이 허용된 범위 너머의 방식을 찾아낸 것에 불과하기에 감시와 처벌 강화가 교육 불평등을 해소할 수 있을지는 미지수다. 더군다나 최근 코로나19 사태 속에서 개인 교습을 받을 수 있는 학생과 그렇지 않은 학생 사이에 학습 격차가 크게 벌어지면서 미국 내 교육 불평등은 더 심각한 수준으로 전개될 전망이다.

심지어 사회주의 국가인 중국도 사립학교와 학원 사교육 문제로 골머리를 썩고 있다. 사회주의라는 정치 체제의 정체성에 어울리지 않게 중국의 사립학교 비율은 30퍼센트에 육박한다. 중국 교육부의 통계에 따르면 2020년 중국 전체의 사립학교는 18만 6700여 곳이다. 재학생 수로 봐도 5564만 명으로 전체 학생의 20퍼센트를 차지한다. 이는 유럽과 일본 등의 사립학교 비율이 3~7퍼센트에 불과한 것과 비교할 때 엄청난 수치다. 문화대혁명 이후 지난 50년간 중국 정부는 인구 증가 속도에 맞춰 공교육 인프라를 제공하는 데 실패한 것이다. 특히 2000년대로 접어든 이후 중국인의 자녀 교육 수요가 폭발적으로 증가하면서 사립학교가 대거 등장해 돈벌이 수단으로 악용되었고, 공퇴민진公退民進(공립은 쇠퇴하고 민영은 흥한다)이라는 말이 나돌 정도로 사립학교의 인기가 날로 높아졌다. 당연히 성적이 좋은 학생들은 사립학교로 몰려들었다. 사회주의 국가에서 상상하기 어려운 일이 벌어진 것이다. 1년 교육비가 800만 원에서 수천 만 원에 이르는 이 학교들은 실제로 부정부패와 비리의 온상이 되고 있다. 중국 교육부는 2021년 5월 사립교육촉진법 시행 세칙을 수정하여 사립학교 설립을 제한하고 신규 설립을 불허하기로 했으며, 향후 사립학교 재학생 비중을 5퍼센트로 낮추겠다고 밝혔다. 이에 부실하게 운영되던 사립학교들이 공립학교로 전환되거나 인가가 취소되는 일이 이어지고 있다. 교육 당국이 마음먹고 사립학교 퇴출에 나선 것이다.[7]

그뿐만 아니다. 2021년 7월에는 '의무 교육 단계 아동의 숙제 부담과 과외 교육 부담 감소 관련 의견'을 발표했는데, 그 여파로 중국 사교육 업체의 주가가 60~70퍼센트 하락했다. 아이들의 숙제를 90분 분량으로 줄이고, 모든 사교육 업체를 비영리 조직으로 변경 등록하도록 의무화한 이 조치는 경영자가 임금 이외의 추가 영리를 취할 수 없도록 규정했다. 이로 인해 중국의 대형 사교육 업체들은 대대적인 정리 해고에 들어갔다. 이에 더해 외국인 강사 고용과 외국 자본의 교육 업계 진입을 원천 봉쇄하면서 교육에 관한 한 사회주의적 통제가 이루어질 것임을 시사했다. 중국 정부가 내놓은 이 사회주의적

7　「[中 사립학교 철퇴] '일석삼조' 기대… 불타는 교육열 이겨낼까」, 『아주경제』, 2021년 8월 11일자.

해법이 향후 중국 사회의 인적 자원에 어떤 질적 변화를 일으킬지 귀추가 주목된다.

실효성 없는 사교육 통제 정책

한 국가의 교육 정책을 입안하고 실행하는 과정에서 사교육을 적대적으로 보는 시각은 다음 두 갈래 길 중 하나로 향한다. 중국처럼 사교육을 없애는 방향, 혹은 사교육은 허용하되 법질서, 사회 질서를 위반하는 경우 감시와 처벌을 강화하는 방향. 국가의 정치 이념과 사회 체제에 따라 정책의 방향이 달라지겠지만, 둘 다 사교육을 해결해야 할 문제나 사회 병리적 징후로 간주하고 있다는 면에서는 공통적이다.

그러나 교육을 통해 계급 상승을 이루려는 세속적 욕망에 관한 한 최전방의 전위에 서 있었던 유라시아 동쪽의 이 작은 나라가 경험해온 역사적 과정에 비추어볼 때 사교육에 대한 이런 배타적 접근이 문제의 해결로 이어질 수 있을지 의문이다. 분명한 것은 어느 나라든 교육에 대한 세속적 욕망이 뿜어내는 부정적 효과를 사교육 탓으로 보는 시각이 나타나기 시작했다는 것이다. 이는 우리 사회에서 공공 교육 정책이 사교육과 벌여온 오랜 힘겨루기가 이제 전 세계적으로 확전될 가능성이 있다는 뜻이다.

      4부 더 나은 입시, 더 행복한 교육을 위하여

물론 모든 사람이 사교육 없이 학교 교육만으로 충분히 배우고 그 결과에 만족할 수 있는 사회가 만들어진다면 그 또한 환영할 일이다. 그러나 나는 근원적인 질문이 필요하다고 생각한다. 학교 교육이 사람들의 세속적 욕망에 부응하기 위해 오로지 명문대 진학을 목표로 입시 교육에 전념한다고 가정해보자. 그것은 좋은 학교인가? 우리는 대학 입시만을 위해 존재하는 공교육을 진정 원하는가? 입시 제도도 마찬가지다. 입시 제도를 백날 바꾸고 손본다고 해서 문제가 해결될 리 없다. 어떤 입시도 모두를 합격시키지는 못하기에 모두를 만족시킬 수 없다. 교육 수요자 각자의 욕망을 떠나 거리를 두고 보면, 모두가 좋은 성적을 내는 입시 제도는 입시로서의 기능을 포기한 제도이지 않은가. 아무리 훌륭한 제도라도 사회 구성원 모두의 세속적 욕망을 충족시키는 것은 원천적으로 불가능하다. 그렇다고 학벌 획득에 매진하는 사회 구성원들의 욕망을 나 몰라라 내버려둔 채 사교육을 모순의 주범으로 몰아세우면 학교가, 입시 제도가 바로 설 수 있는가? 나는 그럴 수 없다고 생각한다.

좀 더 근본적으로 따져보자. 사교육은 현상적으로는 자원의 불평등한 교환 구조인 시장에서 거래되는 상품이다. 시장 가격에 기초하여 자원을 분배하는 구조이므로 사회 전체로 보면 필요한 사람에게 필요한 자원을 효율적으로 공급하는 자율적인 조정 기능을 가지고 있다. 그러나 이러한 자율적 조정 기능은 거래되는 상품의 질이 균일하고, 모두에게 가격 정보가 완전히 공개되어 있으며, 수요자와 공급자의 수가 무한한 완전경쟁시장일 때에만 작동한다. 다시 말해서 개인이 경험하는 현실에서 이 기능이 작동하는 경우는 거의 없다. 사교육 시장도 마찬가지다. 특히 사교육과 같은 특수 서비스업은 양질의 서비스를 생산할 수 있는 공급자의 수는 제한적인 반면, 자녀가 좋은 학벌을 얻기를 바라지 않는 부모는 거의 없기 때문에 한정된 고급 자원을 둘러싼 수요 경쟁이 발생하는 것이 필연적이다. 이럴 경우 가격은 폭등하고, 양질의 교육 서비스 자원은 돈 많은 사람에게 집중될 수밖에 없다. 시장 구조 안에서는 균등한 분배 자체가 불가능한 것이다.

이런 구조 안에서 사교육은 교육 불평등, 나아가 우리 사회 불평등의 핵심, 만악의 근원으로 오해받기에 딱 좋다. 실제로 경제적으로 여유로운 가정에서 태어난 학생이 사교육을 통해 더 좋은 학벌을 얻을 확률이 높다. 삼성의 이재용도, 신세계의 정용진도 다 서울대를 나왔다. 얼마나 양질의 과외를 받았는지 확인할 길은 없지만 짐작하고도 남음이 있다. 그렇다면 이들이 받는 사교육의 공급을 통제하는 것이 해결책이 될 수 있을까? 고가에 거래되던 서비스 자원의 거래를 불법적인 것, 정당하지 않은 것으로 간주한다면 뛰어난 강사들, 컨설턴트들이 그 분야에 종사하는 것을 꺼리게 될까? 그리하여 서비스 공급자가 줄어든다면 사교육이 사라지고, 모두가 공교육에 만족하는 세상이 도래할까? 나는 그런 세상을 상상할 수가 없다. 모두가 좋은 학벌을 원하고 공교육보다 사교육을 신뢰하는 나라에서 공급자 일반을 위축시키는 정책은 실패할 수밖에 없다. 공급자 수가 줄어든다고 해도 수요자는 줄지 않기 때문이다. 과거 군사 독재 정권 시절처럼, 혹은 현재의 중국처럼 사교육을 완전히 금지하지 않는 한 공급자가 줄어들면 가격은 더 상승할 것이고, 더 커진 이익을 차지하려 불법을 감수하는 공급자들이 나타날 것이다. 이러한 정책은 오히려 불평등을 확대하고, 사회 전반의 이중성과 도덕 불감증을 강화할 뿐이다.

게다가 사교육 통제는 적지 않은 규모의 고용 흡수력을 가진 분야를 위축시키며 또 다른 사회 문제를 야기할 수 있다. 통계청의 「2019년 기준 전국 사업체 조사 잠정 결과」[8]에 따르면 우리나라의 교육 서비스업 종사자는 공식적으로 163만 명이 넘는다. 이는 주요 19개 산업 분야에서 종사자 수 5위에 해당한다. 또한 통계청의 「2021년 상반기 지역별 고용 조사 취업자의 산업 및 직업별 특성」[9]에 따르면 그 수는 더 큰 폭으로 증가하여 이제 183만 명에 육박하며, 이는 산업 중분류 77개 분야에서 3위에 해당한다. 한편 이 조사에서 따르면 교육 서

8　「2019년 기준 전국 사업체 조사 잠정 결과」, 통계청 경제통계국 경제총조사과, 2020년 12월 29일자.

9　「2021년 상반기 지역별 고용 조사 취업자의 산업 및 직업별 특성」, 통계청 사회통계국 고용통계과, 2021년 10월 19일자.

비스업 종사자 가운데 대졸 이상의 학력을 가진 사람은 150만 명으로, 이는 전체 산업 분야 가운데 가장 많은 것으로 확인된다. 그럼에도 불구하고 이들 중 대다수는 불안정한 고용 환경에 놓여 있고 산업 내의 소득 불평등 역시 심각한 수준이다. 몇몇 스타 강사와 중대형 업체의 정규직을 제외하면 이 분야 종사자는 대부분 불안정한 경제 상황에 처해 있다. 계속해서 사람이 들고 나는 이 불안정성 덕분에 교육 서비스업은 앞서 살펴본 것처럼 노동 시장의 막다른 골목에서 고학력층의 생계를 해결해주는 안전지대로 기능하기도 했다. 통계적으로도 사교육 시장은 상당한 규모의 고용을 창출해왔으며, IMF나 2008년 경제 위기와 같은 시기에도 고용자 수를 지속적으로 늘리며 위기 속의 완충 지대 역할을 톡톡히 담당해왔다.

그 밖에 지금까지 정부가 벌여온 사교육과의 전쟁은 대형 업체나 고소득층이 관련된 부분을 정면으로 건드리지 못했다. 대형 업체들은 정책 변화에 적응해 계속해서 새로운 경쟁력을 갖춰나갔고, 고소득층의 사교육은 은밀한 구조 속에서 이루어지는 까닭에 적발 자체가 어렵다. 상황이 이렇다 보니 정부의 정책은 늘 불안정한 고용 상태의 종사자 개인이나 중소 업체들만을 희생양으로 삼는 데 그쳤다. 여러 가지 면에서 정부의 사교육 통제는 불평등을 강화하는 데 일조해왔다.

따라서 학벌주의와 계급 상승이라는 세속적 욕망은 내버려둔 채 공교육의 몰락을 말하고, 입시 제도를 탓하고, 사교육

4부 더 나은 입시, 더 행복한 교육을 위하여

을 만악의 근원으로 비난하는 것은 문제 해결에 아무런 도움이 되지 않는다. 대책 없는 비난과 비판을 통해 우리가 얻은 것은 결국 본래의 기능을 상실하고 경쟁력 없는 입시 학원으로 전락한 학교와 소모적인 논쟁으로 누더기가 된 입시 제도, 정부의 감시와 통제를 뚫고 나날이 기형적인 행태를 보이는 사교육 업체뿐이기 때문이다.

사교육 자원을 공교육으로 유인하라

나는 이 시점에서 사교육에 관한 우리의 인식 전환이 필요하다고 생각한다. 다시 말하지만, 우리의 목표가 학벌주의 타파와 교육 및 사회 전반의 불평등 해소라면 학원 사교육은 타파할 대상이 아니다. 그보다는 오히려 학원 사교육을 교육 개혁에 활용할 인적 자원의 집합으로 인식하고, 공교육의 대체제가 아니라 보완재로 이해하려는 노력이 필요하다. 이러한 인식 전환이 가능하다면 우리는 그간 학원 사교육이 만들어온 일면의 교육적 효율성을 공교육과 학교 제도 안에서도 실현할 방법을 찾을 수 있을지 모른다.

사회 구성원의 상당수를 사라져야 할 시대의 모순으로 규정하기보다는 그들이 키워온 능력과 기술, 선의를 활용하는 편이 낫고, 그 노동과 에너지를 사회 전체에 생산적 기여를 할

2장 사교육 사용 설명서 ② - 학원 사교육을 어떻게 활용할 것인가

수 있는 쪽으로 정책을 설계하는 것이 건강하다. 내가 만나본 사교육 종사자의 상당수가 마음 한구석에 교육자로서의 정체성을 가지고 있었고, 그 때문에 고민도 많았다. 한 개인으로서는 장사꾼과 교육자의 정체성 사이에서 쉽지 않은 줄다리기를 하고 있는 것이다. 물론 철저하게 이익만을 위해서 움직이는 것처럼 보이는 사람도 많지만 그것이 잘못된 일인 것도 아니다. 애덤 스미스와 고전주의 경제학자들이 그토록 강조한 것처럼 시장은 개인의 이기심을 사회적 이타성으로 환원하는 장치가 된다. 시장에서 성공하려면 남들보다 '질 좋은 물건을 싸게 공급하는' 이타성을 발휘하게 된다는 것이다. 나의 이익을 추구하는 과정에서 타인의 이익을 증진하기 때문에 시장이 이기적인 인간을 도덕적으로 만든다는 것이 그들의 주장이었다.

다만 사교육 시장에서는 공급 가격을 낮춘다고 해서 수요가 증가하는 일은 잘 일어나지 않는다. 교육 서비스는 와인과도 같아서 수요자들이 직접 경험하기 전에는 상품의 질을 평가하기 어렵기 때문에 비싼 상품이 좋은 것이라는 편견도 존재하고, 따라서 모든 공급자가 자신의 서비스를 싸게 공급하기 위해 노력하지도 않는다. 괜히 가격을 낮추었다가는 품질에 대한 의심을 초래할 수도 있다. 이런 전반적인 환경을 고려한다고 해도 이 분야 종사자들의 많은 수가 자신이 '교육'이라는 일을 수행하고 있음을 인식하고 학생, 학부모와 관계를 맺는 일에서 많은 고민을 하며 살아간다.

4부 더 나은 입시, 더 행복한 교육을 위하여

나에게는 고전주의 경제학자들의 견해보다는 시장에서 화폐가 물신화되고 인격이 전면적으로 상품화되는 과정에서 인간성이 상실된다는 마르크스주의자들의 주장이 더 설득력이 있지만, 적어도 인간은 누구나 자신의 밥벌이의 존귀함을 인정받고 싶어 하고 거기서 어떤 도덕적, 윤리적 고민과 행위가 발생한다고 생각한다. 특별히 반사회적인 성향을 가진 사람이 아니라면, 자신의 밥벌이가 사기 행각으로 비치기를 바라는 사람은 없다. 누군가 필요로 하는 물건을, 의미 있고 가치 있는 서비스를 제공하여 신뢰할 수 있는 사람이 되고자 하는 것이 노동하는 자 일반의 소망이다. 노동의 정당성을 인정받고 보람을 얻고자 애쓰는 것은 인간의 본성이며 이는 사교육 종사자들도 마찬가지다. 이들은 현행 입시 제도 아래서 학생이 최선의 결과를 낼 수 있도록 자신이 할 수 있는 최선의 노력을 기울인다. 나는 이들의 선의, 욕구를 최대한 활용하는 것이 좋은 정책이라고 생각한다. 이들이 사회적으로 더 긍정적인 방향으로 자신의 행동을 선택할 수 있도록 유도하는 정책 설계, 넛지[10]의 지혜가 필요하다.

10 2017년 행동경제학 분야에서의 공로로 노벨경제학상을 수상한 리처드 세일러Richard Thaler와 하버드 로스쿨의 캐스 선스타인Cass Sunstein이 함께 쓴 『넛지Nudge』라는 책을 통해 널리 알려진 개념이다. 넛지는 팔꿈치로 옆구리를 찌르는 행위로, 사람들이 불합리한 편향에서 벗어나 특정 행동을 할 수 있도록 부드럽게 유도하는 선택 설계choice architect를 비유하는 말로 사용된다.

공교육이 도입해야 하는 것은
교육의 내용이 아니라 시스템

공교육의 무능에 대한 오랜 비판 속에서 현재 학교에서는 '방과 후 학교'라는 이름의 프로그램을 운영하고 있다. '방과 후 학교' 프로그램의 정책적 목적은 공교육의 목표를 건드리지 않으면서 사교육이 입시 및 학과 공부에서 내온 효율적 성과를 학교 내부로 끌어들이겠다는 것이다. 그간 사교육에 보여온 적대적 태도에서 벗어난 첫 번째 정책이라는 점에서 주목할 만하다. 실제로 '방과 후 학교'는 외부 학원 강사나 사교육 업체의 신청과 입찰을 통해 진행된다. 수익자 부담을 원칙으로 운영된다는 점에서 학교에서 운영하는 학원인 셈이다.

그러나 '방과 후 학교' 정책은 태생적으로 성공하기 어려운 한계를 가지고 있다. 2000년대 중후반 도입된 이후 물가 상승률조차 거의 반영되지 않은 현재의 예산 규모로는 좋은 강의 인력을 조달할 수 없다. 학생 입장에서는 더 뛰어난 실력을 가진 1타 강사, 스타 강사의 온라인 강의를 훨씬 싼 가격에 이용할 수 있기 때문에 학교에서 제공하는 프로그램이 전혀 매력적이지 않다. 외부에서 초빙해온 강사의 강의가 학교 선생님보다도 못한 경우가 태반이다 보니, 이제는 교사들 중에서 의지와 욕심이 있는 이들이 방과 후 학교에 참여하는 사례가 많아졌고 일정 부분 교사들의 수당 벌이용 프로그램이 되고

4부 더 나은 입시, 더 행복한 교육을 위하여

말았다. 결국 학교는 방과 후에 경쟁력 없는 학원을 하나 운영하게 된 셈이다. 이 과정을 자세히 살펴보면 사교육의 내용적 우수성을 공교육에 끌어들이겠다는 아이디어는 정책으로서 실효성을 갖기 어렵다는 것을 알 수 있다.

　방과 후가 아니라 설령 정규직 교사로 일할 기회를 준다고 해도 우수한 사교육 인력이 공교육으로 유입되기는 쉽지 않아 보인다. 이들은 현재 사교육 시장 내에서 독자적인 지위를 확보하고 있기 때문에 새로운 보상 체계가 도입된다고 해도 그것이 유인 요소가 되기는 어렵다. 아니, 그에 앞서 공교육이 본격적인 성과급제를 도입해 교원에게 보상하는 것 자체가 교육적 가치를 훼손하는 일이 될 수 있다. 혹시라도 일부 사교육 강사가 적은 수입을 감수하고 공교육으로 들어가 뛰어난 입시 성과를 낸다고 해도 과연 이들을 학교 교사로서도 뛰어난 사람이라고 할 수 있는가? 나는 아니라고 생각한다. 좋은 교사는 성적이 좋지 않은 학생에게도 좋은 교사여야 한다. 학교 교육은 수월성 교육만이 아니라 다양한 사람들과 어울려 이 사회를 살아가기 위한 공동체 교육, 전인적 교육을 포함해야 하기 때문이다. 그러므로 입시 대비라는 측면에서 학원에 비해 부족함이 있다고 해서 그 이유만으로 수업의 내용이나 형식이 바뀌어야 하는 것도 아닐 것이다.

　사실 학교 교사들이 학원 강사보다 강의를 심각하게 못하는 것도 아니다. 시장의 경쟁 속에 있지 않다 보니 입시에 맞춘 교수법 개발이 다소 미흡할 수는 있어도 강의의 질적 차이는 강의자의 실력보다는 수강생 간의 수준 차이 때문에 발생하는 경우가 많다. 일부 정보 암기형 과목을 제외한다면 아무리 뛰어난 강사라도 학습 수준과 의지, 참여도가 천차만별인 학생들을 앞에 놓고 모두가 만족하는 강의를 수행하는 것은 불가능에 가깝다. 1960~1970년대 명문 공립, 사립학교부터 21세기 자사고와 특목고에 이르기까지 이른바 좋은 입시 성과를 냈던 학교들이 차별이라는 비난을 무릅쓰고 우열반 수업을 강행한 이유도 바로 여기에 있다. 학원은 자발적 학습 의지를 가진 학생들이 수강료를 지불하고 들어와 공부하는 곳이고, 이들을 수준별로 나누어 수업을 진행하기 때문에 강사가 어떤 내용을 어느 정도의 수준으로 가르치면 되는지가 분명하다. 그러니 더 효율적인 강의가 가능하다. 공교육에서는 당연히 이런 수준별 학습을 제도화할 수 없다. 수준별 학습이라 이름 붙이더라도 자연스럽게 이는 우열반으로 인식될 것이고, 이런 방식은 특정한 능력에 따라 사람을 낙인찍고 분류하여 차별하는 것을 정당화하는 일이기 때문이다. 수월성 교육을 이유로 청소년에게 열패감을 안기는 시스템을 만드는 것은 공교육이 할 일이 아니다. 이렇게 완전히 다른 환경을 놓고 공교육과 사교육 강의의 질적 차이나 입시 성과를 비교하는 것은 큰 의미가 없다.

내용의 측면에서도 사교육은 더 이상 비밀스러운 경쟁력

을 가지고 있지도 않다. 이미 EBS나 메가스터디, 이투스, 대성마이맥 등에서 찍어 올려놓은 인터넷 강의만 찾아보아도 인기 있는 강사들의 수업 방식이나 커리큘럼을 파악하고 따라 하는 것은 어려운 일이 아니다. 조금만 노력하면 어떤 교사라도 비슷하게 할 수 있다.

그렇다면 학원의 경쟁력은 어디서 나오는 것일까? 나는 시스템이라고 생각한다. 학원 사교육은 이미 하나의 수업 안에서도 학생 관리 시스템을 만들어 차별적인 서비스를 제공한다. 실제로 잘나가는 강사들은 교수법과 커리큘럼이 우수할 뿐만 아니라, 새끼 강사들을 활용해 소셜 미디어 기반의 피드백을 제공한다. 학생 개개인과 직접 소통하며 학업 성과를 관리하는 것이다. 이를 위해서는 물론 많은 인력이 필요하다. 하나의 수업도 이렇게 운영되는데, 대학 입시를 위한 전체 프로그램은 어떻겠는가. 각 학원들은 다양한 경로를 통해 정보를 수집하고, 전문 인력이 시험과 제도를 분석하여 개인에게 필요한 부분을 제공하는 정교한 시스템을 구축하고 있다.

수천 개의 전형을 파악하여 각각에 필요한 소양과 이를 입증할 자료를 생산할 수 있는 교육 프로그램을 기획하고, 적합한 강사를 섭외해 학생과 만나게 하는 것은 불가능한 일이 아니다. 대치동에서는 이러한 시스템이 작동하고 있다. 사교육에서 이 시스템을 구축하고 운영해온 경험을 공교육이 수용하고 확장한다면 학교에서도 새로운 가능성을 찾을 수 있을지 모른다. 미국에서 주재원으로 살고 있는 내 지인은 어느 날 아이가 다니던 공립학교에서 이상한 사과 전화를 한 통 받았다. 첼로 신동이라고 불리곤 하던 아이가 학예회에서 화려한 첼로 실력을 뽐내고 며칠이 지난 뒤였다. "아이 수준에 맞춰 첼로를 가르칠 교사가 우리 학교에 없어 송구스럽다. 원한다면 당신 딸을 위해 좋은 첼로 선생님을 초빙하겠다"는 이야기였다. 아이 엄마가 첼리스트였기 때문에 학교 측의 제안은 정중히 거절했지만, 모든 학생에게 똑같은 것을 가르치던 나라에서 교육받은 그에게 이 전화는 꽤 신선한 경험이었다고 한다. 학교의 제안을 거절하지 않았다면 아마 일정 수준 이상의 음악 영재를 위한 프로그램이 마련되었을 것이다. 나는 이것이 공교육이 갖추어야 할 기본 자세라고 생각한다.

공교육은 학생 개개인의 자질과 능력을 육성하고 지원하기 위해 사회적 자원을 동원할 수 있는 시스템을 갖추고 있어야 한다. 학생 한 사람 한 사람의 관심과 취미를 살피고, 적성과 개성을 확인하고, 이를 바탕으로 소질과 능력을 키울 수 있는 교내외의 다양한 프로그램을 조사, 기획, 추진하는 일. 이것을 할 수 있는 시스템을 만들고, 그것을 운영할 전문 인력을 양성하는 일. 나는 이것이 공교육이 해야 하고, 할 수 있는 일이라고 생각한다.

우리 사회에는 많은 교육 프로그램과 자원이 이미 있다. 이를 활용한 교육 시스템을 공적으로도 충분히 구현할 수 있다. 각 지역의 문화재단, 연구재단, 대학과 기관마다 사회에 실질적인 혜택을 제공하는 프로그램을 기획할 수 있는 예산과 기회가 충분히 존재한다. 이미 만들어진 교육 프로그램조차 아무도 이용하지 않거나 제대로 이용하는 방법이 홍보되지 않아 소수만 그 혜택을 누리는 경우도 적지 않다. 이러한 정보들이 무슨 고급 투자 원천인 양 일부 계층의 전유물이 되어 입소문을 타고 팔려 나가는 것이 아니라 학교를 통해 모두가 참여하고 누릴 기회를 얻을 때 교육 평등이 실현될 것이다.

입시 지도도 마찬가지다. 사실 수시와 정시 지원에 참고할 수 있는 가장 좋은 데이터는 사교육 기관이나 원서 지원 대행업체가 아니라 공공 기관인 한국대학교육협의회(약칭 대교협)가 가지고 있다. 어떤 사기업의 진학 지도 상담 프로그램도 대교협이 보유한 모든 대학의 십수 년 치의 합격, 불합격 데이터 이상을 가지고 있지 않다. 대교협은 이를 활용할 수 있는 프로그램을 만들어 전국의 모든 공립 및 사립학교에 제공하고 있다. 문제는 그 정밀한 프로그램이 정확성에만 초점을 맞춘 나머지 교사들이 활용하기 어렵다는 것이고, 이를 제대로 이해하고 활용할 수 있게 돕는 교육이 실효성 있게 이루어지지 않고 있다는 것이다. 학교의 진학 지도 상담 교사가 통계에 젬병이면 그 학교 교사 전체가 이를 제대로 이해하고 활용할 기회를 잃는다. 이런 상황이다 보니 많은 교사들이 이 통계 정보의 의미를 이해하지 못한 채 이를 진학 지도에 오용하고 있다.

예컨대 특정 전형이 교과 내신 1.5~4.5등급까지의 합격자 내신 분포 범위에 있다는 이유로 3, 4등급을 이 전형에 지원하게 하는 식이다. 합격자들의 평균 내신이 1.9이고 표준편차가 0.3이라고 한다면 3등급 이상의 합격자는 해당 전형의 모집 인원에 따라 특목고나 전국 단위 자사고 학생 1, 2명밖에 없다고 봐야 한다. 그러니까 이런 전형에 일반고 3등급 바깥에 있는 학생을 지원하게 하면 원서를 버리는 것이나 다름없다. 다시 말해 더 좋은 교육을 제공하고, 더 좋은 입시 결과를 얻게 할 수 있는 프로그램과 데이터는 넘쳐나는데, 이를 이해하고 써먹을 줄 아는 인력이 턱없이 부족해 학생들을 입시 실패로 이끌고 있는 것이다.

실은 교사를 탓할 문제도 아니다. 수업 준비만으로도 버거운데 행정 업무를 비롯한 여러 잡무가 교사의 몫으로 남아 있는 상황에서 담임으로서 25~30명의 학생을 상담, 관리하는 것은 쉽지 않은 일이다. 예전보다 학생 수는 줄었지만 학력고사나 수능 성적만으로 줄 세워 원서를 쓰던 시절과 수천 개의 입시 전형이 존재하는 상황에서의 학생 관리는 차원이 다르다. 사정이 이렇다 보니 교사가 정확히 모를 때는 차라리 입시 지도에서 손을 떼는 편이 좋은 선생님 소리를 듣게 되는 것이다. 현재의 교사 육성 시스템과 교원 수로는 제대로 된 상담과 교육을 학생에게 제공할 수 없다.

입시 전략을 설계하고, 교육 프로그램을 마련하고, 기존의 자원을 수요자인 학생과 연결하는 일은 대치동의 상담실장과 입시 컨설턴트가 주로 해온 일이다. 나는 이러한 인력과 시스템이 학교 현장에 배치될 수 있다면 공교육에 대한 신뢰가 조금은 회복되지 않을까 생각한다. 각 개인에게 적합한 교육, 사회가 제공할 수 있는 가장 좋은 교육을 받는 것을 마다할 사람은 없으니 말이다.

교육 정책의 목표가 양질의 교육 서비스의 사적 거래를 막는 일에 집중되어서는 안 된다. 그보다는 안정적인 교육 서비스의 공급을 늘리고, 공공의 차원에서 공급 가능한 대체재를 마련하여 교육 불평등을 완화하는 데 초점을 맞춰야 한다. 이를 위해 사교육의 인적 자원을 공교육으로 흡수하는 일이 그 어느 때보다 절실하다. 교육 정책을 기획하고 입안하는 사람들이 공교육을 수호한다며 보이는 수세적 태도는 공교육을 지키기는커녕 살아 있는 시체로 만들 가능성이 높다는 것을 명심해야 한다. 공교육은 학원 사교육의 자양분을 흡수하여 발전해나가야 한다. 이를 위해서는 공교육과 사교육에 대한 인식 변화가 선행되어야 할 것이다.

3장

더 나은
입시 제도를 위하여

새로운 입시 제도가 항상 실패하는 이유

제도와 시스템은 시간이 지나면 낡고, 버려져야 할 운명에 처한다. 인간은 예전의 인간으로 남아 있지 않으며 시간의 흐름 속에서 욕망과 행위의 변화를 경험하기 때문이다. 이전에는 누구나 욕망하던 대상을 더 이상 아무도 욕망하지 않게 된다면, 그 대상을 효율적으로 분배하기 위해 고안된 제도와 시스템은 더 이상 유효하지 않게 된다.

물론 한번 만들어지면 사라지지 않는 제도들도 있다. 원초적인 욕망이나 근원적 가치의 실현과 관련된 제도와 시스템은 한번 자리 잡으면 쉽게 없어지지 않는다. 예를 들어 상하수도 관리 시스템 같은 것은 사라지는 쪽으로 변화할 일은 없을 것이다. 교육도 마찬가지다. 모두가 교육을 덜 받는 방향으로 제도가 이행하거나 기존의 교육 시스템을 축소하는 방향으로 변화하는 경우는 거의 없다. 그보다는 사회 구성원에게 혜택이 골고루 돌아가도록 더 효율적이고 정의로운 분배가 가능한 쪽으로 변하는 것을 지향한다. 교육은 다른 자원이나 가치의 분배에 큰 영향을 미치는 '사회적 자원'이기 때문에 더욱 그렇다. '사회적 자원'에 관한 제도는 처음에는 기본권을 확대하는 방향으로 입안과 발전이 이루어지다가 나중에는 균등하고 공정한 분배를 위한 방향으로 그 목적과 평가 기준이 변화한다.

한국 사회에서 교육과 학벌은 이제 생존을 위한 필요를

3장 더 나은 입시 제도를 위하여

넘어서는 자원이다. 현재 및 미래의 사회적 지위에 영향을 미치는 자원이기에 접근 기회가 균등하게 제공되지 않으면 구성원들은 그 사회가 부당하다고 느낀다. 이렇게 구성원 전반이 정의 감정을 가질 정도로 중대한 자원을 향유하고 분배하는 문제는 사회 정의와 직결된다. 대학 입시 비리는 병역 비리 다음으로 우리 사회 구성원들이 민감하게 받아들이는 이슈로, 선거철이나 중요한 정치 국면마다 정치인들의 상호 비방이나 이슈 몰이의 단골 소재로 활용된다.

1991년 암기 위주의 주입식 교육에서 벗어나는 것을 목표로 종합적 사고 능력을 평가하는 새로운 시험, 즉 대학수학능력시험을 도입하겠다는 정부의 발표에 박수를 쳤던 사람들은 교육 제도를 인간의 기본권과 교육적 가치라는 측면에서 바라보았다. 더 인간다운 삶을 위해서는 모두가 똑같은 것을 외우는 교육에서 벗어나야 한다는 것에 많은 사람이 동의했다. 그러나 2008학년도 입학사정관제의 도입이나 2015학년도 학생부종합전형의 시행 과정에서는 그렇지 않았다. 이 새로운 입시 정책은 학생 개개인의 적성과 선호에 따른 교육을 가능하게 할 요소가 더 많았지만, 사람들은 혼란스러워했고 부정적인 태도를 보였다. 이유는 자명하다. 우리 사회 구성원들이 더 이상 입시 제도를 인간의 기본권이나 교육적 가치라는 측면에서 평가하지 않기 때문이다. 학벌이 점점 더 사회적 이동 가능성social mobility을 좌우하는 세상에서 사람들은 이제 학벌을 얻을 수 있는 기회가 공정하고 정의롭게 분배되는가를 최우선 기준으로 입시 제도를 평가하게 되었다. 대학 입시 제도를 어떻게 설계하는가는 이제 고등 교육 자원의 분배를 넘어 계급 유지 또는 계급 상승 가능성에 영향을 미치는 중차대한 일이 된 것이다.

이렇게 되면 아무리 좋은 취지를 가지고 교육 및 입시 제도를 고안하더라도 그 가치를 제대로 평가하거나 실현하기 어렵다. 학벌을 통한 사회적 지위 상승을 열망하는 사람들은 새로운 입시 제도를 낱낱이 분석해 전략을 수정하고, 제도의 빈틈을 찾아 목적을 달성하는 데 혈안이 된다. 교육 수요자들의 이러한 욕망을 충족시키기 위해 학원 사교육 종사자들은 새로운 제도를 해킹하여 그 핵심을 단계적으로 판매하는 전략을 세운다. 이 고급 정보에 더 빨리 접근할 수 있는 계층은 학벌 자원을 선점하게 된다. 누가, 어떤 제도를 설계하더라도 이 실패의 경로에서 벗어나기 어렵다.

입시 제도의 변화는 늘 대치동을 요동치게 했다. 대치동에 은마아파트가 들어서던 1979년은 예비고사-본고사 체제에서 학력고사로의 대전환을 준비하던 시기였고, 대치동에 학원가가 처음 들어서기 시작한 1991년은 재학생의 방학 중 학원 수강이 허용되고 대학수학능력시험의 원형인 대학교육적성시험의 실험평가 문제가 공개된 해였다. 1997학년도에 논술전형이 전면 실시된 이후 2008년 정시 논술이 폐지될 때까

3장 더 나은 입시 제도를 위하여

지 대치동에서는 논술학원이 호황을 이뤘고 논술 시즌이 되면 전국에서 강의를 들으러 온 학생들을 태운 관광버스가 길게 줄을 늘어섰다. 2008학년도 입학사정관제 도입과 2015학년도 학생부종합전형으로의 전환 이후에는 입시 컨설팅 붐이 일어 컨설팅 학원 전성시대를 맞았다. 대치동의 학원들은 어떤 입시 제도가 도입되더라도 신속하게 필승의 해법을 찾아냈다. 대치동에 대한 접근성이 좋아질수록 원하는 학벌을 얻을 가능성 또한 높아졌기 때문에 인근의 집값은 천정부지로 올라갔다.

대치동 학원가는 부유층이 계급 상승의 가능성을 독점하고 있음을 보여주는 상징 자본의 지리적 영토다. 그래서 '대치동'이라는 지명에 곧장 적개심이나 거부감을 보이는 사람도 많다. 이 적개심은 사회적 이동 가능성이 차단된 사회를 살아가는 사람들의 울분이자 분노다. 내가 운영했던 대학 입시 팟캐스트의 이름은 '대치동 엄마도 모르는 진짜 입시 이야기(약칭 대모입)'였는데, 방송 초기 '대치동'이라는 이름이 거슬린다는 지적을 종종 들었다. 사회적 이동 가능성이 닫힌 사회에서는 그것을 독점한 계층에 대한 분노가 광범위하게 퍼지기 마련이고, 이는 곧 그들의 독점을 뒷받침하는 제도에 대한 거부감과 불신으로까지 이어진다. 이런 불신은 제도의 퇴행을 낳는다.

정시 확대와 입시 단순화는 퇴행이다

이제는 어떤 정치인이 어떤 새로운 입시 제도를 들고 나와도 의심의 눈초리를 피할 수 없다. 늘 그래 왔듯이 새롭게 도입된 제도는 또다시 대치동에서 가장 빨리 분석될 것이고, 돈 많은 사람들이 그 결과물을 독점할 것이니 말이다. 이제 사람들은 입시 제도가 달라지는 것 자체를 두려워한다. 나날이 복잡해지는 제도를 이해하고 따라가기가 어렵다 보니 어느새 학력고사나 수능 성적만으로 줄 세워 대학에 들어가던 예전이 차라리 나았다는 생각마저 하게 된다. 입시를 이렇게 복잡하게 만들어놓은 사람들이나 그 복잡한 것을 분석해 해법을 팔아먹는 사람들이나 모두 다 특권 계층을 위해 봉사하는 한통속이라 여긴다. 그리하여 지난 2017년 5월의 장미대선에 출마한 후보들은 너나없이 대입 전형을 단순화하겠다고 나섰다. 5명의 주요 정당 후보 중 대통령이 된 문재인 후보를 비롯해 4명의 후보가 수시를 축소하고 정시를 확대하겠다는 공약을 내놓았다. 이 4명의 후보는 공통적으로 논술을 폐지하겠다는 의견도 내놓았다. 나머지 한 후보도 구체적인 대안 제시는 엄두도 내지 못하고 원론적인 말만 되풀이했을 뿐이다.

2018년 문재인 정부에서 출범한 국가교육회의는 이 문제에 대한 정책적 선택을 결국 공론조사에 맡겼다. 이를 위해 출범한 대입 제도 개편 공론화위원회(위원장 김영란)는 수능 위주 전형의 확대 여부와 학생부종합전형의 적정 비율, 수능 절대평가 여부, 입시 제도의 방향성이라는 네 가지 의제에 대한 공론조사를 실시했다. 이 공론조사는 신고리 원전 재가동 문제 이후 두 번째로 실시된 것이었는데, 원전 재가동 문제와 달리 부정적 의견 일색이었다. 공론조사를 창안한 스탠퍼드대학교의 제임스 피시킨James Fishkin 교수마저 당시 내한 강연 중에 우려를 표명할 정도로 이 조사에는 애초부터 여러 가지 한계가 있었다. 일단 조사 내용 자체가 너무 전문적인 데다가 의제로 제시된 네 가지 시나리오 자체가 지나치게 포괄적이라 명확한 공론 확인이 어려울 수밖에 없었다.

여러 우려 속에 실시한 공론조사의 결과는 두 차례에 걸친 숙의 토론 후에도 큰 변동이 없었으며, 하나의 의제를 제외하고는 찬반 의견의 차이가 모두 10퍼센트를 넘지 못하는 애매한 결과가 도출되었다. 이를 토대로 대입 제도 개편 공론화위원회는 '정시 확대 권고, 학생부종합전형 비율 현행 유지, 수능 전 과목 절대평가 전환 시기 상조'라는 의견을 국가교육회의와 교육부에 전달했고, 결국 이에 따라 2022학년도 이후 정시 확대와 학종 비율 유지, 논술의 단계적 폐지라는 방향이 결정되었다. 정시 확대 말고는 박근혜 정부의 교육 정책과 큰 차이가 없었다. 여기에 대통령까지 나서서 정시 확대를 주문하는 듯한 발언을 하면서 정시 확대는 문재인 정부 입시 정책의 기조가 된 것처럼 보인다.

특권 계층의 입시 장악과 학벌 독점을 막고자 하는 대중의 욕구는 정시 확대를 통해 실현될 수 있을까? 결론부터 말하자면 나는 그렇게 될 수 없다고 생각한다. 대통령의 발언으로 정시 확대가 기정사실이 된 그날 사교육 업체들의 주가는 크게 치솟았다. 그간의 입시 결과에 대한 통계 자료를 통해 볼 때 정시 강화는 수도권 지역, 자사고와 특목고, N수생이라 불리는 졸업생의 강세를 예고한다. 다시 말해 정시 확대는 고등 교육과 학벌 자원에 대한 지역 간 불평등을 강화하고, 자사고 및 특목고 입시 경쟁을 확대하며, 무엇보다 학원 사교육의 영향력을 키우는 결과를 초래하리라는 것이다.

나는 입시의 복잡성에 대한 불편함과 상층 계급의 학벌 독점에 대한 박탈감 때문에 입시를 단순한 쪽으로 되돌려놓아야 한다고 주장하는 것은 퇴행이라고 생각한다. 무엇보다 이는 획일적인 교육으로 다시 돌아가자는 이야기나 다름없기 때문이다. 학교 교육에 부족한 부분이 있다면 찾아서 고치면 되고, 불평등을 해결하기 위해서는 그 원인을 찾아 해결책을 모색해야 한다. 당장의 두려움이나 분노 때문에 과거의 척박함으로 돌아가자는 선택은 사회를 퇴보하게 하는 무책임한 복고일 뿐이다. 안타까운 건 옛날처럼 단순하게 수능 중심의 정시로 돌아가자, 수시 같은 것 없애버리자고 생각하는 지금의 학부모 세대는 27년 전 고등학교를 중퇴하고 뮤지션이 된 한 청년 가수의 단말마 같은 외침에 열광했던 바로 그 사람들이라

3장 더 나은 입시 제도를 위하여

는 사실이다.

> 매일 아침
>
> 7시 30분까지
>
> 우릴 조그만 교실로 몰아넣고
>
> 전국 900만의 아이들의 머릿속에
>
> 모두 똑같은 것만 집어넣고 있어
>
> 막힌 꽉 막힌 사방이 막힌
>
> 널 그리고 우릴 덥석 모두를 먹어 삼킨
>
> 이 시꺼먼 교실에서만
>
> 내 젊음을 보내기는 너무 아까워
>
> ―서태지와 아이들, 〈교실 이데아〉에서

대학 입시는 더 다양해져야 한다

21세기 초입, 인간의 삶은 새로운 단계에 진입하고 있다. 민간 우주여행이 현실이 되고, 화성 이주 계획을 추진하는 기업이 등장하고, 10^{-9}미터라는 눈에 보이지 않는 세계에 대한 인간의 개입이 시작되었다. 물리적 세계는 거시적, 미시적으로 끝없이 확장하고 있으며, 삶의 지평과 상상력의 영토 또한 현실의 공간을 넘어 메타버스의 세계로까지 넓어지고 있다.

시공의 한계마저 벗어나고 있는 이 놀라운 세기에 정형화된 객관식 문제를 신속하게 풀어내는 능력으로 대학에 진학하는 사회를 만들자고 외치는 학부모들을 만나는 것은 참 기이한 일이다.

물론 학부모들의 사정을 살펴보면 이해가 가지 않는 것은 아니다. 수시에만 네 종류의 전형(교과전형/종합전형/논술전형/특기자(실기)전형)이 있고, 대학마다 요구하는 조건은 천차만별이다. 수시는 여섯 번의 기회가 주어지니 이 중에서 대체 어떤 전략으로 어떤 전형을 골라야 하는 것인지 파악하기 어렵다. 더구나 학생들은 1년에 네 번의 정기(중간/기말)고사와 달마다 모의고사를 치르는 와중에 수행평가, 독서록, 동아리 활동까지 하느라 쉴 틈이 없다. 해야 할 일들로 빼곡히 들어찬 일상을 살아가는 자녀를 위해 부모는 적절한 사교육 프로그램을 찾아 연결해주고, 입시 설명회를 따라다니며 자녀에게 적합한 전형을 찾아내야 부모로서의 의무를 다하는 것이 아닐까 생각하게 된다. 보통의 부모가 이 엄청난 정보량을 소화하고 미션을 수행하는 것은 정말 어려운 일이다. 학부모들은 마치 다른 우주에 도착한 듯한 혼란을 경험하곤 한다. 상황이 이렇다 보니 시간적, 경제적 여유가 있는 학부모와 그렇지 않은 학부모 사이의 정보 격차가 커질 수밖에 없고, 그 차이는 아이의 성적에 직접적인 영향을 미친다. 그래서 학부모들은 아이를 볼 때마다 죄책감을 느끼고, 아이가 불이익을 당하지 않을까 하는 공포

3장 더 나은 입시 제도를 위하여

와 불안에 안절부절못한다. 이런 마음들이 모여 정시 확대라는 여론이 형성되는 것이다.

그럼에도 불구하고 대학 입시는 더 다양해져야 한다. 각 대학의 학과마다 필요한 인재상이 같을 리가 없지 않은가. 학문의 영역과 다루는 주제가 다르니 요구되는 소양이나 적성, 능력도 다양할 수밖에 없다. 국어, 영어, 수학 중심의 시험 성적으로 순위를 매겨 선발하는 것은 행정적 편의를 위한 것일 뿐이다. 21세기에도 여전히 그 획일성에서 벗어나지 못한다면 우리 교육은 더 나은 미래를 살아갈 사람들을 길러낼 수 없을 것이다. 대입 전형이 많고 복잡한 것은 현상이지 불평등이나 불공정의 원인이 아니다. 사람들이 입시가 불공정하다고 느끼는 이유는 다른 지점에 있다. 이 복잡한 입시에 대한 이해와 판단을 왜 학부모가 해야 하는가. 수많은 대입 전형 가운데 수험생에게 적합한 전형이 무엇인지 파악하고, 그에 맞는 준비를 하기 위한 전략을 알려주는 전문가를 공교육에서 만날 수 없다는 것, 그래서 학부모 스스로가 입시 전문가가 되거나 많은 돈을 들여 사교육 입시 컨설턴트의 도움을 받아야 한다는 것이 근본적인 문제다. 공교육 안에도 사명감을 가지고 입시 공부를 하는 교사들이 적지 않지만, 현재의 인력으로 학생 개개인에게 필요한 상담을 제공하는 것은 무리다. 교사들은 수업과 행정 업무만으로도 벅찬 데다가, 많은 학교에서 명문대 진학률을 실적으로 요구하고 있다 보니 상위권 학생의 입시 관리에 집중하지 않을 수 없다. 결국 대다수의 학생은 자신에게 맞지 않는, 전교 1등을 위해 마련된 입시 전략을 따라 하다가 시간을 허비하고 3학년이 되어 교사와 학교에 대한 분노와 불신을 품은 채 입시 컨설팅 업체의 문을 두드린다.

다시 말해서 입시의 다양성이 문제가 아니라, 그 여러 갈래의 길 가운데서 학생들을 안내할 조력자, 상담가, 가이드가 없는 것이 문제다. 우리가 정부에 요구해야 할 것은 공교육 안에 더 많은 상담 인력을 배치하고, 그들의 도움으로 학생 각자가 자신의 적성과 관심사를 찾아내 계발할 수 있는 시스템을 만드는 일이다. 우리 모두가 고통스럽게 통과해온 객관식과 단답형 시험으로 학생을 줄 세워 선발하는 수능 중심의 정시를 다시 늘리자고 요구할 일은 결코 아니다.

글쓰기에 대한 고민 없는
입시는 무용하다

대학 입시에 대한 큰 그림을 그리면서 또 한 가지 놓치지 말아야 할 것은 글쓰기다. 앞서도 말했지만, 글쓰기는 모든 학문과 사회적 소통의 근간이다. 자신이 경험하고 탐구하여 이해한 바를 글로 적어 후대에 전하는 것이 학문이라면, 공동체가 생산한 정보와 타인의 생각을 이해하고 내 생각을 표현해 교류하는 것이 인간의 사회적 삶이다. 따라서 학문의 발전과 소통하는 삶을 위해서는 글 읽기와 쓰기 교육은 필수여야 한다. 한글이라는 배우기 쉽고 과학적인 문자를 갖게 된 덕분에 문맹률 0퍼센트대를 유지하는 나라에서 글을 읽고 그 뜻과 의도를 정확히 이해하는 문해력이 참담한 수준이라는 것은 참으로 아이러니한 일이다. 조사 시기와 대상 연령대에 따라 차이는 있지만 한국인의 문해력은 OECD 국가 중 하위권에 머무르는 것으로 평가된다. 이와 같은 상황은 시민 간의 소통을 저해하고 사회 갈등을 유발하고 있다. 최근의 정치, 사회적 갈등의 상당수가 문해력 부족으로 인해 소모적인 방향으로 확대된 것만 봐도 알 수 있다.

문해력은 나이가 많을수록, 독서량이 적을수록 줄어드는 경향이 있지만, 한 사회가 지닌 문해력의 장기적 수준을 결정하는 데 가장 큰 영향을 미치는 것은 교육 시스템과 입시 제도이다. 현재 우리 사회의 문해력 수준은 지난 수십 년간의 교육 및 입시 제도의 산물인 것이다. 우리의 중등 교육과정에서는 책을 읽고 글을 쓰는 능력을 키우는 교육이 제대로 정착한 적이 없다. 논술전형이 도입된 뒤에도 공교육은 글쓰기 교육을 외면했다. 학부모들은 선택의 여지 없이 자녀를 초등학생 때부터 독서논술학원에 보냈다. 그나마도 논술전형이 있었을 때의 이야기다.

지금 시대의 아이들은 아주 어려서부터 유튜브를 비롯한

영상 매체로 세상을 배우고, 텍스트는 다섯 줄만 넘어가도 읽기 힘들어하는 경우가 태반이다. 실제로 나는 20년 넘게 논술을 가르치면서 학생들의 문해력 수준이 평균적으로 크게 하락했다는 것을 피부로 느꼈다. 초등학교 때 다닌 독서논술학원의 효과는 고3이 되면 최상위 일부 학생에게만 긍정적 영향으로 남는 듯하다. 최상위권 학생들의 문해력은 과거에 비해 훨씬 좋아졌다. 이들은 책과 인터넷, 영상 매체, 직접 경험을 넘나드는 광범위한 정보 수집 능력과 빠르고 정확한 독해력을 갖추고 있고, 어휘를 이해하고 활용하는 능력도 놀라운 수준이다. 물론 이런 아이들은 극소수에 불과하다. 보통의 아이들은 글 읽기 자체가 익숙하지 않을뿐더러 일상에서 글을 읽고 쓰는 일을 경험할 기회가 적다. 인터넷 게시판의 댓글이나 카카오톡 메시지에서 짧은 어구나 이모티콘으로 자신의 감정을 압축적으로 전달하는 데만 익숙할 뿐 다섯 줄 이상의 완전한 문장으로 일관된 생각을 전달해본 경험이 거의 없다. 당연히 이런 아이들은 논술을 처음 시작할 때 한 단락도 쉽게 완성하지 못한다. 대개는 독해 능력도 부족하다. 필자의 의도를 파악하지 못하는 것은 물론, 자신이 아는 단어들을 이미지처럼 조합해 자의적으로 다른 의미로 이해하거나 자기 상상대로 곡해하는 일이 많다.

문해력이 낮은 사회는 말이 통하지 않는 사회다. 나의 의도를 상대가 이해하지 못하고 제멋대로 곡해하여 서로 겉도는

3장 더 나은 입시 제도를 위하여

삶을 상상해보라. 문해력은 독서 경험만으로 만들어지지 않는다. 글을 써서 내 의도를 상대에게 전달해보고, 그에 대한 상대의 반응을 보며 내 의도대로 전달되었는지 확인하고, 제대로 전달되지 않았다면 다른 방식으로 다시 표현해보는 과정을 거치며 자기만의 언어가 정돈되고 상대의 언어 속 의도도 제대로 보이는 것이다. 뉴미디어 시대에는 더욱이나 체계적인 글쓰기 교육이 마련되지 않는다면 사회 구성원들 사이의 소통과 합의에 많은 어려움이 발생할 것이다.

이런 측면에서 이명박, 박근혜 정부 때부터 추진된 논술의 단계적 폐지는 대학 입시의 퇴행을 보여주는 한 가지 흐름이다. 물론 한 세대 전에 논술전형을 도입했음에도 공교육이 이를 외면하고 사교육의 성장만을 부추겼다는 사실을 돌아보면, 논술전형의 재확대가 글쓰기 교육을 위한 좋은 방안이 아닐 수도 있다. 논술전형과 같은 방식이 아니더라도 나는 새로운 입시 제도를 마련하는 과정에 글쓰기 교육에 대한 고민이 반드시 포함되어야 한다고 생각한다.

정시 확대를 기조로 내세운 교육부의 큰 그림

문재인 대통령의 말처럼 때로는 불합리해 보일지라도 국

민 다수의 의사를 따르는 것이 민주주의일 수는 있다. 그러나 그런 말만 앞세워 대안 모색을 포기하는 것은 정부가 취할 바람직한 태도는 아닐 것이다. 다만 나는 다수의 여론에 영합하는 듯한 현 정부의 유화적 태도에도 불구하고 정시 확대와 논술 축소의 기조가 큰 그림에서 보면 입시 제도의 점진적 개혁 과정의 일부가 아닐까 생각한다.

일단 현 정부는 2015 개정 교육과정의 첫 세대가 대입을 치르는 2022학년도 대학 입학 제도 개편을 사실상 포기한 셈이다. 기존의 입시 체제를 유지하되 공론화위원회가 권고한 국민의 중론에 따라 정시 확대를 기조로 삼았다. 2018년 8월 17일 이를 발표하는 자리에서 교육부는 향후 2015 개정 교육과정의 핵심인 선택형 교육과정을 고등학교에 정착시키기 위한 방안을 2022년까지 마련하여 2025년에 고등학교 1학년부터 시행할 것임을 밝혔다. 그 핵심은 고교 학점제. 이미 2015 개정 교육과정을 통해 축소된 국어, 영어, 수학 등 필수 과목의 이수 단위는 2022년 개정에서는 더 줄어들 가능성이 크다. 그 대신 다양한 과목의 이수 기준과 졸업을 위한 학점 기준이 마련될 것이다. 대학처럼 학생 개인이 다양한 교과를 유연하게 선택하여 일정 학점을 이수하면 졸업할 수 있는 시스템을 정착시키려는 것이다.

이는 고등학교 교육의 다양성을 입시 제도만이 아니라 교육과정 자체를 통해 확보하려는 노력의 일환으로 보인다. 정부는 2022학년도 입시 제도 개편을 진행하며 교육과정 개편과 입시 제도 개혁이 동시에 이루어지지 않으면 큰 혼란이 초래된다는 것을 학습했다. 그래서인지 이번에는 2022 개정 교육과정의 내용이 확정되기 전부터 수능 제도 개편을 지속적으로 언급하고 있다. 고교 학점제의 첫 세대인 2025년에 고등학교 1학년인 학생들이 대입을 치를 2028학년도부터 수능 체제를 전면 개편할 계획이라고 한다. 구체적으로는 김진경 국가교육회의 의장과 유은혜 교육부 장관이 거듭 언급한 것처럼 선다형, 단답형의 테두리를 벗어나 미국의 SAT나 프랑스의 바칼로레아, 중국의 가오카오 등과 같은 논술형, 서술형 시험으로 전환하는 것이다. 이는 논술전형의 점진적 폐지와 맞물려 글쓰기를 다시 교육의 중심으로 가져올 수 있는 기회가 될 것이다. 이를 위해서 한국교육과정평가원은 이미 수년 전부터 국제바칼로레아International Baccalaureate 시범학교 등을 지정해 사전 연구를 진행해왔다. 물론 이와 같은 입시 제도의 변화를 추진하려면 국민의 동의가 전제되어야 한다. 국가교육회의는 이를 위해 시민 10만 명의 여론 수렴 작업을 진행하고 있다.

정부의 큰 그림은 정시를 확대하되 학종의 비율은 유지하면서 고교 학점제를 실시하고, 수능을 그에 맞는 선택형으로 바꾸어 입시의 다양성을 확보하는 한편 논술전형의 폐지로 위축될 글쓰기 교육을 논술형, 서술형 수능으로 전환하면서 해결해나가려는 것으로 보인다. 이에 더해 정시 확대가 초래할 입시 경쟁의 하방 확대를 막기 위해 특목고, 자사고를 일반고로 전환하는 계획도 추진하고 있다.

그러니까 겉으로는 기존 입시의 불공정성에 분노한 국민의 여론을 따르는 유화적 태도를 취하면서 그 부작용을 막고, 교육 분야의 개혁을 수행하기 위한 여러 준비를 차근차근 해나가고 있는 셈이다. 현 정부의 영리한 여론 정치는 여론 추수적 외피를 통해 교육 정책에 관한 소모적이고 비전문적인 정쟁을 줄이고, 개혁의 내실을 기하기 위한 방편일지도 모른다. 그러나 정책 전반에 대한 국민의 알 권리를 존중하고, 설득을 통해 협력을 구하려는 노력이 더 필요해 보이는 것도 사실이다. 국민의 인식과 정부의 정책 목표 사이의 괴리를 내버려두는 것은 사회 갈등을 잠시 미루는 것에 불과하기 때문이다.

인적 충원을 위한 사회적 합의가
선행되어야 한다

이 정부의 로드맵 어디에도 사람에 관한 계획이 보이지 않는 점은 여전히 우려스럽다. 고교 학점제와 선택형 수능을 정착시키기 위해서는 교원의 충원은 물론, 전문적인 상담과 학생 관리 인력의 확대가 필요하지만 이에 대한 언급은 어디에도 없다. 오히려 인구 감소를 고려해 중등 교원 양성 규모를

3장 더 나은 입시 제도를 위하여

축소해야 한다는 입장만 되풀이하고 있다. 복잡하고 다양해지는 입시 상황에서 학생들의 합리적 선택을 돕는 상담 교원을 확충하는 방안이 마련되지 않는다면 입시에 대한 피로감이 누적되어 결국 갈등과 비용으로 돌아오게 될 것이다. 학생 수 감소는 교육에 내실을 기할 수 있는 기회로 삼는 편이 낫다.

아무리 좋은 입시 제도를 만든다고 해도 그것을 운영하고 현장에 적용할 인적 시스템을 구축하지 않는다면, 거기서 비롯하는 책임이나 이익이 모두 사적 영역으로 이전된다. 공교육이 충실히 안내하지 못한 제도의 내용을 결국 사교육 시장이 분석하고 해킹하여 이윤 추구 상품으로 기획, 판매하게 될 것이다. 이 다양한 상품들 앞에서 각 가정이 떠안게 되는 피로감은 더 큰 사회적 박탈감을 낳을 것이다.

제러미 리프킨Jeremy Rifkin, 도미니크 슈나페르Dominique Schnapper 등 세계적 석학들은 기술적 실업을 피할 수 없는 4차 산업혁명 시대에 새로운 일자리는 복지 분야의 돌봄 노동과 엔터테인먼트, 교육 영역에서 만들어질 수밖에 없다고 강조한다. 이 분야의 일자리들이 기계로 대체하기 어려운 일들을 수행하며 삶의 질을 높이기 때문이다. 문제는 엔터테인먼트는 조금 다르지만 교육, 복지 분야의 일자리는 당장의 부가가치를 생산하지 않는다는 것이다. 따라서 이 분야의 일자리 창출을 재정적으로 지탱하기 위해서는 사회적 합의가 선행되어야 한다. 더 나은 입시 제도와 교육 시스템의 혜택을 사회 전체가 누리기 위해서는 그에 걸맞은 인적 자원의 증대가 필요하다는 합의 말이다.

4장

교육을 통해 우리는
행복해질 수 있을까

앎은 한 사람의 세계에 대한 이해가 확장되는 과정이다. 모든 종류의 앎은 깨달음의 환희, 자신의 영토가 넓어지는 듯한 확장감과 함께 새로운 세계를 만나는 설렘을 동반한다. 자신이 살아가는 세계의 작은 진실 하나를 확인하는 순간, 두뇌에서는 도파민이 폭발적으로 뿜어져 나온다. "유레카!" 앎의 순간은 행복이다.

그러나 인간의 경험은 한정적이고 스스로 얻을 수 있는 앎의 내용 역시 제한적이기에 인간은 여러 사회적 관계와 문화적 강제를 통해 앎을 후대에 전하는 것을 관습화했고, 근대 이후로는 교육 제도를 통해 좀 더 체계적인 전승을 행해왔다. 따라서 배움, 교육은 개인이 더 나은 삶의 가능성을 얻기 위해 거쳐야 하는 통과의례이자, 사회 구성원이라면 누구나 수행해야 할 의무가 되었다.

앎의 개인적 즐거움이 사회적 의무로 전환되는 과정에서 주체성이 거세되면, 배움이 지겹고 기피하고 싶은 무엇이 되기도 한다. 이런 구도가 강화되면 앎의 행복은 선택받은 소수의 사람들만 경험할 수 있는 기쁨으로 남고 만다. 이는 정의롭지 못하고 불행한 일이다.

나는 입시 제도의 변화나 공교육 개혁의 궁극적인 목적은 다름 아닌 앎의 즐거움, 앎의 행복을 회복하는 일이어야 한다고 생각한다. 그러기 위해서는 무엇보다 교육의 시간과 공간 안에 있는 사람들의 마음과 태도를 살펴야 할 것이다.

4장 교육을 통해 우리는 행복해질 수 있을까

나는 대치동을 중심으로 여러 지역에서 20여 년간 다양한 학생들을 만나면서, 비록 학원 사교육 강사이기는 하나 교육자로 사는 시간을 경험했다. 스스로 생각할 때 나름대로 괜찮은 강사였지만 교육자로서 훌륭한 자질이나 적성을 갖춘 사람은 아니었다. 훌륭한 교사들, 헌신적인 학원 강사들을 보면서 나는 좋은 선생님은 따로 있다는 생각을 자주 했다. 그럼에도 불구하고 누군가를 가르치는 일을 오래 하며 나는 많은 것을 배웠고, 그 배움의 시간이 나를 좀 더 성숙한 인간으로 변화시켰다고 생각한다. 마지막 4부에서는 내가 사람들을 만나며 품었던 염려와 소망을 정리하며, 좀 더 많은 사람이 행복해질 수 있는 교육을 만들기 위해 염두에 두어야 할 것들을 이야기해보려고 한다.

부모의 사랑 혹은 욕망

자녀를 자랑스러워하는 부모의 얼굴은 세상을 다 가진 듯 보인다. 언젠가 술에 거나하게 취한 한 아버지가 학원에 와서 아이를 오래 기다린 적이 있다. 그 아버지는 대치동 학원가를 오가는 여느 부모와 달리 육체노동을 마치고 온 듯한 행색이었다. 서울대 면접을 준비하는 수업을 마치고 나온 학생이 싫은 내색 하나 없이 술 취한 아버지와 어깨동무를 하고 집으로 돌아가던 뒷모습이 오래도록 가슴에 남았다. 강의를 마치고 나왔을 때 아버지는 딸아이를 가르치는 선생이라는 이유로 나이도 적은 나에게 허리를 깊이 굽혀 인사하셨고, 취기 어린 말투로 아이가 수업을 잘 듣고 있는지 물으셨다. 나는 따님이 수업을 아주 잘 듣고 있다고, 따님을 정말 훌륭하게 키우셨다고 답했다. 내 말에 아버지는 함박웃음을 지으며 딸 자랑을 시작하셨는데, 나중에 알고 보니 학원 데스크 선생님들에게 이미 딸 자랑을 한 시간도 넘게 늘어놓은 뒤였다. 학생은 배가 고프다며 아버지의 말을 에둘러 자르고 밝은 표정으로 아버지와 학원 문을 나섰다.

자녀의 안위를 바라지 않는 부모는 없다. 자식이 기대에 부응하여 경쟁에서 좋은 결과를 내고, 스스로 여러 가지 성취를 해나갈 때 부모는 안도의 한숨을 쉬며 기뻐할 것이다. 그러나 문제는 모든 자녀가 성공적인 결과를 얻지는 못한다는 사실이다. 대치동의 수많은 어머니, 아버지가 아이들을 학원에서 학원으로 배달하고, 입시 설명회를 쫓아다니며 정보를 모으지만 원하는 결과를 얻는 경우는 소수에 불과하다. 학벌이라는 희소한 자원을 모두가 바라니 당연히 누군가는 자신의 바람을 실현할 수 없다. 그들의 간절함은 때로 집착이 되기도 한다. 기를 쓰고 아이를 SKY에 보내겠다며, 혹은 의대에 보내겠다며 재수, 삼수를 시킨다. 매년 서울대 공대생 가운데 100여 명이 자퇴를 선택하는 이유는 의사가 되기 위해서다.

자발적인 경우도 있겠지만, 대다수는 그 뒤에 아이를 의사로 만들고 싶은 부모의 집착과 욕망이 자리하고 있다.

흔히 하는 말처럼 어버이는 강하다. 어떤 부성애는 자기 삶을 포기하고 실종된 자식을 수십 년을 찾아 헤맨다. 어떤 모성애는 불의의 사고로 희생된 자식의 죽음을 밝히기 위해 거대한 권력에 수십 년을 맞서기도 한다. 그리고 대치동의 강인한 어머니와 아버지는 흙수저는 절대 금수저가 될 수 없다는 시대의 우려를 뒤로하고 부단히 자식의 일에 매진한다.

나는 대치동에서 이들을 보면서 1984년 박노해 시인이 쓴 시구 하나를 자주 되뇌었다. "오! 어머니, 당신 속엔 우리의 적이 있습니다."(박노해의 시 「어머니」에서) 자녀의 안위를 바라며 투쟁의 현장에 나서는 아들을 말리는 어머니를 박노해 시인은 이렇게 노래했다. 자녀의 안위와 성공을 위해 교육에 맹목적으로 매달리는 대치동 학부모의 애끓는 모정과 부정은 그 자체로 성스럽기도 하고 함부로 나무랄 수 없다. 그러나 그들의 과도한 교육열이야말로 입시 및 교육 제도의 개혁을 가로막고 그 빈틈을 찾아내 제도를 내부로부터 붕괴시켜온 원인이기도 하다.

많은 경우 과도함은 본말을 전도시킨다. 자녀를 향한 부모의 사랑이라고 해서 언제나 정당할 수는 없다. 지나친 교육열은 때로 사회 규범을 무너뜨리고, 수단과 방법을 가리지 않는 범법 행위로 이어지기도 한다. 자녀의 강남 8학군 고교 진

　　　　　4부 더 나은 입시, 더 행복한 교육을 위하여

학을 위해 살지도 않는 집에 불법 전입신고를 했던 1980년대의 부모, 각종 기관에 허위의 혹은 과장된 봉사 활동 증명서를 떼어 달라 요구하는 부모, 자녀를 위해 자신이 근무 중인 학교의 시험지를 빼돌리는 부모 등이 그런 사례라고 할 수 있다. 이들은 교육의 본질이 무엇인지 망각하고 있다. 가르치고 기르는 일은 당장의 생활의 방법을 익히는 일이면서, 동시에 한 사회가 형성해온 가치와 규범을 이해하고 공동체의 윤리를 체득하는 과정이어야 한다. 오직 일신의 영달만을 위한 교육이라면 그것은 더 이상 교육이라고 부를 수 없다. 나는 다음 세대에게 우리 사회가 공유하는 가치, 공적인 기율의 정당성을 전하려는 윤리 의식 없이는 더 나은 교육은 불가능하다고 생각한다.

범법 행위까지는 아니더라도 교육에 대한 과도한 집착은 부모와 자녀의 관계를 망친다. 학원에서 상담을 진행할 때면 상당수의 부모가 자녀의 성적을 보여주는 것을 부끄러워했다. 그 옆에서 아이들은 잔뜩 주눅 들어 있거나 다 포기한 듯 무시하는 눈초리를 보였다. 이런 상황은 입시가 진행되면서 점점 악화되곤 했다. 부모가 교육에 집착하고 많은 돈을 쓰는 이유는 자녀를 사랑하기 때문일 텐데, 사랑이 강해질수록 그 근간이 파괴되는 것처럼 보였다. 가까운 사이일수록 신뢰는 작은 일로 무너져 내리는 법이다. 자신을 부끄러워하는 사람을 계속해서 사랑할 수 있는 사람은 없다. 성적이 떨어져서 가장 속상한 사람은 학생 본인이다. 학생은 부모를 실망시키고 싶지 않기에 다음엔 더 잘할 거라며 허세를 부리고 공수표를 날리지만, 자신을 믿지 않고 부끄러워하는 부모의 얼굴을 보며 점점 더 궁지로 내몰린다.

그간의 관찰과 경험으로 미루어볼 때 좋은 부모는 자식을 자랑스러워하는 부모가 아니라, 만족스러운 성취를 얻지 못한 자녀를 다독이면서 자존감을 잃지 않도록 믿어주는 부모다. 잘하는 자식을 자랑스러워하는 일은 누구나 할 수 있지만, 잘하지 못한 자식을 진심으로 끌어안는 일은 더 많이 노력하고 고민하는 부모만이 할 수 있는 일이다. 더 나은 교육은 이런 노력과 고민에서 시작될 것이라고 나는 믿는다.

교사를 학교 개혁의 주체로

1980~1990년대에 내가 경험했던 학교는 끔찍했다. 누가 고등학교 시절로 돌아가고 싶은지 묻는다면 나는 단호하게 아니라고 답할 것이다. 그 시절의 학교는 수용소에 준하는 억압의 공간이었다. 아침 7시에 등교해 야간 자율학습이 끝나는 10시에 기숙사로 돌아와 또 공부를 해야 했다. 기숙사든 집이든 그저 잠깐 눈을 붙이는 침실에 불과했다. 친구들은 모두 수면 부족에 시달렸고 틈만 나면 잤다. 공부 이외의 다른 활동은 금지되었다. 교사들은 '사랑의 매'라는 이름으로 반인권적 행

위를 서슴지 않았다. 시멘트 바닥에 쇠파이프를 끌고 돌아다니던 교사도 있었다. 하긴 채찍을 의미하는 교편敎鞭이라는 단어로 교사라는 직업을 표현하던 문화가 아니었던가. 친구들의 허벅지와 엉덩이는 남아나지 않았다. 그렇게 아이들을 때리고 길들여 명문대에 많이 보낼수록 학교의 위신은 올라가고 교사들의 자부심도 높아졌다. 그리고 그것은 학생들의 자부심으로 내면화되었다. 나 역시 그랬다. 모든 규율과 통제에 생래적인 혐오감을 지닌 천성 때문에 고교 생활을 끔찍하게 기억하고 있으면서도 술자리에서나 수업 중에나 내가 나온 고등학교에서 서울대를 몇 명을 보냈는지를 자랑처럼 읊조리곤 했다. 그 시절 교사들은 촌지도 꽤 받았지만 선생님이라는 이유로 존경의 대상이었다.

하지만 시간은 흘렀고 이제 교사의 사회적 위상은 예전 같지 않다. 대도시, 교육 특구로 갈수록 교사들의 자의식은 초라하다. 수업 시간마다 절반이 넘는 학생들이 엎드려 자고 있다. 그나마 학생부 기록을 위해 눈을 동그랗게 뜨고 있는 몇몇 아이들을 보람으로 삼아 살아가는 교사에게 공정함이란 신기루 같은 것일 수밖에 없다. 교사의 길은 '보일 듯 말 듯한 가려워진 길'이 되고 말았다.

언젠가 서울대, 연세대, 고려대의 학생부 교과 중심 전형에 지원하는 학생을 그 학교 교사가 학원으로 데려온 적이 있다. 집안 형편이 넉넉하지 않아 학원에 보낼 수가 없는 상황이고, 학교에서도 면접을 대비해줄 방법이 없어 담임 선생님이 사비를 털어 학생을 데리고 찾아온 것이다. 선생님은 어려운 형편에도 전교 1등의 성적을 유지하는 학생이 안쓰럽고 안타까웠을 것이다. 우리 학원에서도 학원비를 최대한 낮춰 학생을 생각하는 선생님의 마음에 함께했다. 그분의 아름다운 제자 사랑과는 별개로 어떤 교사든 모든 학생을 이런 마음으로 살필 수는 없을 것이다. 냉정하게 말해서 100등을 위한 학교는 없다. 학벌주의의 영향을 가장 크게 받고 있는 것은 사실 학교다. 몇몇 사립학교 고3 담임 교사의 실적은 오래전부터 SKY 합격자 수로 평가되었다.

학교는 상위권 학생들의 입시 실적을 위해 움직인다. 모두가 수능만 보던 시절에는 그게 큰 문제가 되지 않았다. 모두가 똑같은 공부를 하면 되었기 때문이다. 그러나 이제는 그렇지 않다. 전교 1등과 10등의 대입 전략이 다르다. 수능 모의고사 성적과 비교과, 전공 적합성 정도에 따라 원서 지원 전략이 세분화된다. 학종을 꿈꿀 수 없는 학생들이 가야 할 길은 또 전혀 다르다. 학교 입장에서는 전교 1등과 학종이 가능한 학생들을 중심으로 학교를 운영하지 않으면 입시 실적이 나오지 않다 보니 나머지 아이들을 들러리 세우는 전략을 취할 수밖에 없다. 입시는 달라졌는데 교육 시스템은 바뀌지 않아 벌어지는 비극이다. 이런 상황에서 교사 한 사람이 할 수 있는 일은 많지 않다. 나는 이 시대의 교사들이 길을 잃을 수밖에 없는 상황에 놓여 있다고 생각한다.

앞에 쓴 글을 다시 살펴보니 일개 사교육 종사자가 공교육에 대해, 교사들에 대해 이런저런 말을 너무 많이 뱉어놓은 것 같다. 나의 비판은 일부 권위적이고 무책임한 교사들에 관한 것이었음을 분명히 해두고 싶다. 나는 여러 학교에 출강하거나 진학 지도 자문 활동을 하면서 실력 있고 인품도 훌륭한 선생님들을 많이 만났다. 내 논술 수업을 직접 참관하며 학생들보다 더 열심히 필기하는 선생님도 있었고, 교사들끼리 하는 논술 수업 세미나에 나를 강사로 초대해 공교육의 논술 지도 역량을 키우고 싶다는 의지를 보인 분도 있었다. 어지간한 대치동 입시 컨설턴트보다 훨씬 더 정확한 입시 이해와 감을 가진 선생님도 보았고, 자신이 맡은 과목은 누구보다 철저하게 준비하는 성실한 선생님은 정말 많이 보았다. 공교육의 현실을 직시하고 사교육의 장점을 열린 마음으로 활용하려 애쓰는 선생님도 적지 않다. 전국 각지에 훌륭한 교사와 위대한 스승은 여전히 많다. 내 짧은 식견과 설익은 글이 교원 사회 내부의 보수성과 힘겹게 싸우고 있는 분들에게 상처가 되지 않기를 간절히 바란다.

공교육이 무너졌다고 말하는 시대이지만, 나는 이 훌륭한 교사들이 학교가 해야 할 일에 대해 고민해온 바가 하나씩 결실을 맺기 바란다. 개혁적인 교사들이 교육 현장에서 느낀 고민을 모으고, 사회의 여러 자원을 동원하여 해결 방법을 강구

4장 교육을 통해 우리는 행복해질 수 있을까

해야 학교는 지금의 무능과 불신에서 벗어날 수 있다. 나는 국가교육회의와 교육부가 교사를 학교 개혁의 주체로 보고, 그들의 목소리를 반영한 정책을 추진해야 변화의 실마리를 찾을 수 있을 거라고 생각한다. 2022 개정 교육과정의 향방과 2025년 고교 학점제 실시, 2028학년도 수능의 변화에 반드시 교사의 목소리가 반영되어야 한다. 이들의 협력과 자발성에 기초하지 않는다면, 교육 제도를 어떻게 바꾸든 결국 또다시 각 학교의 편의에 맞춰 형식적으로 수용되는 데 그칠 것이기 때문이다.

대한민국 역사상 가장 치열하게 공부하는 수험생에게

학원 일에 발 담그고 있던 시간 동안 나에게 가장 큰 즐거움과 깨달음, 고민의 시간을 경험하게 한 이들은 아이들, 그러니까 수험생들이었다. 이들은 교육의 대상이자 목적이고, 궁극적으로는 주인이어야 하지만 나는 이 책에서 가급적 이들을 다루지 않으려 했다. 대치동 사교육 시장에서 내가 목격한 아이들은 주체적이라기보다는 끌려다니고 배달되는 존재들이었다. 그래서 나는 이들이 사교육 시장에서 벌어지는 행위들에 관한 한, 책임의 주체는 아니라고 생각한다. 하지만 더 솔직한 이유는 이들을 설명과 분석의 대상으로 삼기에는 나 스스로가 이들로부터 감정적으로 분리될 자신이 없었기 때문이다. 나는 그리 도덕적인 사람은 못 되지만, 누군가를 가르치기 위해 때로는 그런 척을 하기도 했고 가르치고 내보낸 아이들에게 조금만 부끄러운 선생으로 남고 싶기에 그들에 대해서는 최대한 말을 아꼈다.

내가 만난 아이들은 논술이나 학종을 대비하는 학생들이었기에 대개는 일정 수준 이상의 성적을 내고 있었다. 내가 보기에 이들은 대한민국 대학 입시의 역사상 가장 치열하게 공부하는 10대들이었다. 많은 학부모들이 예전보다 과목 수도 줄고 수험생도 적은데 아이들이 왜 이렇게 힘들어하는지 모르겠다는 이야기를 한다. 그러나 그들이 대학에 진학하던 1990년대 초에는 우리나라의 4년제 대학 진학률이 30퍼센트대였다. 지금은 70퍼센트대를 상회한다. 당연히 경쟁의 무게가 다르다. 또한 이들이 보는 교과서는 우리가 아는 예전의 그 교과서가 아니다. 더 다양한 자료와 정보에 기초한 상세한 설명을 담고 있고, 다루는 범위도 넓어져 외우려야 외울 수도 없고 외운다 한들 문제가 그대로 나오는 것도 아니다. 그 밖에 학생부에 채워 넣어야 할 탐구, 봉사, 진로 활동과 수행평가가 있는데 이 역시 학부모들은 경험해보지 못한 부분이다. 이 어마어마한 활동량을 감당하면서 수능 공부까지 하는 것은 가까이서 지켜보면서도 믿기 어려운 일이었다. 점점 치열해지는 경

4장 교육을 통해 우리는 행복해질 수 있을까

쟁 속에서 꿋꿋하게 공부에 집중하는 아이들의 집념은 내 상
상을 뛰어넘었다. 나는 늦게 태어났으면 서울대에 가지 못했
을 것이다.

그나마 잘하는 아이들은 다양한 심리적, 물질적 보상을
통해 위로를 받는다. 열심히 하는 아이들, 무서운 집념을 보이
는 아이들은 그만큼 달콤한 대가가 뒤따르기 때문에 그런 상
태를 유지할 수 있는 것이다. 안타까운 것은 열심히 하는데도
결과가 좋지 못한 아이들, 열심히 할 수 있는 환경이나 조건이
갖춰져 있지 않은 아이들이다. 절대 다수를 차지하는 이런 아
이들을 지금처럼 내버려둔다면, 우리 교육은 행복한 사람을
길러낼 수 없을 것이다. 별다른 격려나 보상을 얻지 못하던 아
이들, 점점 더 위축되어가던 수많은 아이들을 떠올리며 그들
에게 들려주고 싶었던 이야기를 몇 가지 적어보겠다.

① 꿈이 없는 이는 자유를 가진다

논술을 가르치며 만난 학생들이 수적으로는 훨씬 많지만,
내가 아이들의 마음을 조금 더 이해할 수 있게 된 것은 학생부
중심 전형에 제출할 자기소개서를 위한 상담 덕분이다. 자기
소개서를 작성하고 상담을 받다 보면 자신의 깊은 속내를 꺼
내지 않을 수 없다. 아이들은 깔끔하게 정리할 수도 없고, 특별
할 것도 없어 보이는 자기 삶을 부끄러워했고 종내는 많이들
도 울었다. 자신을 소개하는 일이 편안한 사람은 많지 않다. 인

생에서 일정한 성취를 이룬 사람이라면 그 성취와 경력을 중심으로 자기를 소개할 수 있다. 하지만, 이제 막 세상의 문을 두드리는 10대 수험생에게 자신을 소개하는 일은 얼마나 막막하겠는가. 상당수의 아이들은 꿈이 없는 자신을 부끄러워했다.

이 복잡다단한 사회에서 10대 청소년이 미래에 관한 구체적인 전망과 꿈을 갖는 것은 쉬운 일이 아니다. 밀려드는 교과 공부 사이에서 틈틈이 관심 있는 분야에 대해 나름대로 알아본다고 하더라도 대개는 그 앎의 수준이 깊지 않다. 청소년에게 꿈이란 자신이 알고 있는 한정된 정보를 미래에 투사하여 나름의 상상을 하는 것이다. 정확한 정보 없이 건너편을 향해 뛰어오르는 생의 도약이자, 발 디딜 곳 없는 허우적거림 같은 것이다. 그런 도약이 때로 어떤 잠재적인 힘이나 의지에 의해 놀라운 결실로 이어지기도 하지만, 대다수의 사람은 그 끝에서 다시 원래의 바닥으로 허무하게 돌아오거나 다른 꿈을 향해 다시 뛰어오른다. 혹은 꿈을 꾸지 않고 살아가게 된다. 사실 그런 꿈이라도 가지고 있는 아이는 무척 드물다.

나는 꿈이 없는 아이들이 스스로 자신이 무언가 잘못되었다고 생각하게 만드는 교육은 바람직하지 않다고 생각한다. 기술철학자 한스 요나스Hans Jonas는 "미래에 대한 무지야말로 인간 자유의 전제 조건"이라고 말했다. 아인슈타인의 유전자를 복제하더라도 그 복제인간은 아인슈타인만큼의 과학적 성취에 이르기 어려울 것이다. 그 복제는 아인슈타인 같은 과학자를 또 하나 만들겠다는 목적으로 행해진 만큼, 복제인간은 탄생의 순간 이미 자유를 상실한다. 미래가 정해져 있는 자에게 자유는 없다. 자유롭지 않은 자가 스스로 앎을 추구하고 무엇인가를 성취하기 위해 노력할 리도 없다.

아직 꿈이 없다는 것은 더 많은 선택의 자유가 있다는 뜻이다. 더 많은 배움을 바탕으로 신중하게 선택하고 노력할 기회가 아직 자신의 것이라는 의미다. 아이들에게 억지로 꿈을 갖게 하는 것은 교육이 할 일이 아니다. 그런 의미에서도 학생부종합전형은 일정 비율 이상 증가해서는 안 된다. 대부분의 수험생은 아직 꿈이라는 말로 규정된 한 가지 목적에 종속되지 않은 자유로운 영혼이기 때문이다. 교육 제도는 그 자유를 존중할 책임이 있다.

② 칭찬은 사람을 고래로 만든다

가르치면서 만난 아이들 중의 상당수가 칭찬에 목말라 있었다. 자녀의 수가 적어지고, 애정 가득한 환경에서 자란 아이들이 많다 보니 칭찬에 익숙해진 아이들은 고등학생이 되어서도 칭찬을 갈구한다. 고3 아이를 학원에 보내면서 우리 아이는 칭찬을 해줘야 잘하는 타입이니 칭찬을 많이 해달라고 신신당부하는 부모님도 많다. 아이에게 칭찬을 해서 동기를 부여하고 의욕을 북돋아주는 것은 중요한 교육 방법의 하나다. 관심과 애정을 갈구하는 인간에게 칭찬은 어떤 행위에 전력을 다하게 하는 동기가 될 수 있다. 타인의 관심과 격려를 통해 자아를 형성해야 하는 성장기에 칭찬이 매우 좋은 방법이라는 데에는 나 역시 동의하지만, 다른 한편으로 칭찬은 동물을 조련하는 방법이기도 하다. 유튜브에서 강아지를 훈련시키는 영상을 보면 먹이를 주고 쓰다듬는 행위는 때로 종의 한계를 뛰어넘게 하는 효과를 내기도 한다.

『칭찬은 고래도 춤추게 한다』라는 책이 장기간 베스트셀러의 자리를 지켰던 것처럼, 한동안 아이들에게 칭찬할 것을 권하는 이야기가 많았다. 그러나 나는 이것이 결코 궁극의 교육 방법은 아니라고 생각한다. 타인에게 인정받기 위해 행동하던 사람은 칭찬이 사라지면 무엇을 해야 할지 모른다. 뿐만 아니라 타인의 지적과 수정 요청을 받아들여 자신을 정교하게 가다듬고 발전시키는 일의 미덕을 배우지 못한다.

칭찬은 인간을 고래로 만드는 지배의 기술이다. 특히 교육 방법으로서의 칭찬은 타인의 만족을 지향하는 행동을 하도록 사람을 길들이는 방식이다. 좁은 세계 안에서 칭찬을 받고 자라던 아이들이 인간관계가 넓어지고 다양한 상황을 경험하면서 자신이 상대적으로 부족하다는 것을 느끼게 되면 공부에, 배움에 흥미를 잃고 만다. 칭찬을 받지 못할 것 같기 때문이다. 칭찬에 의존하다 보면 앎의 대상으로 향해야 할 관심이 모두 사회적 관계에 대한 관심으로 치환되기 때문에 앎 자체의 즐거움을 경험하지 못한다. 그저 관종이 될 뿐이다. 주체적

4장 교육을 통해 우리는 행복해질 수 있을까

인 인간으로 성장하고자 한다면 문제 하나를 더 맞히고, 점수를 몇 점 더 받는 것과 같은 사소한 일로 칭찬받는 것은 경계하는 편이 낫다. 그런 칭찬을 하는 사람은 당신에게 잘 보일 것이 있거나, 칭찬을 통해 자연스럽게 당신을 평가하는 지위에 서려는 사람이다.

니체Friedrich Nietzsche는 "어떠한 칭찬도 다다르지 못하는 일을 하는 편이 낫다"라고 말했다. 사람들은 대개 자신과 비슷한 생각을 하는 사람, 자신이 동의할 수 있는 행동을 하는 사람에게 칭찬을 한다. 칭찬을 받는 것은 어떻게 보면 결국 남과 비슷해지는 일이다. 나는 우리 아이들이 타인의 칭찬과 좋은 평가를 얻기 위해서가 아니라, 자신의 판단과 필요에 따라 과제를 선택하고 해결하며 앎의 즐거움을 얻는 사람이 되기를 바란다.

③ 모르는 것을 모른다고 말하는 일을 부끄러워하지 마라

칭찬을 갈구하고 꾸중이 두려운 아이들은 배움의 속도가 느리다. 가장 큰 이유는 모르는 것을 모른다고 하지 못하기 때문이다. 배움은 아는 것과 모르는 것을 구분하는 일에서 시작한다. 공자는 『논어』의 「위정」편에서 제자 유에게 이렇게 말한다. "유야! 너에게 안다는 것이 무엇인지 알려주마. 아는 것을 안다 하고, 모르는 것을 모른다고 하는 것이 아는 것이다由! 誨女知之乎. 知之爲知之, 不知爲不知, 是知也."

그렇다. 아는 것을 안다 하고 모르는 것을 모른다고 하는 사람이 더 빨리 자신의 부족함을 채울 기회를 얻는다. 하지만 많은 학생이 공부라는 것을 할 때 아는 것을 반복해서 들여다보며 시간을 보낸다. 과거에도 그랬다. 『수학의 정석』에서 '집합과 명제' 부분만 새까맣게 닳아 있었던 이유는 그 뒤로 넘어가 모르는 것이 나왔을 때 누군가에게 모른다고 말하고 배울 용기가 부족했기 때문이다.

모르는 것을 모른다고 하는 것은 실패도 아니고 패배도 아니다. 잘못은 더더욱 아니다. 그러나 모르는 것을 모른다고 말하는 일은 어렵다. 제도 교육 속에서 칭찬에 익숙해진 사람에게는 모른다고 인정하는 것 자체가 자신의 부족함을 드러내는 일이고, 그간 자신이 해야 할 의무를 다 하지 않았다는 비난을 감수해야 하는 일이기 때문이다. 어려서부터 으레 듣던 "너 이걸 아직도 몰라?"라는 힐난조의 말은 오래도록 사람을 무지의 구렁텅이에서 서성이게 만든다.

다시 말하지만 모르는 것은 부끄러운 일이 아니다. 오히려 모르는 것을 안다고 하거나 아는 척하며 배우지 않는 것이 부끄러운 일이다. 모른다고 말하는 것은 그저 솔직한 일일 뿐 용기를 내야 할 일도 아니다. 누군가 "너 이걸 아직도 몰라?"라고 한다면, "그거 배울 때 제가 잤나 보죠"라고 당당하게 쏘아붙이는 학생이 되었으면 좋겠다. 그렇게 말한 사람이 부끄러워지도록. 누구나 모를 수 있다. 그것을 당당하게 인정하는

4장 교육을 통해 우리는 행복해질 수 있을까

것이 즐거운 앎의 시작이다.

고백하건대 내가 스스로를 좋은 교육자라 생각하지 않는 이유 중 하나가 성적이 좋지 않은 학생을 가르칠 때 나도 모르게 그 학생이 자신의 무지를 스스로 부끄럽게 여기도록 하는 못된 기질이 있기 때문이다. 강의를 하면서 항상 경계하고 스스로 두려워했던 부분이지만 좀처럼 고쳐지지 않았고, 이는 내가 주로 상위권 학생들만을 맡아온 이유이기도 했다.

수많은 경쟁과 평가에서 상처받으면서 지치지 않을 영혼은 없다. 그러나 안타깝게도 그 노력이나 상처와는 무관하게 학벌이라는 자원은 제한되어 있기에 내 것이 되지 않을지도 모른다. 그렇다 하더라도, 그럼에도 불구하고 나는 수험생들이 배우고 익히는 과정에서 당당함을 유지하며 앎의 즐거움을 경험할 수 있기를 바란다. 그럴 수 있다면 학벌의 성취 여부를 떠나 이 세계에서 한 사람의 주인으로서 자기 삶을 꾸려갈 수 있을 것이다.

학벌주의와 교육열 타파 없이는 아무것도 달라질 수 없다

그러나 대한민국에서 교육과 관련된 각 행위자들이 모두 각자의 미덕을 발휘하며 움직인다고 해도 교육의 장 안에서 행복을 바라는 것은 여전히 요원한 일일 것이다. 앞서 언급한 것처럼 인간의 선택은 이미 사회적 사실과 맥락에 의해 규정되어 있다. 모든 행위자의 미덕과 별개로 이 사회에 학벌주의와 그에 따른 사회적 차별이 강력하게 존재하는 한 왜곡된 교육열은 사라지지 않을 것이다.

학벌의 영향력이 예전만 못하다는 말도 있다. 이과의 경우에는 학교 이름보다 학과가 더 중요하지 않느냐는 말도 한다. 실제로 정시전형 배치표를 보면 예전에 비해 한 학교 안에서도 학과별로 정시 커트라인이 큰 차이를 보이고, 그러다 보니 상위 학교와 하위 학교 사이에 겹치는 구간도 늘어났다. 혹자는 성균관대의 약진을 두고 이제는 학벌이 아니라 더 많은 교육적 투자가 이루어지는 곳으로 시장이 쏠리고 있다며 학벌주의의 변화를 말하기도 한다.

그러나 대학 간의 순위 변동을 두고 학벌주의가 사라졌다고 말하는 것은 우습다. 전국의 의대가 서울대를 넘어서고 전도유망한 일부 학과가 학교 서열의 경계를 흐릿하게 만들고 있는 것처럼 보이지만, 유사 학과 안에서는 여전히 확고한 서열이 존재한다. 대기업의 투자와 지원 속에서 기존의 서열 구조를 뒤집고 새로운 학벌 창출을 위해 매진하는 학교도 일부 있다. 그러나 이런 모든 움직임의 목적은 학벌의 순위를 바꾸는 것이지 학벌주의를 타파하는 것이 아니다.

학벌주의는 여전히 공고하다. 현재 한국 사회에서 계층을 나누고 불평등을 초래하는 가장 중요한 원인은 학벌이다. 열아홉 살 무렵에 치른 한 번의 시험으로 그 사람의 능력을 평생에 걸쳐 평가하는, 아니 그 평가를 주홍글씨로 낙인찍는 일이 여전히 아주 강력하게 작동하고 있다. 그리고 이 학벌을 좌우하는 것은 바로 시험이다. 신분 사회에서 우리를 해방시켜준 능력주의 제도라고 믿어 의심치 않았던 바로 그 시험의 결과가 모든 계층 구조와 불평등을 다시 양산하고 있는 것이다. 우리 사회 구성원들은 별수 없이 이 시험 준비를 위해 자신이 가진 자원을 총동원한다.

시험을 통과해 학벌을 얻은 사람들은 그것이 마치 계급장이라도 되는 양 사람을 분류하고, 학벌주의와 대학 서열화를 타파하려는 교육 개혁 움직임에 앞장서서 반대한다. 자신이 사력을 다해 획득한 학벌과 그것이 가져다주는 특권을 포기할 수 없기 때문이다. 명문 대학의 동문회는 학연 만들기 프로그램을 끊임없이 양산하고, 인턴이나 취업 연계라는 이름으로 갖가지 혜택을 제공한다. 그러니 수험생의 입장에서는 몇 년이 걸리더라도 대학 입시에 인생을 걸 수밖에 없다. 이 땅의 교육열은 우리 사회가 여전히 강고한 학벌 계서제와 그에 따른 불평등에 의해 지배되는 곳이라는 증거다.

이런 사회에서 공교육은 더 이상 효과적인 수단으로 여겨지지 않는다. 전인 교육이나 공동체 윤리 같은 가치보다는 학벌을 획득하기 위한 경쟁에 매진해야 하기 때문이다. 그리하

4부 더 나은 입시, 더 행복한 교육을 위하여

여 전국에는 수많은 학원과 사교육 업체들이 난립해 있다. 공교육 교사를 제외하고도 전국에 훈장질로 먹고사는 사람이 183만 명에 달한다. 사교육 업체들은 무한 경쟁 속에서 출제 유형을 파악하기 위한 필사의 노력을 아끼지 않고, 입시 제도를 꼼꼼하게 분석하여 경쟁 우위 전략을 마련한다. 확실한 합격 전략을 제공할 수 있다면 교육열이라는 보편적인 욕망이 이들에게 황금의 엘도라도를 약속할 것이기 때문이다.

사교육 업체들의 부단한 노력으로 모든 새로운 입시 제도는 낱낱이 분석되고 해체된다. 그 과정에서 노출된 빈틈을 향해 '필생즉사 필사즉생必生則死 必死則生'의 아우성이 벌어진다. 밀집된 곳으로 몰려든 열기로 제도의 빈틈은 점점 벌어지고, 애초에 훌륭하다고 평가되었던 제도는 실은 거대한 구멍을 가진 제도였음이 밝혀진다. 새로운 제도로 입시 개혁을 꿈꾸었던 정부는 난리의 원흉으로 내몰리고 원망과 성토의 대상이 된다. 이런 상황에서 어떤 정부가 과감한 교육 개혁에 나설 수 있을까? 한국에서 교육과 입시는 항상 뜨거운 감자다. 선거철에는 너도나도 혁신을 약속하지만, 먼저 베어 무는 놈만 이빨이 다 빠지고 말 것이기에 막상 집권하면 아무도 제대로 건드리지 못한다.

이 뜨거운 교육열은 학벌주의와 그에 따른 사회적 차별이 초래한 것이다. 교육열이 뜨거울수록 학벌 경쟁은 치열해지고, 어렵게 학벌을 얻은 이들은 자신의 특권을 당연하고 정당한 것으로 여기며 학연을 통해 이를 강화한다. 학벌주의로 인해 교육열이 뜨거워지고, 뜨거워진 교육열이 학벌주의를 담금질한다. 우리가 이 악순환의 고리를 끊어내지 못한다면 바람직한 교육과 행복한 삶을 위한 그 어떤 구상도 우리의 삶을 바꾸지 못할 것이다.

갈 수 없는 나라와
희망의 노래

한국인의 보편적 트라우마, 대학 입시

태어나는 순간부터 삶은 고통의 연속이다. 프랑스의 산부인과 의사 프레드릭 르봐이예Frederick Leboyer 박사가 묘사한 '분만실의 뾰족한 빛과 소음', 스트레스를 유발하는 자극이 모두 개선된다 할지라도 고통 속에서 뿜어져 나오는 탄생의 첫 울음은 사라지지 않을 것이다. 아이를 받은 이가 아직 숨통이 열리지 않은 아이의 엉덩이를 때리거나 몸뚱이를 흔들 때, 그 충격은 물리적 자극으로 전달되어 횡격막을 흔든다. 흔들린 횡격막은 폐를 부풀리고, 엄마의 체온으로 데워진 양수의 진입을 막아내던 기관지와 폐포에 외부의 차가운 공기가 유입되는 순간, 아마도 아기의 가슴은 살을 에는 듯한 추위나 상처에 입바람을 불 때 느껴지는 것과 같은 아릿한 통증으로 채워질 것이다. 생명 유지의 근간이 되는 호흡 활동의 시작은 그렇게 고통으로 가득 차 있다. 다행인 것은 우리가 그 고통에 쉽게 무뎌진다는 것이다. 호흡이 계속 고통스럽다면 우리는 아마도 생生에의 의지를 유지하기 어려울 것이다.

두발자전거를 처음 배울 때, 운전대를 잡고 첫 주행에 나설 때 온몸이 굳어지던 공포와 긴장감도 반복되는 훈련과 연습을 통해 사라진다. 페달을 밟아 속도를 낼수록 물리적인 위험은 커지지만 긴장과 공포는 오히려 줄어든다. 속도가 제공하는 엑스터시! 도파민의 폭발적인 분비로 공포는 사라지고 쾌락이 몸을 지배한다. 자전거를 타며 느끼는 상쾌한 바람이나 첫 드라이브의 설렘은 공포에 무뎌질 때에만 얻을 수 있는 선물 같은 순간이다. 삶은 물리적 고통이나 공포에 익숙해지고 무뎌지는 과정을 통해 한 걸음씩 앞으로 나아간다.

그러나 어떤 고통은 무뎌지지 않고 삶을 잠식한다. 그 고통 앞에서 겁을 낼 때 인생은 앞으로 나아가길 주저하게 된다. 특히 인격 형성기에 감당할 수 없는 고통이나 공포를 경험했던 이들에게는 어떤 흔적이 남는다. 라틴어로 큰 상처를 뜻하는 트라우마는 과거의 고통이나 공포의 흔적이 현재에도 영향을 미치는 상태를 뜻한다. 한국 사회에서 성장한 사람의 상당수가 지니고 있는 공통의 트라우마는 대학 입시의 경험, 즉 수험생의 시간이다. 나는 심리적으로 불안할 때면 아직도 훈련소에 입소하거나 대학 입시를 다시 치르는 꿈을 꾼다. 수용소 못지않게 폭력적이고 살벌했던 당시의 학교 문화는 꿈속에서도 견디기 어려운 압박감으로 나를 옥죈다. 15시간 동안 학교에 갇혀 신체를 속박당하고 수면 시간조차 통제되던 생활, 교사들의 욕설과 구타가 난무하던 교실의 기억은 여전히 생생하다. 그런 경험을 함께한 사람들이 지금 이 사회에서 나름대로 중추적인 역할을 하고 있고, 좋은 자리에서 풍요로운 삶을 산다고 해서 그 시절의 트라우마가 사라지거나 필요한 과정이었다고 정당화되지는 않을 것이다.

이제 많은 시간이 흘러 일상의 문화가 민주화되고 학생의 인권 역시 상당 부분 존중받고 있다. 머리를 염색하고 쉬는 시간마다 화장을 고치는 요즘 고등학생의 모습을 보면 시대의 변화를 실감할 수 있다. 과거보다 더 풍요로운 환경에서 부족함 없이 지내며, 더 다양한 문화 예술을 향유할 수 있는 기회를 누리고, 휴대폰이라는 첨단의 이기利器도 하나씩 손에 든 이 아이들은 그러나 심리적으로는 우리가 경험했던 것 이상의 고통과 상처에 노출되어 있다.

더 많은 문화적 경험과 진로 탐색의 기회를 누릴 수 있는 아이들은 선택받은 일부에 불과하다. 나머지 대부분의 아이들은 학벌주의와 교육열의 포로일 뿐이다. 이들은 다른 길을 알지 못한 채 입시 준비를 위한 여러 가지 일들을 숙명으로 받아들인다. 계속되는 경쟁 속에서 낙오자, 들러리로 낙인찍히며 마음에 상처를 차곡차곡 쌓아 올린다.

누군가의 귀한 자녀로 칭찬만 듣고 자랐던 아이들이 계속되는 평가와 줄 세우기의 과정에서 자신의 부족함을, 무능함

나오며

을 인정하게 되는 모습은 서글프다. 사회 제도와 법률이 촘촘해지면서 예전보다 일탈의 기회가 줄어든 상황에서 이 세대는 경쟁의 상처와 스트레스를 털어버릴 방법도 많지 않다. 많은 아이들이 점점 스스로를 무력하게 느낀다. 공부를 잘하는 아이들도 이 무력감을 잘 알고 있다. 영재고와 특목고에 지원했다가 떨어진 아이들은 다시는 그런 상처를 받지 않기 위해 모든 에너지를 공부에 쏟아붓는다.

문제는 이들의 경쟁이 대입에서 끝나지 않는다는 것이다. 대입의 트라우마를 안고 이들은 다시 취업을 위해 대학 내내 학점 경쟁에 몰두하고, 스펙을 쌓는 데 열을 올린다. 대학에서마저 좋은 성적에 매달리는 이유는 안정적이고 사회적으로 인정받는 일자리를 얻기 위한 경쟁이 치열하기 때문이다. 경쟁에서 이기기 위해서는 일찍부터 하나씩 쌓아가야 한다는 사실을 이들은 중고등학교 때부터 이미 체득하고 있다. 그래서 성적이 조금만 나빠도 예민하게 반응하며 교수에게 이의를 제기하고 학점을 0.1점이라도 높이기 위해 고군분투한다. 인성조차도 서류에 남겨야 경쟁력이 된다는 사실을 대학 입시 과정에서 뼈저리게 배운 세대이기 때문에 수많은 자격증 시험과 인턴 활동, 봉사 활동 증명서를 마련하며 학생부를 채우듯 이력서를 완성해나간다. 나는 이 세대의 사람들이 이런 빈틈없는 삶을 어떻게 견뎌내고 있는지 잘 짐작이 가지 않는다. 게임 속 가상세계나 메타버스, 소셜 미디어가 어쩌면 이들의 유일한 탈출구인지도 모르겠다.

앞서 살펴본 것처럼 한국의 청소년 자살률은 2015년 이후 다시 증가하는 추세로 전환되었으며, 연령대별로도 현재 10대와 20대는 자살률이 가장 큰 폭으로 증가하는 세대이다. 이 세대의 정신건강에 우리의 교육 및 입시 제도가 악영향을 미쳤을 가능성을 배제할 수 없다.

학벌주의와 학력 차별은 사라질 수 있을까?

아이들의 정신건강을 이렇게 위협하면서까지 모두를 대학에 보내야 하는 것일까? 물론 가르치는 일을 하다 보면, 정말 놀랍고 뛰어난 아이들을 발견할 때가 종종 있다. 이런 아이들은 자기 학년의 교과 과정을 배우는 것이 무의미해 보일 만큼 놀라운 지적 수월성秀越性을 가지고 있다. 이들에게는 대학이라는 것이 정말 필요해 보인다. 그러나 대개는 그렇지 않다. 대체 이 모든 아이들이 심리적으로 회복하기 어려운 상처와 트라우마, 자존감 훼손을 경험하면서까지 왜 대학에 가야 하는지 의구심만 생길 뿐이다.

2021년 9월 16일 교육부가 발표한 「OECD 교육지표 2021」[1]에 따르면 한국의 만 25~34세의 고등 교육 이수율은 69.8퍼센트로 OECD 국가 중 1위다. 전년도 1위였던 아일랜

----

[1]　「OECD 교육지표 2021 분석 결과」, 교육부 보도자료, 2021년 9월 15일자.

드를 제쳤다. 캐나다, 러시아 등이 60퍼센트대로 뒤를 잇는다. 영국과 미국은 50퍼센트대 초반이며, 프랑스는 48퍼센트, 독일은 33.3퍼센트에 불과하다. 그러니까 소위 선진국 가운데 우리처럼 높은 고등 교육 이수율을 보이는 나라는 거의 없다. 우리는 이제 25~64세의 성인 고등 교육 이수율도 50.7퍼센트로 과반을 넘겼다.

한편 만 55~64세의 고등 교육 이수율은 14퍼센트로 OECD 평균보다 10퍼센트포인트 떨어지는 수치다. 이 수치만 보면, 우리나라 청년층의 높은 고등 교육 이수율은 전후 세대인 장년층 이상 노년층 세대의 배우지 못한 한(恨)이 교육열로 이어진 결과일 수도 있겠다. 하지만 안타깝게도 이 교육열은 청년 세대의 주체적인 앎이나 배움에의 열망으로 이어지지 못한다. 「OECD 교육지표 2020」[2]에 게재된 2019년 우리나라 만 25~34세의 석·박사 이수율은 3퍼센트로 OECD 평균인 15퍼센트의 5분의 1 수준으로 최하위권에 머물고 있다. 이는 한국인의 대학 진학의 목적은 학사 학위와 명문대 학벌 취득에 국한된다는 것을 시사한다. 진리를 추구하거나 정의나 자유를 희구해서가 아니라, 그냥 사회적으로 인정받는 학벌을 수단으로 삼아 세속적 성공을 이루고자 대학에 진학하는 것이다. 대졸 학력, 특히나 '인서울' 학벌이 없으면 심각한 임금 차별과

---

2   「OECD 교육지표 2020 분석 결과」, 교육부 보도자료, 2020년 9월 8일자.

고용 불안정성을 감수해야 하는 학벌주의 사회에서 개인으로서는 다른 선택의 여지가 없다.

대학에 가지 않아도 인간은 배울 수 있고, 노동의 과정은 가장 큰 학습의 시간이 된다. 고등학교를 졸업하고 일찍 일을 시작한 사람들은 더 빨리 노동에 숙련되고, 사회에 더 많은 기여를 할 수 있다. 실제로 기업이나 기관에서 하는 일 가운데 대학에서 배우는 학문적 지식을 바탕으로 하는 것은 그리 많지 않다. 독일에서는 "고졸은 벤츠 타고 대졸은 폭스바겐 탄다"는 말이 있을 만큼 대졸자의 경제적 수준이 오히려 낮은 경우가 많다고 한다. 대졸자들은 대학에서 공부하느라 취업이 늦는 데다가 학자금 대출을 갚아야 하니 경제적 안정에 이르는 시기가 상대적으로 늦어지기 때문이다. 한국인에게는 상상하기 어려운 이야기다.

한 사회가 의무로 지정한 교육을 이수한 이상은 그가 사회 구성원으로서 어떤 직업을 갖고자 할 때 학력으로 차별을 해서는 안 된다. 물론 대학에서의 전공 분야가 그 직업의 전문성과 명확한 상관관계가 있을 경우에는 일정한 가산점을 주는 것이 타당하다. 그런 경우가 아니고서는 교육 수준이 높다고 해서 그 직능이나 업무 숙련도도 높으리라는 보장은 어디에도 없다. 높은 학력과 좋은 학벌을 가진 사람일수록 취업과 승진 가능성이 높은 우리 사회의 공고한 구조는 인간의 노력과 변화, 발전 가능성을 철저히 부정하는 것으로 이는 결국 사회 전

나오며

체에도 비효율을 초래할 수밖에 없다. 학력이 곧 능력을 보장한다는 맹신, 대학 서열화와 학벌 획득을 위한 전 사회적인 집착의 구조에서 벗어날 방법은 정말 없는 것일까? 나는 이 적지 않은 분량의 책을 닫으면서도 여전히 그곳이 '갈 수 없는 나라'인 것만 같다.

인구 절벽은 교육 문제를 해결할 수 있을까?

2020년은 대한민국 인구 통계의 역사상 기념비적인 해로 기록될 것이다. 출생자 수가 처음으로 30만 명 아래로 내려갔으며, 사상 최초로 인구가 전년 대비 2만 838명이나 감소했다. 더 충격적인 것은 통계학자들과 경제 연구원들이 현재의 추세가 이어질 경우 40년 후인 2060년이면 대한민국 인구는 3000만 명 아래로 떨어질 것이라 추정하고 있다는 점이다.[3] 인구경제학자들은 인구의 급격한 감소는 한 사회의 부양비(피부양 인구/생산 가능 인구)를 현저하게 떨어뜨려 복지 체계와 국가 재정을 무너뜨릴 수 있으며, 생산성의 저하를 초래해 사회적 효율성을 심각하게 위협할 것이라 우려한다.

여기서 인구가 줄어드는 원인을 분석하거나 인구 절벽 이후의 비극적인 사회상을 상세히 그려볼 필요는 없을 것이다.

3　「10년 후엔 인구 지진… '일하는 인구' 315만 명이 사라진다」, 『중앙일보』, 2021년 6월 26일자.

교육 문제와 관련한 부분만을 예상해본다면 어쩌면 의외의 상황이 펼쳐질 수도 있다. 우리가 기술 발전에 힘입어 이 인구경제학적 위기를 버텨낼 수만 있다면, 인구 절벽의 상황은 교육과 관련한 문제들을 일정 부분 해소하는 기회가 될지도 모른다. 이 추세가 이어질 경우 향후 20년 안에 우리나라 대학의 절반은 문을 닫아야 하기 때문이다. 경쟁력이 없고, 고등 교육 기관의 역할을 상실한 많은 대학이 퇴출이나 파산의 운명을 맞게 될 것이다. 재정이 탄탄한 대학은 더 많은 기회와 혜택을 약속하며 학생 유치에 혈안이 될 것이다. 대학 서열의 맨 끝자리에 위치한 지방 사립대들은 이미 이러한 경쟁을 시작했다. 이에 더해 기업에서 대졸자만으로는 필요한 인력을 채우지 못하는 상황이 벌어지기도 할 것이다. 4차 산업혁명의 시대에 일자리는 계속 줄어들겠지만 인구 감소의 속도를 따라가지는 못할 것이다. 이 시점이 되면 학벌주의, 학력 차별은 조금씩 완화될 것이다. 기업에 진입한 고졸 인력이 좋은 성과를 내고, 이들이 대졸 인력과 능력 면에서 큰 차이가 없다는 데이터가 축적된다면 학력에 따른 임금 격차도 조금은 줄어들지 않을까?

학벌주의와 학력 차별이 완화된 세상에서 공교육은 평등 교육의 기치 아래 공동체 윤리와 상호 협력을 가르치는 방향으로 나아갈 것이다. 학생 수 감소로 인해 남는 교원 인력으로 촘촘한 상담망을 만든다면 학생 개개인에게 적성에 맞는 프로그램을 설계해줄 수 있을지도 모른다. 여기에 다양성이 확대된 대입 제도와 직능 교육 프로그램, 이를 기획하고 운영하는 교육 컨설팅 시스템을 국가가 마련한다면 학생들은 개별적인 한 사람 한 사람으로 존중받으면서 맞춤형 교육은 물론 수월성 교육까지 받을 수 있을지 모른다.

우리 모두가 알다시피 이 장밋빛 꿈과 같은 상상이 실현될 가능성은 별로 없다. 대학이 줄어든다고 해서 사람들의 인식이 쉽게 바뀌지는 않을 것이다. 학벌주의와 대학 서열화, 그리고 사교육에 대한 인식 변화 이 가운데 어느 것 하나도 쉽게 변하지 않을 것이다. 그러나 적어도 문제를 해결할 수 있는 실낱같은 기회가 찾아왔을 때, 그 기회를 놓치지 않으려면 사회 구성원들이 무엇이 문제인지 인지는 하고 있어야 한다. 문제를 문제로 보지 않고 기정사실로, 바뀌지 않는 현실로 이해하는 사람이 다수라면 문제는 해결은커녕 악순환을 거듭하며 확대 재생산될 것이다.

따라서 우리에게는 고민과 성찰의 시간이 필요하다. 자녀의 명문대 입학에 집착하는 이유는 우리 스스로가 학벌주의의 폐해로 고통받았거나, 혹은 그것이 열어준 기회로 혜택을 입었기 때문은 아닐까? 내가 학력 차별을 받은 당사자였거나 혹은 학력 차별을 행하는 주체이기 때문은 아닐까? 내가 겪은 부당함이 자녀의 결핍으로 이어지지는 않을까 하는 초조함에 사로잡혀 있는 것은 아닐까? 학벌주의의 문제를 '해결해야 할 대상'이 아니라 '이용해야 할 대상'으로 인식하는 한, 문제를 해결할 기회가 오더라도 우리는 눈치조차 채지 못할 것이다. 삶의 필요를 구하기 위해 살아가다 보면 '잘' 살아가지 못할 수도 있고, 비겁해지거나 적당히 타협할 수도 있다. 그러나 그것을 당연한 것으로 여기고, 이후로도 모두가 그렇게 살아야 한다고 생각한다면 어떤 변화도 불가능할 것이다. 살아온 방식을 돌아보며 비겁함과 타협을 정당화하지 않고, 잘못된 것을 잘못된 것으로 남겨 부끄러움으로 간직하기만 하더라도 우리는 변화와 개선의 기회를 놓치지 않을 수 있다.

물론 나는 대치동에서 목격한 한국 사회의 세속적인 욕망이 전부 잘못되었다거나 부당하다고 생각하지는 않는다. 현재의 상태를 개선하고, 더 나은 사회적 지위를 얻고자 하는 것은 인간의 보편적인 욕망이며, 자신의 발전과 진보를 향한 개인의 의지는 존중되어야 한다. 다만 그 정제되지 않은 개별적인 욕망이 함께 살아가는 사람들을 전혀 돌아보지 않은 채 제한 없이 추구된다면 우리의 삶은 아수라장이 된다. 우리가 그토록 행복해지기를 바라는 다음 세대의 삶은 그 아수라장 속에서 지울 수 없는 트라우마를 얻고 희망의 노래조차 잃어버리게 될 것이다. 나는 이 전체 풍경을 한 번쯤은 모두가 돌아보기를 바랐다.

2020년이 저물어갈 무렵, 나는 코로나의 여파로 한산해진 대치동에서 어느 해보다 여유로웠던 입시를 마치고 몇 년 전부터 계획했던 대로 학원 문을 아주 닫았다. 인생 2막을 준비할 경제적 여유를 조금은 마련한 상태에서 떠날 줄 알았는데, 코로나 덕분에 다시 빈 수레로 새로운 시작을 맞게 되었다. 이제 나는 더 이상 원장님이나 선생님 소리를 듣지 않는 전혀 다른 직종에서 새로운 삶을 시작했다. 매년 새로운 아이들을 만나 쳇바퀴 돌듯 입시 일정을 따라가던 생활에서 벗어나 글을 쓰고 콘텐츠를 기획하다가도 문득문득 '아이들이 기말고사를 보겠구나', '원서를 쓰고 자소서를 준비하겠구나', '또 많이들 힘들겠구나' 하는 생각이 가슴에 머무르면 아득한 답답함이 몰려오곤 한다. 대치동 거리를 바라보며 내 머릿속을 스쳐갔던 단상들을 적은 이 책이 그 답답함을 해소하기 위한 사회적 논의를 시작하는 데 작은 실마리가 되었으면 하는 바람으로 글을 닫으려 한다.

이 책을 쓰면서 가장 조심스러웠던 부분은 내가 만난 누군가의 내밀한 이야기를 꺼내는 것이 그 사람의 삶에 누가 되지는 않을까 하는 점이었다. 그래서 모든 사례는 익명으로, 혹은 누구인지 확인할 수 없도록 다소 변형하여 서술했다. 물론 당사자가 읽으면 자신의 이야기임을 짐작할 수는 있을 것이다. 혹시라도 결례가 되었다면 미리 사과의 말씀을 드린다. 지난 20년 동안 내 밥벌이는 대치동과 학원 업계에서 일하며 만난 모든 분에게 기대어 있었고 이 책도 마찬가지다. 일일이 거론할 수는 없지만 모든 분께 깊은 감사의 말씀을 전한다. 그리고 나의 부끄러운 졸고가 제법 그럴듯한 책으로 엮여 나왔다면 그것은 모두 편집자 덕분이다. 갖가지 핑계로 원고를 미룬 게으른 필자를 어르고 달래어 여기까지 끌고 온 맑은 눈을 가진 나의 후배 사계절출판사의 이진 편집자에게 감사의 말을 전한다. 마지막으로 내 글의 첫 독자이자 첫 교정자였으며, 한참 늦은 나이에 새로 출발하겠다는 철없는 내 선택을 지지하고 함께해준 사랑하는 아내 심지아에게도 깊은 고마움을 전하고 싶다.

참고문헌

1. 단행본

- 강준만, 『부동산 약탈 국가』, 인물과사상사, 2020.
- 강준만, 『입시전쟁 잔혹사: 학벌과 밥줄을 건 한판 승부』, 인물과사상사, 2009.
- 대니얼 마코비츠, 서정아 옮김, 『엘리트 세습: 중산층 해체와 엘리트 파멸을 가속하는 능력 위주 사회의 함정』, 세종서적, 2020.
- 도미니크 슈나페르, 김교신 옮김, 『노동의 종말에 반하여』, 동문선, 2001.
- 마이클 샌델, 함규진 옮김, 『공정하다는 착각: 능력주의는 모두에게 같은 기회를 제공하는가』, 와이즈베리, 2020.
- 빅터 터너, 이기우·김학두 옮김, 『제의에서 연극으로』, 현대미학사, 1996.
- 서울역사박물관, 『대치동, 사교육 1번지 - 2017 서울생활문화자료조사』, 서울역사박물관, 2018.
- 손정목, 『서울 도시계획 이야기 1~5』, 한울, 2019~2020.
- 신차균·안경식·유재봉, 『교육철학 및 교육사의 이해』, 학지사, 2013.
- 아르놀드 반 겐넵, 전경수 옮김, 『통과의례: 태어나면서부터 죽은 후까지』, 을유문화사, 1995.
- 윌리엄 보이드, 이홍우·박재문·유한구 옮김, 『서양교육사』, 교육과학사, 2008.
- 이영석·민유기 외, 『도시는 역사다』, 서해문집, 2011.
- 전상봉, 『강남을 읽다: 강남 형성과 강남 현상을 찾아서』, 여유당, 2018.
- 존 롤스, 황경식 옮김, 『정의론』, 이학사, 2003.
- 칼 폴라니, 홍기빈 옮김, 『거대한 전환: 우리 시대의 정치·경제적 기원』, 도서출판 길, 2009.
- 폴 윌리스, 김찬호 옮김, 『교육 현장과 계급 재생산』, 민맥, 1989.
- 피에르 부르디외, 김정곤 옮김, 『호모 아카데미쿠스』, 동문선, 2005.
- 피에르 부르디외, 장 클로드 파세롱, 이상호 옮김, 『재생산: 교육 체계 이론을 위한 요소들』, 동문선, 2000.
- 한스 요나스, 이진우 옮김, 『책임의 원칙: 기술 시대의 생태학적 윤리』, 서광사, 1994.
- 한종수·강희용, 『강남의 탄생: 대한민국의 심장 도시는 어떻게 태어났는가?』, 미지북스, 2016.

- 홍세화 외, 『능력주의와 불평등: 능력에 따른 차별은 공정하다는 믿음에 대하여』, 교육공동체 벗, 2020.

2. 논문, 보고서

- 김순남 외, 「사교육 진단 및 대책(I): 원인·문제 진단 및 종합 대책」, 한국교육개발원, 2010.
- 김양분 외, 『2013 한국교육종단연구』, 한국교육개발원, 2013.
- 김양분·양수경, 「사교육비 추이와 규모 예측」, 한국교육개발원, 2011.
- 김영지 외, 『2020 아동·청소년 권리에 관한 국제협약 이행 연구 – 한국 아동·청소년 인권실태: 총괄보고서』, 한국청소년정책연구원, 2020.
- 김형국, 「강남의 탄생」, 『황해문화』 제42호, 2004(봄).
- 박명희·백일우, 「한국 사교육 시장 전개의 역사와 그 의미」, 『미래교육학연구』 제29권 제2호, 2016.
- 보건복지부·한국생명존중희망재단, 『2021 자살예방백서』, 한국생명존중희망재단, 2021.
- 엄수정·송요성, 『대입 N수생의 삶과 문화』, 경기도교육연구원, 2021.
- 이근호 외, 「국제 비교를 통한 국가 교육과정 적용체제 개선」, 한국교육과정평가원, 2015.
- 장근호, 「우리나라 고용 구조의 특징과 과제」, 『BOK 경제연구』 2018-34호, 한국은행 경제연구원, 2018.
- 지주형, 「강남 개발과 강남적 도시성의 형성 – 반공 권위주의 발전국가의 공간선택성을 중심으로」, 『한국지역지리학회지』 제22권 제2호, 2016.
- 최정운, 「한국 반지성주의의 기원과 의미 – 『임꺽정』의 사상 분석」, 한국정치사상학회 월례 세미나 발표문, 2001년 11월 17일.
- 홍선주 외, 「공교육 정상화를 위한 외국의 학교 교육 강화 정책 고찰」, 한국교육과정평가원, 2016.
- 「국내 인구 구조 변화에 따른 소비 트렌드 변화」, 하나금융경영연구소, 2019.
- 「사교육, 노후 불안의 주된 원인 – 사교육 실태 조사 및 시장 규모 추정」, 현대경제연구원, 2007.
- 「한국교육개발원 교육여론조사(KEDI POLL 2019)」, 한국교육개발원, 2019.
- 「2019년 기준 전국 사업체 조사 잠정 결과」, 통계청 경제통계국 경제총조사과, 2020년 12월 29일자.

- 「2021년 상반기 지역별 고용 조사 취업자의 산업 및 직업별 특성」, 통계청 사회통계국 고용통계과, 2021년 10월 19일자.
- 「2021년 제28회 100대기업 CEO 프로필 전 조사」, 『월간현대경영』, 2021년 5월호.
- 『2015 강남구 사회조사 보고서』, 서울특별시 강남구, 2016.
- 『2019 강남구 사회조사 및 사회지표』, 서울특별시 강남구, 2019.

3. 언론 보도 및 연재

- 김정래, 「나는 수능 시험장에 가는 대신 청계광장에 섰다」, 『미디어오늘』, 2021년 5월 28일자.
- 전상봉, 「'강남 공화국의 민낯' 시리즈」, 『오마이뉴스』, 2017(http://omn.kr/1pu-je).
- 「[실록 교육정책사 3부 ②] 과외와의 전쟁? 통계부터 다시」, 대한민국 정책브리핑, 2007년 11월 1일자.
- 「[中 사립학교 철퇴] '일석삼조' 기대… 불타는 교육열 이겨낼까」, 『아주경제』, 2021년 8월 11일자 참조.
- 「고3 상위권 학생 중 80% "사교육 받는다"」, 『매일경제』, 2018년 3월 5일자.
- 「국립대 교수 '미성년 자녀·공저자 논문' 34건 연구부정 판정」, 『서울경제』, 2020년 10월 22일자.
- 「미국에도 스카이 캐슬이 존재할까 – 미국 사교육 시장 동향 및 전망」, KOTRA 해외시장뉴스, 2019년 7월 29일자.
- 「서울 4년제 대학 입학생 3명 중 1명은 재수생」, 『대학저널』, 2021년 1월 14일자.
- 「세계 주요국의 사교육 대책 ③ 영국」, 『연합뉴스』, 2009년 6월 28일자.
- 「영국, 대입 성적 인플레에 "내년부터 대입시험 다시 치를 것"」, EBS뉴스, 2021년 9월 14일자.
- 「올 로스쿨 출신 신임 검사… 출신 대학·로스쿨 분석해보니…」, 『법률저널』, 2021년 5월 7일자.
- 「올해 검사 임용 'SKY 학부' 출신 38명… 9년 누적 295명(64%)」, 『베리타스 알파』, 2020년 6월 22일자.
- 「올해 쉬웠다지만 중간 난이도 많아 중상위권엔 '불수능'」, 『중앙일보』, 2019년 11월 16일자.
- 「일반 법조 경력자 156명에 대한 대법관 회의 임명 동의 및 인사 발령」, 대법원 보도자료, 2021년 9월 30일자.

- 「자녀 공저자 올린 교수 논문 139건… 교육부 엄중 조치」, 『조선에듀』, 2019년 5월 13일자.
- 「자녀 둔 직장인 45% "난 에듀 푸어"… 낳고 기르기 두렵다」, 『한국경제』, 2016년 6월 15일자.
- 「제21대 국회의원 선거 결과에 대한 논평」, 사교육걱정없는세상 보도자료, 2020년 4월 27일자.
- 「직업계고 졸업생 취업률 '27%'… '전년보다 10% 감소'」, 『베리타스 알파』, 2020년 11월 27일자.
- 「특정 대학의 국가 권력 독식 분석 보도자료」, 사교육걱정없는세상 보도자료, 2019년 11월 4일자.
- 「한인 유학생 수 15년래 최저」, 『미주 한국일보』, 2018년 5월 1일자.
- 「10년 후엔 인구 지진… '일하는 인구' 315만 명이 사라진다」, 『중앙일보』, 2021년 6월 26일자.
- 「2019 직업계고 취업률 34.8% '2011년 이후 최저'」, 『베리타스 알파』, 2019년 6월 7일자.
- 「2019년 초중고 사교육비 조사 결과」, 통계청 보도자료, 2020년 3월 10일.
- 「2021년 일반계고 대학 진학률 79.2%… 서초 강남 양천 최저 톱3」, 『베리타스 알파』, 2021년 6월 14일자.
- 「N수생 비율 전국 2배… 강남은 '재수 1번지'」, 『매일경제』, 2021년 2월 14일자.
- 「OECD 교육지표 2018 분석 결과」, 교육부 보도자료, 2018년 9월 11일자.
- 「OECD 교육지표 2019 분석 결과」, 교육부 보도자료, 2019년 9월 10일자.
- 「OECD 교육지표 2020 분석 결과」, 교육부 보도자료, 2020년 9월 8일자.
- 「OECD 교육지표 2021 분석 결과」, 교육부 보도자료, 2021년 9월 15일자.
- 「SKY 출신 CEO 비율 뚝 떨어졌다」, 『조선일보』, 2020년 12월 2일자.
- Caroline Gluck, "S Korean students face do-or-die exam", *BBC News*, Nov 6, 2001.
- Hossein Sharif, "Suneung: The day silence falls over South Korea", *BBC News*, Nov 26, 2018.

참고문헌

학벌주의와 부동산 신화가 만나는 곳
대치동

2021년 11월 24일 1판 1쇄
2023년 2월 28일 1판 3쇄

지은이 조장훈

편집 이진·이창연·홍보람 **디자인** 김효진

제작 박흥기 **마케팅** 이병규·이민정·최다은·강효원 **홍보** 조민희

인쇄 천일문화사 **제책** J&D바인텍

펴낸이 강맑실 **펴낸곳** (주)사계절출판사
등록 제406-2003-034호 **주소** (우)10881 경기도 파주시 회동길 252
전화 031)955-8588, 8558 **전송** 마케팅부 031)955-8595 편집부 031)955-8596
홈페이지 www.sakyejul.net **전자우편** skj@sakyejul.com
블로그 blog.naver.com/skjmail **페이스북** facebook.com/sakyejul
트위터 twitter.com/sakyejul

값은 뒤표지에 적혀 있습니다. 잘못 만든 책은 서점에서 바꾸어 드립니다.

사계절출판사는 성장의 의미를 생각합니다.
사계절출판사는 독자 여러분의 의견에 늘 귀기울이고 있습니다.

이 책은 저작권법에 따라 보호받는 저작물이므로 무단전재와 무단복제를 금합니다.

ⓒ 조장훈, 2021

ISBN 979-11-6094-890-5 03300